60代からの旅の連歌的設計

──「断章」フォルダから

組原　洋

学文社

まえがき

本書は、私が60代にやった旅の前半をまとめたものである。

前著『50代　旅の複層』のあとがきで私は次のように述べた。

２００8年になって私は60代に入ったわけであるが、それから5年間ほどは娘と一緒に世界のウチナーンチュを訪ねる旅を繰り返していて、これはすでに『旅の反復』としてまとめた。この前後は個人的にいろいろあって、まず２０１2年に胃がんの内視鏡手術をしたが、発見が早かったためその後順調に回復して、同年末にはまた海外に出ることが可能になって松山順一さんと一緒にタイのチェンマイに1週間ほど滞在することができた。２０１4年には両耳に人工内耳をつけてもらい、おかげで65歳になった時点で普通の人と同じように会話ができるようになり、一人で旅をすることもまた可能になった。そして、定年を1年あまり過ぎた２０１5年8月31日から、毎日書いている原稿を「「年を取った男はさすらうべき」か」という題で書き始め、２０１9年

8月19日まで1446回にわたって書いている。2018年4月の段階ではまだこの題で書き続けている最中だったのだが、『旅の表層』のあとがきに「この間に行った旅がすでに本にまとめられるだけの分量になっているので、できれば今後、このテーマとダブらせて本にまとめてみたい」と書いたので、今後可能ならまとめていきたい。

そういうことで、『50代旅の複層』の出版後しばらくしてから、60代に入ってから以降の旅を、「日常の記」を読みなおしながらピックアップしていった。当時は短い旅をいくつもやっていたので、まとめるのに難渋しているうち、2010年以降の旅はだいたい「断章」フォルダにまとめてあることに徐々に気がついた。

「断章」フォルダは同年2月25日以降、胃がんの手術を受けた2012年9月13、14日を除き、毎日題をつけて作成してきている原稿のファイルを集めたものである。一日あたりの分量はおよそ一太郎の1頁分（400字原稿用紙で4枚分）で、20名あまりの知人にメールで送信する形でやってきているが、日ごとに題名をつけていて、毎日違う題で書くであろうからということで「断章」という名前でまとめたのである。「断章」ファイルは2011年6月19日までで区切り、翌日から「断章2」ファイルとしてまとめ、以後、適宜区切っていって、現在「断章8」になっている。今回「断章」フォルダに収録したファイルを読みなおしてみたら、必ずしも旅の記録とわかる題では書いてはいないので、題名を検索するだけではわかりにくかったのだが、旅の前後の事情も書いてあって、旅のデータを並べただけの「日常の記」より思い出しやすく、そこでまとめた旅の記録をつないでいくという形をメインにして本書の原稿を作成した。

２０１０年2月の段階でなぜ「断章」ファイルとしてまとめたのか。一番最初の「時間をもたせる」に記されている。

「亡くなった母の老後を見ていて、時間がもたなくなっていくんだなということをすごく感じた。デイサービスに行く日など、真夜中から目がさめてしまい、着物を着て、結局朝まで待てなくて外に出ていってしまうということが何度もあった。

それと同じで、私も、待つということができなくなってしまったみたいなのである。それがとても怖くなってきていた。もうじき大学をやめるべき時は近づいてきている。その後に横たわる膨大な時間をどう過ごすのであろうか。何度もやめる、やめる、といいながら踏ん切りがつかなかったのも、やめたあとの時間設計が不安だったからということが非常に大きい。」

最初は自伝的な内容が多かった。それが一段落ついてからは、旅の記録のほか、読んだ本のまとめとか、研究関係のこととかも含め、なんでも書くようになった。そして、「断章」フォルダを作成するようになってから私の書く文章には明らかに変化が現れた。一回ごとに切れてもわかりやすいようにと心がけるし、長いテーマもいい意味で息が切れずにゆっくりとしたペースで書き進められる。よい習慣を作ったな、と思っているので、今後も可能な限り書き続けたい。

こうして「断章」フォルダをもとに本書の原稿を作成していったら、60代の旅を一冊に収録するのは量的に無理であることがやがて明らかになったので、「断章3」ファイルまでの時期（2015年2月）で区切った。「「年を取った男はさすらうべき」か」という題で書いていたのは「断章4」ファイルにおいてなので、この部分は本書には収録できなかった。

本書の原稿を作成していた時期は新型コロナ禍が一応収束して、ふつうに海外に旅行もできるようになっていたのだが、私は今のところ外国に行けていない。そのかわり、2023年はブラジルから何度もお客さんが来て、沖縄で会ったり、私の方から上京して東京で会うということを繰り返した。その結果、とくにウチナーンチュ移民のあり方との関連でいろいろ考えることがあったし、4年間ほど外国に行かずに過去の旅行をまとめてきたので、私の旅の哲学について再考する作業も必要だということはだんだん感じるようになってきた。そんな状況のなかで、東浩紀氏の『観光客の哲学　増補版』（げんろん、2023年）を読んで、教えられることが多かった。東氏は2014年に『弱いつながり』（幻冬舎）を刊行し、そこで、村人、旅人、観光客という三分法を提案した。人間が豊かに生きていくためには、特定の共同体にのみ属する「村人」でもなく、どの共同体にも属さない「旅人」でもなく、基本的には特定の共同体に属しつつ、ときおり別の共同体も訪れる「観光客」的なあり方が大切だという主張である。東氏が考え続けているのは結局のところ他者の問題なのだが、他者のかわりに観光客という言葉を使うことで、他者を大事にしろなんてうんざりだと叫び続けている人々に、でもあなた達も観光は好きでしょうと問いかけることで、この問題に再び引きずり込み、観光客から始まる新しい他者の哲学を構想することが、『観光客の哲学』の目的だ、と。新型コロナ禍のあと世界中で再び観光がブームである。日本はこの四半世紀ですっかり貧しくなってしまい、観光がブームだったのは遠い昔だが、国内観光客の低迷を補うように、外国人観光客数が日本では急速に増加している。そして国連世界観光機関の調査結果では、外国人観光客数（国境を越える観光客数）はこの20年で2倍以上に伸びている。20世紀が戦争の時代だとしたら21世紀は観光の時代になるのかもしれない。東氏は『観光客の哲学』で観光客から始まる新しい哲学を構想するために、観光を否定的にではなく語ることを試みて、第一にグローバリズムについての新たな枠組みをつくること、第二に人間や社会について、必要性（必然性）からではなく不必要性（偶然性）から考える枠組みを提示すること（そもそも観光は必要に迫られて行うものではない）、第三に、「まじめ」と「ふまじめ」の境界を越えたところに新たな知的言説を立ち上げることを目指すとしている。そのような刺激を受けて私は、本書に「旅の連歌的設計」という題をつけた。

本書で述べるように、60代に入ってから私は身体的なピンチに見舞われたが、幸運にもなんとか旅を続けることができてきた。本書に登場し、現在も変わらず交流が続いている方々にまず、心から「ありがとう」を言いたい。

目次

第1章　「断章」以前

私の60代というのは2008年以降の10年間になるが、60代に入る5年ほどまえの2003年度に、勤務していた沖縄大学で「沖縄大学につどう教師たちのプロフィール―教育と研究一覧―」と題する冊子が発刊されている(2004年1月)。

そこに私は次のように書いている。


【研究・教育活動】


1972年に大学を卒業後、74年に司法修習を修了した。沖縄には79年に初めて来て、弁護士として活動していたが、80年から沖縄大学の専任教員になった。

81年度から法人類学の講義を設置担当し、97年度に比較法文明論と改称して現在に至っている。他にもこれまで多くの科目を担当してきたが、研究との関連では常にこの科目と関連づけながら進めてきた。この科目は、法をたんに条文だけで考えるのではなく、社会全体の構造の中で法の機能を考えていこうとするものであり、方法論的には、世界各地の法のあり方を比較することによって考えていこうとするものである。

法人類学(の講義)を設置してからしばらくは、個人的な興味から、とにかく海外を旅行したいということがあって、夏になるとアフリカ(81年)、ソ連とモンゴル(82年)、アメリカ(83年)と旅行した。ふらふら動かないで、どこか一カ所を調べてみようと、85年度は1年間無給休職してブラジルに住んだ。が、ブラジルでも、主に国境地帯を動き回っていた。ブラジルはその後も、91年頃まではちょくちょく出かけていた。87年春に中国に行ってみて、日本と中国とでは共通の素材は多いが、社会の構成の仕方は全然違うと思った。一方、沖縄にいる関係から、東南アジアのことも絶えず興味を持って眺めていて、旅行もしてきている。そういうことで、講義では、日本との比較の対象として、欧米と並んで、中国、東南アジアを取り上げることが多かった。

88年度に、講義でエスニシティ問題を取り上げた。この頃から個人に関わる問題がまとまって意識されるようになった。たぶん、ベルリンの壁崩壊とかの大枠の変動に伴って個人のあり方にまで影響が及び始めたのであろう。日本でも外国人労働者の問題が起こるようになった。また、地域としてはミクロネシアの島々に興味を持つようになった。

個人に関わる問題に接するうち、研究のためだけでなく、授業を運営することとの関連でも心理学をまとめて勉強する必要性を感じたので、90年度、明星大学の通信教育を受け、夏にはスクーリングにも出た。こういったことから「臨床」ということ、つまりは現場というものに関心を持つようになり、特に子どもの問題には興味を感じた。その延長で、生涯学習とか交通権とか、環境権、平和的生存権とかに興味を持つようになり、まとめれば「新しい人権」の問題への関心ということになったのである。また、地域の中でも一番弱いところ、例えば、沖縄でいえば離島に特に関心を持ち、沖縄大学の地域研究所でも特に宮古等に興味を持っていろいろ調べてきている。

そういう活動をしていたら、自治というものの大切さと、それが日本においていかに欠けているかを痛感させられてきた。そこで、国家というものを相対化したいということで、国際法との関係では特に国際関係の中の個人の位置づけに興味を持って調べていた。弁護士として受ける相談の中にも国際関係にわたるものが増えてきた。同じ頃また地方分権とか、地域主権とかの主張がなされるようになり、それが大きなうねりとなって今日に至っている。こういった流れの中で、96年度以来自治体学入門を設置担当し、那覇市職員の方々等を招いて講義をやってもらうようにし、同時に自治体実習等の実習科目も設置して担当してきている。

こういう次第で、最初はほとんど個人的な興味だけで維持してきた科目であったのに、いつの間にか、現代の中核的な問題に至りついたわけなのである。一番感じるのは、「小さな」問題は同時に「大きな」問題でもあるということである。逆もいえる。

2001年度に、学外研究でフィリピン・ミンダナオ島のダバオに1年間住んだ。主にバランガイという最小の地方行政単位と関係を持ちながら、そこでの調停裁判を記録したり、移動児童館活動や就学前児童のための通所施設を運営したりしたが、この活動は現在も継続して行っている。こういった活動をしながら、市民の目で、望ましい国際関係のあり方を模索している。

このような活動をしながら、最近では、授業でも、差異の面よりは、共通面につながる問題を意識的に取り上げ、その問題点を考察していくことを主な課題にしている。

なかでも、情報化との関連で、公共図書館のあり方については、2001年に英国図書館を見学してきて以来集中的にやっている。2003年9月には、オランダ・ベルギーの図書館を見学してきた。

新型コロナ禍をきっかけに、私はこれまでの自分の歩みを本にまとめてきたが、沖縄に来てから50代半ばまでについてはこれでほぼ辿れるであろう。

30代（1978～88年）は20代からの続きで、私はふらふらと世界を歩き回っていた。講義のためという目的はあったが、20代からの旅の続きのような感じが強くて、「歩く」と言うより「さすらう」と言ったほうがいい感じの旅を続けていた。それを『30代の旅と模索』に具体的に書いた。すでに結婚もして娘もいたのに、私の頭の中では当時住んでいた沖縄もたまたまの場所に過ぎなくて、いずれどこか別の場所に移動するであろうと明確に意識していた。

40代（1988～1998年）に入って、1990年に私の妻は胃がんの手術をし、手術から10年後の1999年2月に亡くなったので、この間沖縄をベースにして妻と一緒に動かざるを得ない状況がつくられ、その結果として「日常生活」というものを体験せざるを得なくなった。勤務していた大学では改組転換が行われ、そのプラン作成に携わったので、自治体学入門や地域国際化論などの科目をつくり、自ら担当したが、国際的にはちょうど冷戦が終わった時期だった。この時期のことを『40代の旅と日常』に書いた。

50代（1998～2008年）に入ってからのことは『50代　旅の複層』に書いたが、私は、2001年度に研究休職してフィリピン・ミンダナオ島のダバオに住み、ダバオでは移動児童館活動や就学前児童のための通所施設を運営した。

2004年に下川裕治『週末アジアに行ってきます』（講談社文庫、2004年）を読んでから、そこで取り上げられている地域を私は連続的に旅行したが、台湾の金門島に行ったときと、タイのメーサロン、台湾の金山に行ったときは、台北ではゲストハウスおおしろに泊まった。ゲストハウスの経営者である大城勉さんは、大城という姓から予想したとおり、沖縄の名護の方だった。2004年4月9日に初めて投宿したときは、大城さんは16日から21日まで名護に帰る予定だそうで、ゲストハウスはお休みになるとのことだった。

台湾にはそれまでに何度か来たことがあり、記憶ではいつも台北駅前のYMCAに泊まっていたのだが、台湾についての知識はほとんどないに等しかった。ところが、ちょうど前年の2003年に亜洲奈みづほ『現代台湾を知るための60章』(明石書店)が出て、これが非常に面白く、台湾が大きく変わりつつあることが明確に感じられた。

2004年度の比較法文明論の最初の講義でさっそくこの旅行記録と『現代台湾を知るための60章』のまとめのほか、かつて法人類学の受講レポートとして提出されたYさんの「いわゆる〝台湾二世〟のレポート」と題するレポートを配布している。その内容はおおむね次の通りである。

法人類学のレポートを書くにあたって、何を書いたらいいか迷ってしまいました。勉強不足のため、いいネタがないからです。どうしようかと考えていくうちに、私自身について書いてみようと思いました。というのも、私はいわゆる〝台湾二世〟であるからです。

見かけも雰囲気もただの日本人、沖縄でいうとただの本土人(ナイチャー)に見えるため、一見して私を台湾人だと言ったのは生まれてこのかた、ただの一人しかいません。周囲になじんでわからないと思いますが、これでも両親が台湾人の子として沖縄で生まれました。沖縄にはこうした台湾の人が、かなりの数で存在します。その人達を代表するわけでもありませんし、これが皆が考えているものかどうかもわからない、ただの個人的見解になると思います。ただ、台湾人の両親を持ち、親せきすべて台湾にいるという家庭環境で育ったという意味で、自分が見て、感じてまた、沖縄、日本、そして台湾の事を、たいしたものではないと思いますが、書いてみようと思います。

私の両親は沖縄が本土復帰する2年前、私が生まれる3年前に、沖縄に来ました。私の父が車の鈑金の技術者として招かれたのが、きっかけだそうです。沖縄に来てからの生活は、それはもう大変だったそうです。私の父は小学校しか出てませんし、母は中学校です。台湾が日本に占領された頃に生まれていたといっても、それは、3、4歳の頃で、沖縄に来たのは30歳を過ぎてからですから、日本語はおろか、英語もできるはずがありません。言葉で一番苦労したそうです。また、信頼できる人や、相談できる人もいるわけないですから、ストレスもすごかったとか。今でも母は、私達が生まれてなかったら離婚して台湾に帰ってただろうと、と言ってるぐらいですから。父は仕事に出てますので、日本語を覚えるのは自然に、(大変だったと思いますが)少なくとも母よりはなんとかなったそうです。母は専業主婦で、買い物以外は家にいますし、話し相手は父しかいませんから、結局は自分たちが生まれて、自分達と一緒に言葉を覚えたそうです。でも、私の兄が2歳になっても話しができなかった時は、あせって保育園に入園させたそうですが、また、私の生まれた頃に、祖母が沖縄に来てくれて助かったと言っていました。私の祖父母は日本語が話せます。昔、台湾が日本の占領下にあった時のなごりだそうです。今の日本人より、すごく丁寧に話します。去年の夏、10年ぶりに台湾に行って会った時も、まだ日本語を話せて忘れてないようでした。すごいですね。でも、惜しい事に、母は言葉で苦労したという教訓を生かしませんでした。つまり、私達兄妹は日本語しか話せない、台湾語はおろか中国語も話せないという結果に終ってしまいました。今考えると、すごくもったいない事をしたと思います。

言葉は大事です。去年の夏十年ぶりに台湾の叔母の家に行った時、日本語しか話せない中国語ができないため、結局のところ、日本人としか見られませんでした。または、はんぱものの台湾人です。何で話せないんだ、と何度も言われました。

小さい頃は言葉がわからなくても、何とかなりました。何かあったら、おじいちゃんやおばあちゃんがすぐ側にいましたし、周囲の大人にくっついて行けばなんとかなったからです。この前、台湾に行ったときは、大変でした。いちおう、台湾の方言である台湾語のごくごく簡単な日常会話はできます。が、それは役に立ちませんでした。言葉が通じないため意思のそ通ができず、身内なのに、皆、まるではれものを扱っているように接していました。私も気を使って、バカなふり、気づかないふり、わからないふりをして、13歳のいとこにも気をつかって、くっついて歩いたりしていました。もう22歳なのに、子供のふりをして、大変つかれてしまいました。

ここまで言葉の事についてくどくど書いたのは、本当に言葉というのは大事なんだと実感したからです。日本に住んでて、普通に暮らしていると感じないですが、人と人が互いにコミュニケーションを取るためには、まず言葉が大事で、次に心です。本当に、相手を知りたい、自分の事を知ってほしいと思ったら、言葉が必要です。これぱっかりは、苦労しないとわからないと思います。

私は小学校までは、毎年のように台湾へ行っていました。他の友人達は、ずっと沖縄にいて沖縄から出たこともない人ばかりでしたので、私が台湾人である事を理由にいじめられたり、差別されることはなく、逆に、うらやましがられたりしました。でも、他の私と同じような二世の人に聞くと、いじめられたり、バカにされ、つらかった子供時代を過ごした人もいました。でも、そういう人は、つらかったことをバネにして、日本語、中国語、英語と、2カ国語や3カ国語と語学で自分をみがいていて、がんばっていて、すごいと思いました。差別されると強くなるのでしょうか。ぬくぬくと育ってきた自分は、それに甘えてしまって何もできません。差別はいけないと思っていますが、どちらがいいのかと考えてしまいます。

私は名字がYで顔も本土の人みたいなので、すぐ台湾人だと分る人はいません。沖縄では、Yという名字は珍しいため、よく本土の人かと聞かれます。はっきり言って、沖縄の人はかなりしつこいです。初めは、本土の人でしょと聞かれ違うと答えると、次はお父さんかお母さんが本土の人でしょと聞き、違うと答えると、次はなんでYなのと聞かれ、と次から次に質問されます。どうして人のプライベートな事をいちいち聞きたがるのでしょう。そしてそれは、親しい人からのものではなく、だいたい初めて会った人や、自分に関係ないような人から発せられるのがほとんどです。他人に対して、好奇心が強いのが沖縄の人の特徴か、と思ってしまいます。

でもそれは、沖縄の地元意識が強すぎるところからくるものだろうと思います。名字だけで出身地を当てたがる人が多いです。そして、この名字はどこどこのだから、たぶんあなたもそうだと思う、親に聞きなさい、とどこまでもしつこい人も多いです。なぜだ。ここまでくると地元意識を通りこして、自分の知識をひけらかしたいから、そう言ってるのではないかと思ってしまいます。こういう事を言うのは、年配のおやじが多く、したがって私はかなりそういうおやじが苦手になってしまいました。

沖縄の人って、他人に対してしつこいと言えば、かなりしつこいと思うのですが、逆に人なつっこくて親しみやすいとも、捉えることができます。地元意識が強いけど、結局はどこの人であろうと分け隔てせず、暖かく接してくれます。そういう所は、いい所で、これが沖縄の人の特徴ですね。去年、東京に行ったときに親しくなった友人に、実は自分は台湾人なんだ、と言ったところ、すごくショックを受けていました。沖縄の人はショック受ける人はいなかったので、これが、本土と沖縄の違いかな、と思いました。

去年、台湾に十年ぶりに帰った事は、さっき書きましたが、10年は短いようで長く、台湾の様子も大分変っていました。といっても、10年前は、自分は何も考えてないガキだったので、あまり覚えていないのですが、それでも変ったのは、はっきり分かりました。

まず、街全体が前よりキレイになりました。大きなデパートなどキレイな建物が増え、道路も整備され、人々もおしゃれになっていて、東京と変わらないような、大きな街に変わっていました。10年のうちにすごいですね。24時間開いている店もかなりあって、夜は屋台とかでにぎやかで、いつでも台湾のパワーを感じられる、そんな街に変っていました。

人々も向上心が旺盛で、チャンスがないか探して、自分自身をたえず磨き続けていました。かと言って、人に対して冷たくなく、人と人とのつながりを大事にし、まあ利害関係も含まれていると思いますが、それでも助け助けられ、持ちつ持たれつで、人との縁を大事にしていました。

また、教育にも熱心で、小さい時から塾や習い事に通っていました。今度、中学校に上がる従妹は、中学に入ったら遊べなくなる、と悲しそうに言っていました。台湾では、日本より受験戦争がすごいらしいです。でも、日本と違うところは、ただいい大学に入っていい会社に入る、というのが目的でなく、いずれ大きくなったら何かお金もうけできる商売をして、豊かな生活を送りたいという気持ちから、受験戦争があると感じました。でも、そう思っているのは大人だけで、子供は違うかもしれませんが。

でも、何にしろ台湾の人は自分自身のため生活を向上させ豊かになるために、ものすごく貪欲で、そのせいかものすごいパワーを感じました。今の日本に沖縄に欠けているものが、そこにはあるのではないでしょうか。

台湾はすごいな、と私は思いましたが、だいたいの沖縄や本土の人は、台湾はまだまだ田舎で野蛮な所だと思っている人が多いように感じます。沖縄の人もそう思っている人はけっこう多く、沖縄のほうが台湾より全然何もないんだ、と言っても信じてもらえません。なんか、すごくもったいない事をしてると思います。自分の所をすばらしいと思うのはよい事だと思いますが、それだけで、他の見ていない行ってない所を認めないのは、さみしい事だと思います。台湾なんか、飛行機で1時間弱で行けて、その上遊べるのに、目を向けない人が多いです。すごく、もったいないことをしていると思います。

沖縄は今でも琉球と呼ばれ、台湾の人からも好かれているのですから、沖縄も、もう少し台湾に目を向けてもいいのではないかと思いました。

＊

その後2004年8月にも、『50代　旅の複層』にも書いたように、娘と沖縄からマニラ経由でダバオに行き、帰りに台湾に寄って、台中の国立図書館に行っているし、2005年6月には姉と台北からタクシーで霧社に行っているが、いずれもおおしろに泊めてもらった。

2006年5月6日にも沖縄から一人で台湾に行って、台北ではおおしろに泊まっている。このときは、着いた翌朝は自強号で高雄に日帰りで行ってバスで戻り、8日は、往復とも自強号で花蓮に行っている。

このように、気楽に利用できるゲストハウスが見つかったので、ここを足場にして台湾移住の可能性はないかと考え始めていたところ、大城さんは子どもができてから夫婦で沖縄に戻ってきて、那覇市内で台湾風の軽食店をやり始めた。私は応援の意味も込めて、そこにも結構顔を出していたのだが、やがて閉店になって、その後は大城さんとは連絡が取れなくなってしまった。私が見ていて感じたのは、台北と那覇ではお客さんの感じが全然違い、台北と同じようにやっていたのでは商売はうまくいかないのではないかということである。

その後私は2005年度から大学院で比較法政策研究という科目を担当するようになり、沖縄大学地域研究所で「まちとむらの関係形成」班を立ち上げて活動をまとめていった。

60代に入るちょっと前の2008年3月から私は、娘と一緒に沖縄移民を訪問する旅を連続的にやり始めた。同年4月から娘が大学院の博士課程で沖縄移民のことをテーマに研究することになったためである（2013年9月に野里寿子さん、娘と一緒にブラジルとボリビアを旅したときまで6回にわたる旅の記録を『旅の反復』にまとめてある）。

60代に入って、2009年1月3日に娘と一緒に東京からのぞみで新大阪に午前11時過ぎに着いて江洲さん（『40代の旅と日常』39頁以下参照）と落ち合い、地下鉄で動物園前に行って釜が崎の三角公園の場所を確認してから、新今宮駅からJR環状線で大正駅に行って、バスで平尾の沖縄商店街に行った。関西沖縄文庫まで来たところで、主宰者である金城馨さんのお兄さんにあたる人が車で来た。炊き出しのために何か取りに戻ったそうで、これから三角公園に戻るそうなので乗せてもらって行った。午後8時頃まで沖縄ソバの炊き出しの手伝いをした。それから江洲さんも一緒に新大阪に戻り、当日と翌日の新幹線指定席を探してもらったら全くない。それで、新大阪から歩いてすぐのコロナホテルに泊まることに決めた。江洲さんも部屋まで来て、11時過ぎまでビールを飲みながら話した。ホテルの部屋は暖かくてよかった。ベッドも三つ入った部屋で広かった。一人5000円で、二人1万円という計算だそうである。パソコンをレンタルで借りて、インターネットでメールをチェックしてから寝た。

私が関西沖縄文庫に行ったのはこのときが初めてである。娘が沖縄移民研究との関連で、大阪大学大学院で学んでいたウチナーンチュと友だちになって、行ってみようということになったのだったかと思う。関西に沖縄出身者が集まって住んでいる地域があるということは1980年代から妻の父からきいていて、実際に行ってみたこともあった。記憶ではバスで恩加島というところに行って、周辺を歩いてみたが、海のそばのいちばんはずれみたいなところで、確かに沖縄の名前かなと思われる表札はあったし沖縄そばの店もあったが、それだけで、拍子抜けした記憶がある。だから大正区で本当に沖縄の人たちがまとまって住んでいるのを見て非常にびっくりした。

2009年は民主党政権時代だったが、ひどい不況で、ホームレスの越冬が社会問題となっていた。炊き出しというのに参加したのは私は初めてで、このとき知り合った人たちとの関係はその後も続いている。

佐賀県の旅　2009年1月

それからちょっと後の1月10日（土曜日）に、山下惣一氏に会って話を聞くために佐賀に行っている。福岡空港からレンタカーで唐津に向かう。中山牧場を見学してから昼食後、山下惣一氏宅で2時間半話した。そのあと、呼子の国民宿舎に泊まる。

翌11日（日曜日）は、朝食後朝市を見てから伊万里の図書館を見学し、そのあと吉野の弥生集落を見てから空港に着いて解散した。

山下氏との会見を、佐賀出身の小野雅裕さんがまとめてくれているので以下に掲げる（『「むら」と「まち」―共存の形を探る―』沖縄大学地域研究所研究彙報第4号、2009年所収）。小野さんは私がダバオに研究滞在していた時期に日本フィリピンボランティア協会（JPVA）のコーディネーターをしていたが、その後、シエラレオネにJICAから2年間行って、さらにその後佐賀県職員となった。

〈山下惣一氏と佐賀の農村ヒヤリング　小野雅裕〉

日時／場所　2009年1月10日 14：00～16：30　佐賀県唐津市山下氏自宅

出席者（敬称略）
佐賀農家：山下惣一、中島慎吾、早田英晃
研究班：俊武志、組原洋、島清、伊波厚、生盛栄作、組原慎子、松山順一、小野雅裕

1．概要

日本の農業を現場からの視点で訴え続けている山下氏と、沖縄の現状と（佐賀の）農村についての意見交換をとおして、「まちとむらの関係形成」研究班の今後の活動の方向性を検討するための調査を目的として、研究班員が佐賀県を訪問した。

山下氏訪問の他、佐賀牛直売所「中山牧場」にて、ＪＡブランドとしての畜産農業現場の視察、市民と行政の連携で形作られ市民参加の図書館運営といわれる伊万里市民図書館を視察した。

2．要点（山下氏とともに考えたトピックと問題点）

沖縄、佐賀のみならず、国内外の農業全般について、多くの意見が交わされ、農業・農村の近代化の問題点である3点（「農」という生活の手段の目的化。単一作物による循環の破壊。進化、成長の強制。）の考え方を中心に、最近の主なトピックについて 意見交換が行われた。その中での主なものについて整理した。

大規模農業

大規模農業や集落営農という言葉を聞くようになって久しい。行政からも支援が入りつつ、全国各地で試みが実施されているが、沖縄や山下氏の地元では現実的に難しいという意見が出た。

北日本で、1年に一回の収穫に限られている地域は、どうしても大規模にしていく必要があると思われるが、通常、分散した田畑の集約は難しく、水路など共同管理物の問題が現れてくると思われる。他の収入源がある兼業農家が多く存在する地域では比較的可能であるが、大規模に行うと企業が入ってくるということもあり、通常、企業が大量に実施するということは環境汚染などが生じ、環境負荷をどう考えていくかという問題も生じてくる。また、これからは、やる気のある人に土地を集めて小数を支援するしか方向はないと、学者はいっているが、これまで土地を守り続けてきた農家はどう思うだろうかという現実もある。

農業を取り巻く環境

山下氏より後の世代の農家は、減反がすでに始まっており、思いっきり作りたいものを作った経験がない。減反政策や補助金は売れる農産物に集中して作ることには成功したが、どうも消費者のためだったように思える。クロヨンといわれ農業者は税金を払っていないといわれているが、決して所得が高いわけではない。補助金が多く農業過保護といわれて久しいが、その割には、収入だけでなく、後継者がいなく、嫁がこない現実もある。

確かに行政に守られて成長してきた現実はある。輸入の関税を国内の補助金にあて、国内市場を守ってきたともいえる。畜産などはえさ代が高く補助金なしでは事業をやっていけない。しかしその補助金もＷＴＯで関税を引き下げられたら財源が無くなってしまう。沖縄でもＷＴＯの制限品目解除の候補に砂糖が入っていて、間違いなく沖縄には大草原ができるだろう。農村は農業政策に助けられ翻弄されてきたのかもしれない。農政は、農家ができないことをやって公益へつなげていくことが仕事。これからは、農家側もしっかり見ていかなければいけないが、行政にしっかりしてもらいたいという期待は大きい。

海外の事例として、デンマークの行政サポートシステムを構築したバイオマス兼業農家は21世紀型の循環のシステムを構築している。ロシアのダーチャ（別荘という意味）はほぼ全国民に200坪の農場が用意されている。皆週末農家であり、国の経済が破たんしても、食料は自前で供給できる土地がある。また、乱開発を防ぐことができる。その他の例としてイギリスのレッチワースの田園都市計画は農場を保護しつつ乱開発を防ぐシステムである。

農村の在り方

過疎といっても、ほとんどの農村は、都会まで車で30分。限界集落と呼び続けることもおかしく、サイズの問題であってつながっているといえる。しかし、限界集落として、過疎、高齢化、後継者不足、嫁不足など、さまざまな問題が取り上げられていて、現実にも存在する。

農村は過去においても様々な役割を担ってきた。戦後は、行政が準備し引き上げた方法を田舎が受け入れた経緯もあった。現在は引退した団塊の世代を農村振興として移住の斡旋や、いわゆる限界集落へ農業の担い手として都会の失業者や若者の移住も考えられている。現代の農村では、現実的な問題として、後継者がいなく、政策との関係もあるが収穫量が伸び悩んでいることは事実である。しかし、反貧困の考えから農村に行けばどうにかなるというのはおかしいという意見が出た。農林業もこれまで以上に保護するなり、対価を払うなりしないと安すぎる産業であり、失業者やただ若い人は難しいという。現実的に「業」としての農業は難しい。

他方、新しいタイプの農業（農村移住者）が出現してきていることは事実である。有名大学、有名企業に就職した都会の若者が自給自足をめざし、農村に移住している。佐賀にも脱サラ農家がいて、有機農法をやっている農家に弟子入りした世代も多い。最低限生きるためのお金を稼げばそれでいいという考えを持っている方もいる。

実際に村は空いているが、都会の人の郷愁で話すことは簡単である。高齢者にしろ、失業者にしろ、昔から住んでいた人々にネガティブな影響がないわけではないだろう。田舎の人のほうが現実の問題点に関しては腹をくくっている。沖縄でも人口は増えているが、都心部だけの話である。農村の価値観も変わってきていて、家族だんらんが なくなってきている。田舎は田舎で自足的にできるが、都会が邪魔している現実は避けられない。このまま農村のコミュニティが自然に消滅していくことも一つの考え方である。

中国の下放のような意味あいもあるのかもしれないが、当事者ではなく、現実に来ない人がそのような意見を言っている（養老孟司氏など）。農村の本音は、失業者ではなく、できることなら自分の息子に帰ってきてほしいのが事実ではないだろうか。

食の安全

農家は無生産・無収入の時期を減らすことを常に求めていた。働き続けて農産物を消費していた。

お金を出して御馳走を買うようになったのは50年代からであり、現代は、生産者は食材を作って消費者は食品を買っている状況である。料理を作れない世代も多く、近い将来、食材では売れなくなる時が来る。

冷凍ギョーザ事件以来、食に対する安全の意識がとても高まった。生産者や中間企業は消費者のための価格競争による品質保証の軽視もあったのだろうか、生産者と消費者の関係をまじめに見つめなおす時代になったのである。これからの生産者と消費者の関係として対する関係ではなく、消費者が生産者を支える関係を作っていくことが望ましい。日本は生産者と消費者が地理的にも物理的にも近い。近隣で支えあうような仕組みができないものであろうか。

中国はいい加減だが、意識が違うため安全は消費者が気をつけることという感覚を持たねばならない。中国の市場が日本だけを向いていたらもう少しまともになるのだろうけど。日本の市場以外もターゲットとなっているので難しい。

自給率

沖縄の食料自給率は低く、現在も農業に適した土地は基地の敷地であるといわれ、歴史的にも県外、国外から輸入している現状である。基地返還後の土地を農地にする計画等も考えられているが、現実的には難しい面もある。その他の日本各県でも自給率が100％を超えている県は数えるほどであるが、自給率の少ない地域が地域の発展のために自給率を上げようとしても必ず企業が介入するため、地域の利益になるとは限らない。

ヨーロッパは、各国で農業を保護し、国内消費のための自給率は保つよう努力している。しかし、大国の余剰産物やアメリカの大規模農業の産物ように、外国に売るために生産している農業は、自国のみならず他国の農業や経済へと世界規模の影響を起こしている。研究班で昨年10月に意見交換を行った人間開発指数政界最下位国シエラレオネの状況からは、アフリカの小国という位置づけから、先進国（主にヨーロッパ）からの余剰生産物の輸出先となっていた。また、地域自由貿易協定締結後は近隣国からもより安価に、国内作物の流出や流入が管理できないまま行われており、国内経済や、主産業である国内農業の発展に決して良くない影響を与えていると思われる。

山下氏の世代は、50年代までの農業と、近代化を進めた農業の両方で農業を行ってきた。その後の世代は、減反政策も始まっており、思いっきり田んぼにコメを作ったことのない世代、機械化以前の農業を知らない世代である。そして現在の脱サラ農業の世代が新しい農文化を形成しているのかもしれない。山下氏と同世代の農民作家 が農業、農政、環境の変遷を多く書いているが、今後は、まったく違うその後の世代を象徴する作家が育つのかもしれない。

「農」は目的でなく、生活の手段である

昔は、生活の手段であった「農」が「業」として、作ること、売ることを目的に変化していった。例えば、沖縄では、キューバ危機で沖縄の田んぼはほとんどサトウキビに代わり、離島の農家は東京への販路を見据えて食材、食品をつくる。しかし、「農」は生活の手段であり目的ではない。作って食べて暮らすというのが「農」。売るために作る農業は長持ちしない。農産物直売所などで

の販売は、生活の延長で実施しないと倒産する。売るために生産しても、民間事業にはかなわない。また、食材としての販売利益は伸び悩み、付加価値をつけた食品として売っていかないと、安価で、手軽なインスタント食品が氾濫する現代では比較優位はない。利益を求めて、売れる商品に偏って生産し続けることも、近代農業以前からの環境の循環を破壊していくことへとつながっている。理想的な次世代モデルは環境にやさしい〝江戸時代（1950年代まで）モデル〟である。

3．佐賀県の概要（参考資料）

今回の意見交換の舞台となった、山下氏が農業を営んできた佐賀県の背景について、簡単に述べる。有明海と玄界灘に囲まれ海産物にも恵まれており、平野も多く農業県ということもあり、穀物自給率（カロリーベース）は、平成（H）17年度は96％（沖縄県28％）となっている。

佐賀県は九州の西北に位置し、市内からは福岡、熊本が1時間以内の交通圏であり、観光県の長崎とも隣接している農業県である。佐賀県の人口（H17）は866,369人（男性408,230人、女性458,139人）で、全国第42位であり、面積は東西約73㎞、南北約74㎞で、日本国土の約0・65％を占め、同様に全国で第42（H17）位となっている。尚、山下氏の住む行政区は唐津市であり、先の1市6町2村の市町村合併後現在の唐津市（人口130,152人、面積487.45平方㎞）となり、佐賀市（人口206,338人、面積355.15平方㎞）に次いで県内2番目に大きい市となった。その中で山下氏が生活していてムラと呼ぶ地域の海と山に挟まれた湊町中心部の岡区は（335戸、農戸数130戸）である。

農業規模に関して、佐賀県の総面積に占める耕地面積の割合は23・1％（H16）で茨木、千葉に次いで全国3位（沖縄県9位）、九州では1位である。農家一戸当たりの耕地面積は14,687.5㎡で全国12位（沖縄県11位）となっている。しかし、佐賀県の農家人口率は16・5％（H17、全国7位、沖縄県40位）であるが、農家人口が最大であった昭和25年時の25％にまで減少している。その原因は、水稲の減反政策の実施、輸入農産物の増加、農産物価格の低迷、後継者不足等が考えられている。同様に佐賀の土地利用の推移では、農地の減少（S55：31％→H17：23％）が顕著であり、宅地面積はその間の1・5倍増となっている。

また後継者の問題についても同様に深刻である。佐賀県の経済活動の規模を表す県内総生産は、2兆8，223億円（H15、全国43位、沖縄県38位）であるが、第一次産業就業割合は11．0％（H17）で全国第9位（沖縄県29位）であり、全国平均の約2．3倍であるが、その第一次産業就業者のうち高齢者（65歳以上）の割合は、年々増加している（H12：40．8％→H17：45．6％）。また、佐賀県の高校卒業生以上の県外就職率は42．5％（H18年）で全国4位（沖縄県7位）で、全国平均の2倍となっていて、若者の県外流出が進んでいる。

2009年3月に松田さん夫妻を訪ねて娘と一緒にチェンマイに行ったときのことは『旅の反復』67頁以下に記してある。松田さんとは2008年3月17日にロサンゼルスの沖縄県人会を訪問したときに会った（同書64頁以下）が、ご主人は読谷村出身である。

『旅の反復』にも記したように、出発のちょっと前に下川裕治『愛蔵と泡盛酒場「山原船」物語』（双葉社、2008年）を見つけて買って読んだが、愛蔵さんというのは屋我地島出身の人で、東京の中野で居酒屋をやっていたのが、2002年チェンマイに移住して住んでいた。松田さんが愛蔵さんと知り合いだというので、チェンマイ中心部近くの愛蔵さん宅に連れて行ってもらった。愛蔵さんは脳梗塞で左半身が動かなかったが、頭はしっかりしていて、いろんな話が聞けた。愛蔵さんは左肩上がりの坊さんの絵にさまざまな文句を書き入れて部屋の中に貼り付けていた。そして3月末ごろに本の祝賀会を東京の中野でやるという話をしていた。

その後祝賀会が同年3月29日（日曜日）午後1時から桃園会館（JR中野駅南口・徒歩3分）で開かれることがわかったので私は行ってみた。愛蔵さんにチェンマイで撮った写真を渡そうと思い、まず中野駅のそばの写真屋を探していって、2Lサイズで2枚プリントしてもらった。きれいにできた。それから、桃園会館に行った。まだ人があまり来ていなくて一番前の席に座った。愛蔵さんが来てから写真を渡した。愛蔵さんは、私と会った記憶がなくなっているように見えた。会場は座り机をつないで縦に4列にしてあったが、だんだんこんできて、立ち見もあった。100名ぐらいはいた。出版記念会は午後1時に始まり、最初にいくつか踊りがあった後、下川裕治氏と愛蔵さんのトークショーがあった。20分ぐらい。それをビデオに撮り終わってから、あとは歌と踊りで、私は興味がなくて疲れたので、適当に切り上げて引きあげた。そのため下川さんと挨拶できなかったのはいま考えても残念である。

トークショーのビデオをもとに活字に起こしてもらったものなのか、記録が残っている。その記録を読むと、下川氏が、この本の出版後、愛蔵さんは国民年金の沖縄特例というのが適用されるのに、その説明をちゃんと受けなかったということで、２００９年の９月から愛蔵さんは正式に年金を毎月もらえるようになったと話している。

愛蔵さんのその後の消息を知りたくてネットを検索してみたらhttps://note.comに「新里愛蔵さんの思い出」と題する記事が載っていたので、投稿者に尋ねてみたところ、愛蔵さんが亡くなったのは２０２２年で、三線愛好会のつながりで亡くなったことを知ったそうである。三線愛好会の会長は愛蔵さんが名護の老人ホームに入ってからも、妹さんと連絡を取り合っていたという。

２００９年８月にはブラジルのクリチーバに行っていて、この時のことは『旅の反復』第３章に書いている。

その翌月の９月に私は娘と一緒に、ベトナムのホーチミン経由でカンボジアに行った。

カンボジアの旅　２００９年９月

カンボジアで働いていた松山順一さんの知り合いのトシさんは当時三輪タクシーの運転手をしながらカンボジアの司法試験を受けていたが、彼の家がゲストハウスを経営していて、そこに泊まれるということだったので、行ってみようということになったのである。

切符は9月5日（土曜日）、朝沖縄ツーリストに行って、那覇・ホーチミン往復と、あと、プノンペンからホーチミンに戻る時のベトナム航空の切符を買った。いずれも問題なく予約が取れた。全部で一人10万4000円ほど。

11日（金曜日）、娘とタクシーで空港。中華航空CI121便で台北。CI783便に乗り換えてホーチミン。タクシー（9ドル）でデターム通りのシンツーリストにいって、明朝6時半発プノンペン行き直行バスを予約。一人10ドル（18万ドン）。そのあと、チャムアインTramAnhゲストハウスにチェックイン。シンツーリスト前の写真屋で、娘のカンボジアビザ申請用写真づくり。薬局で消毒薬を買ってから7時半に写真を受け取る。ベンタイン市場に行って、夜店で食べる。カエル肉のフライなどを食べた。2万ドンほどなので、10ドルちょっと。

12日（土曜日）、朝バスでプノンペンに向かう。カンボジアビザ代一人24ドル。8時半頃国境について、9時半頃カンボジアに入国した。ビザ申請に写真は要らなかった。国境際の食堂で食べてから出発して、途中フェリーにも乗って、午後1時前にプノンペンに着いた。三輪タクシーでナイスゲストハウスにチェックイン。1泊12ドル。ホテルそばのレストラン「シェ・ママ」という店でカレーを食べた。トシさんの三輪タクシーでキリングフィールド、市場、虐殺博物館、市内を回る。

キリングフィールドというのは、ポル・ポト政権下のカンボジアで、大量虐殺が行われた刑場跡の俗称である。虐殺博物館（トゥールスレン博物館）は、ポル・ポト政権下で「異端者」とされた人々を収容した刑務所で、1975年から1979年まで、ポル・ポト政権下で約1万7000人の拘束・拷問・虐殺が行われた場所である。明日はトシさんの知り合いの車でコンポンチャムに行くことに決まる。アンコール・ワット方面を除くと、日帰りで行ける田舎としてはコンポンチャムぐらいしかなかった。150ドルは高いように思ったが、行けないよりはずっといい。メコン川をさらに北の方に行って、ラオスとの国境あたりまで行けばイルカがいるらしいが、とてもそんな時間はない。ホテルに戻って休んでから、近くのキャピトルツアーで食べる。

13日（日曜日）、朝6時過ぎにトシさんのお友だちの運転で、トシさんも一緒にコンポンチャムに向かう。車は、このお友達が昨日購入したばかりだそうで、ナンバーは仮ナンバーをフロントに貼り付けていた。走り出してちょっとして、車輪がガタガタしてボルトを締め直したが、とても安定していていい車だった。トヨタ。9時頃コンポンチャムに着いた。日本との友好の橋を渡って大きなゴム園に行ってから戻ってきて、お寺に行く。人がたくさん来ていた。帰る途中で昼食。そのあと雨になった。3時頃ホテルに戻ってきた。夕方までゆっくり休んでから、夜は、シェ・ママで食べた。

14日（月曜日）、キャピトルツアー裏の通りで朝食。トシさんの三輪で空港。12：40発ベトナム航空VN841便でホーチミンに1時半着。ホーチミンは雨。タクシーでSaigon Comfortホテルにチェックイン。25ドル。タクシーでチョロンのビンタイ市場。そのあと、タクシーでベンタイン市場。二つの市場を回るだけで暗くなった。デタム通りの近くのベトナム航空で20ドル両替した。ホテルに戻ってから近くで食事。帰ってからベトナムのビール333を飲んで寝る。

15日（火曜日）、ホテルで朝食後、タクシーで空港。中華航空CI782便で台北。CI122便に乗り継いで夕方6時半沖縄着。

台湾の旅　2009年12月

25日（金曜日）、娘と一緒に、14：10成田発の中華航空で台北に着いた。午後6時前に空港から出て国光客運の空港バスで台北駅に向かったが、大変な渋滞で2時間かかった。娘が予約してくれたサンルートホテルは日本のホテルそのものだった。着いてから、町に出て、水餃子等を食べ、散歩しながらホテルに戻る。夜遅くなっても賑やかで楽しい。

26日（土曜日）、ゆっくり寝てから出発し、台北からはじめて新幹線に乗って高雄（左営駅）に行った。高雄駅で、明日の高雄─台東、台東─台北の切符を買おうとしたら、高雄─台東はないといわれる。台風被害のせいで鉄道が不通になっているらしかった。バスはあるとは言われたが、台東にバスで着いてもその後がなければダメだから、まず、台東─台北を買おうとしたところ、午後に発つ希望の列車の席は取れなかった。その前の、10：40発の自強号が取れた。その後、バスの切符を買う。列車に間に合うように行くには、バスだと4時間かかるとのことなので、5時発の始発ということになった。

高層ビルにのぼりに行く途中で、沖縄のお茶らしいものを売っていたので、買って飲んだらショウガの味だった。高層ビルは、85階あるうちの74階が展望台になっていたが、スモッグが出ていてよく見えなかった。夜、六合夜市に行った。大変な人混みだった。

27日（日曜日）、朝5時発のバスで8時半に台東に着いた。裏手が市場になっているので、ちょっと歩いてから麺を食べる。それからタクシーで原住民博物館に行って、30分足らずでざっと回る。それから台東駅。台東駅は、以前来たときとは違って、新しい場所に新駅ができていた。列車で予定通り台北に16：07に着いた。途中で宜蘭を通ったが、田んぼが水に浸かって池のようになっているのをこのときにはじめてみて、ずっと頭に残っていたので、後述するように2012年1月、再び宜蘭に行くことになった。台北に着いてからホテルにチェックイン。疲れたのと雨が降り出したのとで遠くには行かないで、地下鉄中山駅近くのお菓子屋でお土産を買ってから、中山地下街を歩いて台北駅まで行って戻ってきて自助餐の店で食べた。非常にたくさんの料理があり、おいしかった。

28日（月曜日）、9時頃出て、故宮に行く予定で、まず台北駅のコインロッカーに行く。そこで、日本人の若い女性がコインロッカーの使い方がわからなくて、われわれにきいてきた。私は現地の人に見えたらしい。彼女の荷物をまず収納し、われわれの荷物も収納してから、彼女が基隆に行きたい、というので、バスターミナルまで一緒に連れていってあげた。彼女は広州で働いていて、広州から飛行機で来たのだそうである。広州は空気が汚れていて体の調子が悪いので早く切り上げたいとのことだった。

彼女と別れてからバスターミナルで沖縄県人会に電話したらつながって、事務所ではなくて自宅だが歓迎するという。故宮に行ってからでは遅すぎるので、タクシーで台北駅からまっすぐ行くことになり、故宮はボツになった。場所は桃園で、タクシーで500～600元（1元が3円ぐらい）とのことだったが、なかなか目的地が見つからなくて800元ほどになった。県人会の人は会長ではなくて、事務所は台北の方にあるそうだが、陳吉さんという70代のおばさんで、旦那さんは大正15年生まれでもう80を超えている。二人ともしっかりして元気だった。自宅といってもお茶の工場だった。陳吉さんは首里生まれのウチナーンチュ。旦那さんは台湾生まれ。戦争が終わって、結局日本人にはなれなかった。戸籍はあるというのでどこですかときくと、日本の台湾だ、と。いろいろ昔の話を聞いていたら午後1時半になった。タクシーで空港に行って、中華航空で成田に午後9時前に着いた。

2010年1月3日(日曜日)、朝9時頃娘と調布のアパートを出て、新幹線で大阪に12時40分頃着いた。娘の帰りの新幹線指定席を買おうとしたが、全然ないそうで、明日は自由席に乗るしかない。地下鉄に乗って難波で乗り換えて桜川駅。ビジネスイン・リバティにチェックイン。地下鉄で動物園前。昼食後、釜が崎の三角公園に行く。金城さんたちはもう来ていた。昨年と同じように炊き出しのため沖縄そばを作って、配り終わるまで手伝う。金城さんたちと動物園前の方に行って、飲みながら慰労会をする。夜の10時頃お開きになったあと、桜川駅まで戻ってきて、金城さんとロイヤルホストでコーヒーを飲みながら12時前まで話した。金城さんは、過去・現在・未来はこの順番に来るものじゃないような気がする、と言っていた。むしろ、現在・過去・未来という順になるのだというのである。金城さんが最終バスで帰ってから、われわれもホテルに戻って、寝る。

4日(月曜日)、9時前に江洲さんが車で迎えに来る。まず、関西沖縄文庫に行って、金城さんに中を見せてもらう。それから天理に行く。天理教の施設は非常に大きかった。天理教信者はブラジルの移民にも結構多いし、私は以前から踊る宗教として知られる北村サヨの天照皇大神宮教とか民間宗教には関心があった。当時興味を持っていたのは金光教で、小川洋子、河合隼雄『生きるとは、自分の物語をつくること』(新潮文庫、2008年)は興味深かった。小川氏の両親、祖父母とも金光教の信者で、祖父は金光教の教師であったが、金光教では祭壇に対して教師は90度の方向を向いて座り、教師は神様の声を聴いて、反対側の耳で信者さんの声を聴いて両者を取り次ぐ役目だというのが記憶に残っている(91頁)。天理を見てから途中ラーメンを食べてから橿原神宮に行く。こちらはふつうの神社でつまらなかった。あとは、まっすぐ新大阪駅まで送ってもらって江洲さんと別れる。娘は新幹線で東京に向かい、私は梅田に出て、紀伊國屋をちょっと見てから三宮。駅前のダイエー内にあるジュンク堂を見てから、神戸空港。19:00発のSKYで9時過ぎに沖縄に戻る。

第2章　「断章」（2010年2月〜2011年6月）

中国雲南省の旅　2010年3月

まえがきに書いたように、2010年2月から「断章」ファイルを毎日書き始めた。そこでの記録をもとに同年3月にやった中国・雲南の旅についてまとめたい。

3月23日（火曜日）に出発して、中国の昆明に向かった。この旅行をすることになったのは、私が勤務していた大学の大学院で学んでいる劉艶さんが昆明出身で、春休みで帰省中の時期なら案内しましょうと言ってくれたからである。彼女の研究テーマはハーリー（爬竜船競漕）の比較研究である。沖縄の糸満や那覇などで行われているのとそっくりの行事が雲南省にもあるそうだ。台湾の宜蘭でも同じような行事があるそうで、ちょっと前、彼女はそれを調査しに行っていた。彼女は以前、昆明にいるときに日本語通訳などの仕事をしていたようだが、沖縄からの研究者と接触した結果、沖縄で勉強することになったのだそうである。

今回関西から同行するのは私と娘を含めて五人だが、われわれの一行に彼女がつけてくれた名称は「「辺境雲南」メコン河流域の西双版納・ラオス・ビルマの調査団」というご大層なものである（Wikipedia によれば西双版納というのはシーサンパンナと読み、雲南省最南端に位置するタイ（傣）族自治州である。漢字表現は12の千の田を意味するタイ語「シップソーンパンナー」を標準語で音写した表記である。首府は景洪市で、象が生息、上座部仏教が盛んであるなど東南アジアのような光景が見られるため、近年観光地として発展している）。さすが中国人、全然照れくさく感じないらしい。そして彼女はサービス精神も旺盛で、われわれからの注文には可能な限りこたえてくれている。すべて私にお任せ下さいという自信にあふれている。こういうふうに生きれれば失敗なんかあり得ない感じだ。彼女が作ってくれた予定表を見ると、名物料理など、食べもの関係が多い。それは彼女自身が大変なグルメであることも関係なくはないと思うが、参加者に、実際に農業に従事している人がいるほか、ローカルな食べものや薬草などに詳しい人が加わっていて、地域の農業や食についていろいろ調べたいという希望があるからである。

私個人としては、当時温泉に興味があり、できれば一カ所でいいから浸かってみたかった。話が横にそれるが、元々私は温泉にゆっくり浸かるタイプではなかった。風呂に入ってもあっという間にあがってしまう。そういうせっかちな性分を直そうと思って、先日上京してからどこか温泉に行こうかと思ったわけである。けれども、車がなければ、日帰りで行けそうなところは限られている。電車で行けて、できるだけ近いところがいいということで、インターネットで探したら、南武線の南多摩駅から歩いて行けるところにあった。平日だと、通常の入浴料が700円、それに岩盤浴がプラス500円である。最初に行ったのは月曜日だったが、結構たくさんの人が来ていた。岩盤浴の本格的なものは初めてだったが、大量に発汗してとてもいい気持ちだった。途中、昼食を挟んで、4種類ぐらいの岩盤浴を順に回っていたら3時間ぐらいはあっという間にたった。本当、このままいければ極楽だ。ゆっくりするために皆さん来ているわけだから、ゆっくりしていいし、ゆっくりしなければならないのである。必ずしも年寄りばかりでなく、若い人も結構いた。健康や美容や目的もあるのではないかと思う。二回目に行ったときには施設内に床屋もあることに気づいて散髪もした。ゆっくりと丁寧に切ってくれた。

今回の旅は先述した2009年1月の、佐賀県唐津市の山下惣一さん宅訪問に続くものだが、山下さんは『身土不二の探求』（創森社、1998年）という著作もある方で、地産地消の流れを作ってきた農民作家である。彼自身は佐賀にへばりついて生きてきたのではなく、世界のあちこちを旅して、農民の目で農業のあり方を見てきた。確かな比較がなされていて、その話の方が私には参考になる。

今回の雲南の旅には、書くための道具としてはモバイルタイプのノートパソコンを持ってきた。最近のパソコンの進歩はすごくて、1キロもない重さで十分な仕事ができる。LAN回線が接続できる環境にあれば、日本と同じ状態でインターネット接続も可能であり、メールも送れる。ただ、やたらとソフトも新しくなって、買い換えていかないとハードの方がついていけないというのも困りものだ。

旅行中につけるメモ帳は、A4サイズの紙を四つ切りにして、ズボンの後ろポケットにも入れられるように表紙と台紙を厚紙で加えて、左上に穴をあけ、引っ越しひもで束ねた。ちょっと前にカードではいろいろ問題が出ることがわかったので、あとでノートにもなるようにと考えたのである。書いたものを4枚並べてコピーすればノート記録にもなる。出発してから使い始めたが、使いやすい大きさだ。市販のメモ帳では小さすぎる。

3月23日、私は娘と一緒に午前10時40分羽田発のＪＡＬ１７７便で関西。同行者と落ち合って、両替、昼食、休憩。チェックインしてから中に入る。16：40発中国東方航空ＭＵ７４８便で上海、入国手続きして、19：00（日本よりマイナス１時間）頃発って昆明に向かう。昆明には、23日の夜中に着いた。上海からは国内線になったのだが、荷物は昆明で受け取るので、上海で乗った人たちとは別の場所に連れていかれて、そこで荷物を受け取り通関した。これは、タイのチェンマイなどに行くときと同じ方式である。

劉さんが準備してくれたホテルは町の中心部で、昆明は、新しい空港が計画されているそうだったが、従来の空港は町に近く、すぐ着いた。さっそくお酒を買いに近くの店まで行った。ワインのような瓶入りビール「大理」は50円ぐらいだそうだ。ワインや、42度の餅米の酒も買っているところで停電になった。真っ暗になった。ホテルも全部停電。しばらくしたらつくだろうと、1階ロビーに座っていたがなかなかつかない。8階の部屋まで階段であがった。ホテルの人がろうそく2本をたててくれたところで電気がぱっとついて明るくなった。

雲南は、3年連続の干ばつ中で、60年ぶりのことだそうで、節水をうるさく呼びかけているのだという。空気が乾燥していて、肌が気持ちよい。ビールは冷やさないでそのまま飲む。のどにすーっと通っておいしい。不純物が混じっていない感じだ。餅米の酒は、甘みのある香りがあって、これも飲みやすい。ワインはアルコール5％だそうで、ジュースを飲んでいるような感じだった。

劉さんも、このホテルに娘と同室で泊まるそうなので（もっとも彼女の実家はこのホテルの近くなのだそうだが）、彼女を囲んで四方山話をするうちに朝の3時になってお開きにした。
翌朝起きてから、シャワーを浴びて、洗濯もした。それを大きなバスタオルに包んで、水抜きする。こうしてから干せば、どこでもだいたい1日あれば乾く。ここは乾燥しているから時間はかからないだろう。大きなポケットのついた半袖シャツを着る。また旅の生活が始まったんだなと思う。

24日（水曜日）は、まず泊まっていたホテルの1階に入っている「三七」の販売店で話を聞いた。三七というのは朝鮮人参のようなもので、雲南やベトナムなどで栽培されているが、根から葉っぱまで健康素材として活用して製品化し、販売している。それから、どういう偶然なのかすぐ隣に温泉ホテルがあり、そこに今晩は移ることが決まった。まだ風呂を利用していないが、西双版納《シーサンパンナ》から帰ってきたらまたこのホテルを予約してあるそうだ。荷物を預けてから、旅行社のバンで、まず中国銀行に行って両替。それから、生薬店舗街に行く。いわゆる「夏草冬虫」の類である。辺り一帯独特なにおいがあった。その後、途中で昼食をはさんで石林に行ってきた。世界遺産に加えられた奇観である。岩の間を歩いていくのは疲れた。というより、石が並んでいるだけでどうして世界遺産なのかとも思ったが、なんでも元は海底だったところだそうで、自然景観としての評価からでしょう。夕方昆明に戻ってきて、米うどんというのを食べた。発酵させた比較的太い麺と、発酵させない細い麺がある。どちらも白色である。歯触りはそうめんよりやわらかい。食後ホテルに戻ってきてから、ホテルそばの団地に住んでいる劉さんの両親を訪ねた。お父さんは64歳だそうで、かつては公務員だったが、現在は働いていない。両親とも日本語は全然話さないが、感じからとても歓迎してくれていることが伝わった。お母さんが黄色いスイカを切って出してくれた。甘かった。すすめられるまま食べていたらお盆いっぱいあったのがなくなって、足りないんだなと、さらに切り始めた。われわれが全部食べましたというのとは受け止めが違うようで、つまり、ごちそうは残すぐらい出したということで満腹させたというのがいいことだそうである。緑の豆から作ったお菓子も出た。口の中ですーっと溶けてなくなるような感じである。団地の3階で、新しい建物で、日本の団地と同じようにペットが出入りする口は作れないと思われるのだが、小さいメス犬を飼っていた。飼うことは許されているが、定期的に予防接種が必要だそうである。外にも出すそうで、そうすると子を産んだら始末しないといけなくなる。

劉さんの両親を訪問したとき、農業をやっている同行者が、文化大革命時代に行われた、いわゆる「下放」について尋ねていた。この時期に若者が大量に都会から農村に強制的に送り込まれた。劉さんのお父さんへの質問だったようだが、劉さん自身が、現在では評価されていないというような話をした。公務員だったお父さんに聞いても当惑されたのではないだろうか。戦後中国ほど大きな変遷を経てきた国は少ない。私は昆明に来たのは二回目で、最初にきたのは1987年であるが、町はその後大発展を遂げ、今は300万人以上の大都会になり、記憶に残っているような面影はもうない。ただ、昨日、石林に行く途中で見た畑は以前と同じように狭いものが多く、今でも人が手で耕している姿が見られた。開放政策に移行してから日本と同じような暮らしになったのかというと、そういうことはなくて、中国はその後もどういう形で訪問するかで大きな違いが発生する国だった。例えば、90年代半ばに沖縄法政学会の公式訪問団の一員として広州市を訪問したときは、移動は全部パトカー先導だった。夜、芝居を見に行くのもそうだった。万事政治優先の国柄である(『40代の旅と日常』320頁以下参照)。三七などの開発にも政府が加わっている。そして今や中国は経済大国になったのであるが、われわれとは発展サイクル段階が違うことを認識しないといけないだろう。日本で現在、農業再建が大きな政治的テーマになっているが、それはバブルも崩壊した後、先が見えなくなってどうするという段階での話である。

25日(木曜日)、昆明から飛行機で西双版納《シーサンパンナ》の景供に行った。空港で迎えてくれた旅行社差し向けの若い男性運転手はタイ族だそうで、「ありがとう」というとき両手をあわせる。気温は28度だそうで、暑い。湿気もある。着ていたカッパは暑くて着ておれず、すぐに脱いだ。米は3期作だそうだし、着いてからちょっとして午後3時前に昼食のため食堂に行ったら昼休みの時間だそうで、料理を作って出してくれる店を見つけるために交渉しなければならなかった。実際、この時間は眠い。食堂入り口に並べられた野菜は、だいたい沖縄と似ている。タニシの野菜炒め、ナマズのスープなどが出た。タニシは思ったより小さくてかたかった。食後、原生熱帯雨林の公園に行って、クジャクショーを見てから、園内バスの終点まで行って、夕方まで歩いた。森の規模はさすがに大きい。1本1本の木も非常に高く、いろんな種類のものがある。その後、いったんホテルに帰って休んでから、夕食に出かけた。木曜日なのに、町の中は観光バスでいっぱいである。同行者の一人が下痢をしているので、それもあって、2種類のおかゆを食べた。一つはパインの中をくりぬいてそこに固めのおかゆが入っていた。甘い。もう一つはユリが入っているのだそうで、咳や風邪に効くそうだ。熱帯の魚テラピアのスープも出た。牛の皮も食べた。夕食後、下痢している人以外のメンバーで飲みに行った。ビールのつまみはどれも辛くて、一口だけで飛び上がってしまい、もう結構という感じになるが、それに唐辛子が添えてあって、もっと辛くできるようにしてある。

食べているときに、まだ小さな女の子がピーナツを売りに来た。中国の児童労働は国連でも問題になっているそうだが、このこととの関連で、生態系の保存ということと直接関係している熱帯雨林の森でのクジャクショーにはびっくりさせられた。夕方近くになって、合図とともに小さな湖の向こうの山の方から次々にクジャクが舞い降りてくるのであるが、そのときを待って大勢の観光客が人垣を作って待っていた。ほとんどが中国人だと思うが、観光でやってきた人はそれなりに余裕のある人たちであろう。その人たちはこういうものを見るので満足できるのだろうか。私自身は、二度はもちろんだが、一度も見たくはない感じがした。園内には他にも動物ショーがあるし、園内バスの終点の山にはサルが住んでいて、バナナやピーナツで餌づけしている。それと同じような、集客のための装置という位置づけであろう。いつまでこういう形の運営が続けられるのであろうか。

それで思い出したのが、ちょうど1ヶ月前、三浦半島の小網代の森を歩いた時のことである。N

POによる流域体験ツアーがあって、森の中の川の源流から河口まで歩いて行った。案内してくれたのはカニを専門に研究しているという大学院生で、図鑑等で植物や鳥の名前等を教えてくれて、とにかくいろいろな種類の生き物がいるということがわかった。同じカニにしても、いろんな種類がいて、住み分けている。文科系の私など、教えてもらわなければ素通りするところだ。森の多くは私有地らしいのだが、どうやって森を残せたのか、不思議な気がした。周辺は山みたいなところにもどんどん家が建っていっているのである。ツアーの後、海辺のレストランでガイドも含めて懇親会をした。参加者から、ガイドに対して、若い研究者がこんなボランティアみたいなことをやってもったいないみたいな話が出た。確かに就職は厳しいのだろうが、NPOに関わっている人々は、狭い専門の枠を超えた活動が必要だという問題意識からやっておられることだと思われる。タイミングを失すれば自然を丸ごと残すことは困難になっていく。

26日（金曜日）は、まず、運転手が別の人にかわり、車もかわった。景供から南東の方向に、ラオス国境に向かっていく。2時間ぐらい走って、劉さんが昨年ハーリーの調査をした村に着いた。ガイドさんが待っていて、村の中をちょっと案内してくれながら、ガイドさんの家に連れて行ってくれた。ガイドさんの話で、この村が母系社会であることがわかった。嫁入りではなく、婿入りするのである。家を継ぐのは女だから、男の子よりは女の子が好まれるそうだ。中国では一人っ子政策がとられていたが、タイ族のような少数民族地域では、二人ぐらいは普通で、三人、四人と子どもがいる家も多いということだった。婿は、3年間の試験期間を経て初めて一人前の夫になれる。その間に、山の仕事、畑の仕事等をちゃんとできるかどうか試され、だめならばクビということだ。この期間は寝室をともにできない。めでたく夫婦になれるということになれば、銀の食器を準備しなければならない。私も沖縄に来てから、妻の両親の家に同居したので、婿入りしたようなものである。日本全体でも、少子化が影響していると思われるが、結婚してから妻の両親と一緒に住むか、その近くで住むという形が増えている。

その後、劉さんが昨年調査の時に滞在していた家にも行った。家の主人は、われわれが着いてから昼食の準備を始めた。その間に、われわれは、この家の庭と近所を散歩した。どの家も庭は広い。そこにいろいろなものが植えられている。そして、隣の家の畑との境界がはっきりしていないが、隣近所は皆親戚で、だいたいわかるそうだ。娘も親と一緒に住むので、家族の人数は多く、したがって家も大きい。ほとんどの家が高床式で、人々は2階に住んでいる。1階は現在物置場になっているが、昔は家畜を飼っていたそうだ。今は飼わなくなったのは、この村に寺があり、観光客も多いようで、その観光客用の土産物を作るので忙しくなったからのようである。寺も拝観した。穏やかな仏像だった。やがて食事になった。焼き魚の他、家の庭でできている野菜だけで作ったおかずだった。

食後さらに南に向かい、モンラーという国境付近の町に着いた。まず、森林公園に行った。ここでは船にしばらく乗ってからおりて熱帯雨林の中に入ったが、木と木の間の高いところに細い吊り橋を架けてつないで、森の中を歩いて渡って、森林を上から眺められるようになっていた。その後さらにラオスとの国境近くまで行って、植物園内のホテルに着いた。そして、そのそばに住んでいる劉さんの知り合いの警察官に会いに近くの食堂に行った。なんと10年だか15年ぶりだかだそうである。同僚の警察官も数名いて、飲み会になった。沖縄のオトーリそのものである。お互いに口上を述べ、乾杯し、飲み干す。酒はビールの他に、白酒という自家製の強い酒である。いったん知り合いになれば、10年たっても昨日まで会っていたかのようにまた会える、そういう雰囲気に酔ったのか、私も酔っぱらってしまった。そこで食べた料理は全部、地元の山のもので、タケノコはラオスのものだそうだった。味もそんなに辛くなくて、食べやすかった。中国でも食品の安全ということは皆さん十分意識しているようで、まあ、ここは国境地帯で店もなく、そうするしかないのであるが、地産地消を実践している。辺境の田舎でも人が住んでいて、それなりに生活できているということはとてもすごい。

国境付近はさすがに人もまばらであるが、モンラーの町までは人は切れ目なくすんでいて、辺境という感じは全然しなかった。畑もよく耕されていて、バナナ、ゴムなど、東南アジアで見かける風景が広がっている。

27日(土曜日)は、朝、泊まった植物園内を見学した。ここはもともとは研究者用の施設であったらしく、本格的であった。植物のことには全然詳しくない私でもおもしろいものがあった。例えば、「木のしめ殺し」というのは初めて見た。根がぐるぐる巻きついて、巻きつかれたものがだめになる。ガジュマルは種類がたくさんあった。ゴムの木は移動中にもしばしば見たが、中国では海南島と西双版納《シーサンパンナ》で栽培されているとのことである。私は前年カンボジアで大規模な栽培地を見た。

それから、いったん北に向かってから景供あたりで西に向かい、ミャンマーとの国境である打洛に午後になって着いた。劉さんの話では、以前は身分証明書を持っていれば1日ミャンマーに入れたのだそうだが、この時はだめになっていた。事前にビザをとっておかなければならない。国境周辺には国際移動する人々対象の食堂や店が集まっているのだが、この時は全部閉店状態で、ゴーストタウンのようになっている。われわれの昼食の場も見つからなかった。私は、2004年6月に、タイ北部のチェンラーイをベースに旅行して、タイの最北部メーサイから、ミャンマーのタチレクに入った。国境でビザがとれた。両国の国境間は歩いて移動した。緊張は感じられず、たくさんの人がいた。ミャンマー内では金色に輝く寺院に行った。徳を積むために、かごに入った鳥を買い、それを放してやるのを見た。人々は白い粉を顔肌に塗りまくっている。その後、国境そばの市場を見たら、中国の物が非常に多かった。非常に安いらしく、ガイドさんは私そっちのけで買い物に熱中していた(『50代　旅の複層』136頁以下参照)。現在この国境はどうなっているのだろうか。

景供に戻る途中、ちょっと、小山の上にあるお寺で休んだ。タイ式のお寺であるが、タイではとにかくお寺は手入れが行き届いていていてきれいになっているのと比べると、ここでは古ぼけて、施設の手入れも十分でないように見えた。タイ族といっても、タイとは相当違う。やっぱり中国ですね。寺院に併設された学校には、以前はみんな行っていたそうだが、今は特定の子だけのようである。

さらに、ハニ族の文化紹介施設にも行った。ざっと展示を見たところ、仕事はお茶づくりをメインにしているのであるらしい。刺繍でも賞をもらったりして有名らしい。前日にタイ族は母系だということを聞いたので、ハニ族はどうなのか、と質問してみたら、系譜を見ながら、一番最初は男だが、あとは女だという説明であった。そして、2文字の名前の後の漢字が次の世代の名前の頭の漢字になるという、しりとりのような付け方になっていた。帰って、調べてみればわかるだろう。

夕方、景供に戻ってきた。メンバーの一人がUSBタイプの小さな録音機をなくして、昨夜飲んだ場所に聞いたりして探したが見つからないままに出発したところ、途中で、ホテルの部屋にそれが見つかったという電話連絡があった。そして、たまたまなのか、同じ旅行会社の人が届けてくれたとのことで、夕食に行く前に戻ってきた。すごい。

夜は、虫を食べた。竹虫といって、タケノコの中にいる虫だとのことだった。アーサのような、のりのスープも出た。昨夜飲み過ぎた胃袋にはよかった。

移動中、ずっと曇っていて、蒸し暑かった。やがて雨が降るのではないだろうかと思われた。旅行者としては雨が降らないのはありがたいが、住んでいる人たちはみんな早く雨が降ってほしいと思っている。今朝起きてみたら、雷が鳴って、強い雨が降っている。もうじき雨期に入る。

28日（日曜日）の朝方に降った雨は、出発するまでにはやんだ。何ヶ月ぶりかの雨だったそうだ。まず、野生象のいる自然公園に行った。景供からそんなに遠くない。着いてみるとたくさんの客が来ていた。3キロメートルあるロープウェイに乗ると、運がよければ下に象がいるのが見えるという。乗ってみたら確かに、1頭見えたが、たまたまそこにいたのかどうかは疑わしい。ロープウェイをおりてから、歩いて戻ってくる。途中サルがいた。ここでは、係員らしい人が石を投げてサルを追っ払っていたので、なぜなのかきいてみると、人に危害を与えない子ザルだけを人のいる方に出てこさせるためだそうである。象の博物館もあって、そこには人と調和して仲よく生きるという共存の原理が書かれていた。元のところに戻って、象のショーを見た。ストーリーの作り方がうまい。例えば、象が鼻の先に花を持って、好きな人にあげるのだが、最初の何人かには近づいていってもあげないでまた別の人に近づいていく。私に、とあちこち手が上がったところで、結局さえない顔のおじさんに花をあげたのだった。象との共存、共生なんて感じじゃなく、あくまで、人間世界のために奉仕させるという感じである。

日曜日だったので、景供に戻って食事した。運転手さんのおすすめで行ったレストランは池の中にいくつもあずまやがあって、そこで食べるようになっていた。沖縄にも海辺のレストランや喫茶店はあるが、こういうタイプのレストランもいけるのではないだろうか。このレストランで劉さんが注文してくれたものが順次出てきた。ユリとトウモロコシの炒め物、牛のしょうゆ煮、カボチャのスープ、エンドウ豆のツル、それからカエルの炒め物。これはうまかった。それから、アヒルの肉の炒め物。子豚の炒め物。最後に出てきたのが、なんと犬肉のスープであった。前夜劉さんに、犬の肉は食べるのかときいたので注文してくれたらしい。劉さん自身は、実家で犬を飼っていて、ペットを食べるなんてかわいそうと思っているらしい。食べてみたらなかなかうまかった。私は、1978年から79年にかけてのラテンアメリカ旅行中、エクアドルでバスの休憩時間中にフライを揚げて売っていて、買って食べてみたらうまかったので、何の肉ですかときいたら犬と返事が来てびっくりしたことがある（『旅の表層』193頁参照）。注文した料理が昨日の昼食は確かに多かったが、でも、運転手さんも入れて7名で食べ、日本円で合計6000円ほどだった。毎日昼と夜はこんな食事をしてきて、量よりは食材の多様さに驚いてしまう。もう何でも食べている感じである。それは、この後市場を回ってみても実感できた。

当初、劉さんが作ってくれた計画では、昨日は夜は景供に泊まって、夜市を見ることになっていたようであるが、夜の飛行機で昆明に戻ることに変更された。夕方時間が余ったのでお茶屋に行ってお茶を飲んだ。おいしかった。何度も入れてくれるが、だんだん濃くなっていく。入れながら、店員さんがお茶についていろいろ話をしてくれた。お茶はおいておけばおいておくほどおいしくなるが、保存の仕方が重要なようである。樹齢の高いものほど値段も高く、100年ものなどもあるという。

空港でチェックインして運転手さんと別れて中に入ったら、飛行機の出発時間はどんどん遅くなって、最初午後8時半発の予定だったのが、11時25分発になった。昆明は、雷が鳴って大雨なのだそうである。空港の中で西双版納《シーサンパンナ》での滞在を振り返った。何と言っても、やっぱり劉さんという人が加わってくれたからこそできた旅だ。しかし、彼女が何でもやってくれる結果、いまだにこちらのお金の値打ちがよくわからない。

景供から昆明への飛行機は予定の午後11時25分になってもいっこうに案内がなく、状況はわからないままだった。われわれの便だけでなく、ほとんどの便が遅れていた。いろいろな会社の便が電光板に表示されていた。私は、いすに座って旅の記録をパソコンに打ち込んでいたのだが、一段落ついてあたりを見ると、待合い室はものすごい数の人でふくれあがっていた。何機か分の乗客が待っているのだから何百人かになっていたであろう。大きな待合室だったが、いすはもちろん満席で、座れない人が床にしゃがみ込んだりしていた。そして、電光板の表示では状況が把握できないため、いらいらがたまって、一人が航空会社の係員にくってかかり、その周りをたくさんの人が取り囲んで騒然となった。結局その人のためにいすが準備された。

私の前に座っていたわれわれのメンバー三人のうちの向かって右側の人は、長い座席の列のはじで、私の真向かいだったのだが、座れないでうろうろしていた男性がやがて遠慮がちにいすの列の右端についていた肘掛けの部分に腰をおろした。それからちょっとして、その右端の人の座っているいすの片隅に腰掛けようとしだし、そのため右側の人は押されるようになって中央の人の席に食い込み、さらに連鎖で、向かって左側の人も窮屈になった。この男性は、最初はすみませんというような感じだったのに、じわじわと右端の席の占領面積を広げていき、結局、まず、左側の人が立ち上がってどっかに行ってしまった。そして、占領されていった右側の人も、嫌気がさしたのだろう、立ち上がって、後はずっと待合室を歩き回っていた。じりじりと席が占領されていくのを見ていて、スローモーション映画を見ているみたいだった。

私は直接見ていないが、女子トイレも、長い列ができて、その列に割り込もうとする人がいて騒然としていたそうだ。それで以前読んだ実話を思い出した。エレベーターにどっとたくさんの人が詰め込むように乗ったので重量オーバーで扉が開いたまま止まって動かなくなり、しかし、誰もおりようとはしないので、いつまでもエレベーターはとまったままだったというのである。こういう状況になると人々が他人のことなんか全然考えないで行動しているのが手に取るように見えた。私の意見だが、われわれのところが占領されていったのには、われわれが日本人だということも多少は影響していたのではないかと思う。われわれが日本語で話しているのを、当然それを周囲の人たちは聞いていた。右側の人が最初の段階でクレームをちゃんとつけていればこんなことにはならなかったと思うが、いったんこういう状況になってから騒いでも、なにしろ言葉もしゃべれないわけである。どういう状況になるか容易に想像できた。こういう調子だと、中国の先行きも大変だろう。不満が爆発してしまえばどういうことになるか、誰もわからなくなる。

飛行機が到着したので乗るようにというアナウンスがあったのが午前1時半頃だった。昆明とは別の空港から到着し、われわれも含めて10人ぐらいの人が乗り、昆明に向かった。飛び立った直後は確かに悪天候のせいで揺れたが、あとは普通に飛んで、昆明でも雨は降っていなかった。拍子抜けした。後になって知ったのは、この雨は人工降雨だったそうなのだ。雲南に雨を降らせるため、砲弾がなんと３２００発あまりも撃ち込まれたのだという。その結果、昆明でも24ミリの降雨があったのだそうだが、人工だから、その後は続かず、雨はやんだということらしい。日本で人工降雨のために砲弾を撃ちこんだなんて私はきいたことがない。大変なことをやる国ですね。

29日（月曜日）の午前中、寝不足状態で連れて行かれたのは西山公園というところである。ここもケーブルカーであがっていく。海抜２２８０メートルだそうだ。ケーブルをおりてからさらに岩山を登っていくと、下に湖を見晴らす絶景になっている。昔は死ぬ場所だったらしい。今だって、日本なら心中名所になりそうである。しかし、湖は石けんで水が汚れているし、藻が発生して水の色が緑に変色している。あまり死ぬ気にならないのでは。

お昼はまた豪華レストランで食事。劉さんの母方のおじさんが経営しているのだそうだ。その後行った雲南省の博物館は、私の予想したとおり、月曜日で休館だった。それで、後はもう息抜きにしようということで、まず町の中心部らしいところにあるショッピングセンターにおみやげ探しをかねて行く。花の市場にも行った。

それから、ホテルで休憩後、「貴太郎」という、お店の主の奥さんが沖縄出身である日本料理屋に行った。この奥さんは、北京の体育大学で学んでいるときに夫と知り合ってから北京に7年、その後昆明に13年間の合計20年間中国に住んでいる。お店は大変繁盛して、今四つの店がある。中国では商売の盛衰は激しく、ダメなところはすぐにダメになるそうで、13年続いて発展できてきたのは誇っていいことのようだ。メニューに記されている料理の数は非常に多い。中国の人は数がたくさんないとダメだそうで、200以上の料理が並んでいる。そして、ここの人は辛いものがないとご飯がすすまないので、タイ風、あるいは韓国風になる。流行というのもあるそうで、アレンジされた巻き寿司が出てきた。この点は、一昨年チリのサンチャゴで寿司を食べたときのことを思い出した。アボカド巻きなどの、日本では普通考えられないような寿司がメニューに入っていて、食べてみたらすてきにおいしかった（『旅の反復』52頁参照）。ゴーヤチャンプルーもあった。ゴーヤは雲南でも普通に食べられているが、豆腐がなかなか沖縄のようにはいかないという話であった。しかし、食べてみると、普通沖縄で食べているものとそんなにかわらない感じである。自分で研究してメニューを増やしていかないといけない、と言って、今はスパゲティなど考えているのだそうである。このように成功しているお店といえるが、夫婦の本来の希望は、田舎で野菜を自分で作って、それを使った料理を出す、みたいなタイプのレストランであるという。無農薬栽培にも興味を持っていて、自分で土地を買って食材を作っていこうと思っているとのことで、なんか話を聞いていたら日本の話みたいに聞こえてきた。しかし、地産地消というのは実際にやれば難しいことが多いだろう。適切なアドバイスができる人が不可欠である。農業技術上のことだけではなく、どういう形で、どういう方向に展開していくかという経営組織上の問題も非常に大きい。その点、中国はバラバラな人たちが社会主義ということでまとめられてきたので、そのあり方にマッチしたやり方を良くも悪くも強引に進めれば、一周遅れのトップランナーみたいなおもしろい結果が期待できるのではないか、などと、勝手に夢想した。

昆明最後の夜は温泉で締めた。温泉ホテル1階の温泉に入ってみると、いくつかの浴場の奥にあんまの場所が設けてあって、たくさんの人がもんでもらっていた。水着は着用しない。上の階にはその他のいろいろな運動施設等があり、風呂からあがってから劉さんと私の娘は2時間ぐらいも卓球をやったということだった。食べまくり、そして毎日自然公園を歩き回り、贅沢な旅であったありがたいことである。

旅の中に原稿書きの作業を織り込んだらどうなるか、という問題意識を持って雲南の旅をやってみたら、大変忙しくなったが、緊張感が保ててよかった。書くテーマは、時間的に、現にやっている旅のことを取り上げる以外に考えられないような日程であった。そして、私の娘がノートテイクを兼ねて、A4の4分の1サイズのカード帳にいろいろ記録してくれたので、それをまとめればだいたい1日分の分量にはなった。書き込んだカードは112枚だった。カードは途中で足りなくなったので、裏を使った。沖縄に帰ってからそれを番号順に並べて4枚1組でコピーして冊子に綴った。こうして、だいたいもくろみ通りのものができた。使っていて、不便を感じたのは、綴るひもが太すぎてなめらかにめくっていけず、何枚かのカードの穴の部分が破損してしまったことである。細くて丈夫なひも、例えば釣り用のひもなどを使うといいだろう。

カードを冊子にしたのでちょっと読んでみた。興味の持てる記述が出てきた。例えば、最初の方で、三七を訪問した際に劉さんが老人ホームの話をしている。劉さんの両親が住んでいるアパートと隣り合わせで「敬老院」があって、庶民レベルが利用しているそうだが、どういう事情の人が入っているのかはよくわからなかった。われわれが実際に動いた範囲では、高齢の老人はあまり見かけなかった。大部分は家族と一緒に家にいるのではないだろうか。しかし、今後、寿命が延びて、高齢化が進んでいけば、家族の手に負えない老人がどんどんうまれ、今の日本と同じような問題にぶつかるのは確実である。

私は、2001年から1年間フィリピンのダバオに滞在していたとき、ダバオ周辺の老人ホームを訪問して実情を調べていた。それでわかったのは、老人は家族が見るのが当たり前という考え方が強いので、ホームに預けたくても預けられない。実際、ホームに入居している人は家族がいない等、現地ではちょっと普通ではない人々であった。そして、仮にホームに入れようにも、数が極端に少ないため対応ができず、座敷牢のようなところに閉じこめている例も見聞した。中国は、これと比較してどういう状態なのだろうか。関連して、子どもの養育はどうなっているのだろうか。旅の最後に行った「貴太郎」の奥さんには7歳の子どもがいるが、ベビーシッターがなかなか見つからず、自分で養育しているようで、だから、普段は夜はお店に来ていないそうだった。ベビーシッターの雇い賃自体は高くなくても、一人っ子として生まれてやりたいことをやってきた若い人たちはこのような仕事をいやがるということだった。人口的にも、若い人たちはどんどん沿岸部に出て行ってしまう結果、人数自体減っている。子どもについては、中国は一応現在も社会主義なんだし、もうちょっと対応が進んでいると思っていた。老人の問題と子どもの問題とを、どちらも働いていない従属人口であるという共通性に着目して、統合ケアの観点から考えるという作業を私はダバオでは意識的にやっていた。そして、比較してみると制度的にはむしろ、ヨーロッパの先進諸国の方が対応が進んでいることも感じたが、だから幸福かというと、そう簡単には判断できない。

旅の最後に、「貴太郎」で沖縄出身者の話をきけたのは大きかった。このころ海外に住んでいる沖縄出身者や、その子孫を訪ねることをやっていたのだが、先述のように2008年にロサンゼルスの沖縄県人会会館で会った、読谷村出身でチェンマイに住んでいる松田さん夫妻を2009年に訪ねた。タイはフィリピンよりも安くロングステイビザが取得でき、住環境もよい、ということで、第二の人生を安い外国で送ろうという人たちからは非常に人気があった。

アイスランド、ベルギーの旅　2010年8～9月

アイスランドについては、2010年になって、アンドリ・S・マグナソン『よみがえれ！　夢の国アイスランド』（NHK出版、2009年）を買った。ビョークがまえがきを書いているのにまず

ビックリした。アイスランドはこれまで指折りの裕福な国といわれていたが、リーマンショックの後転落してしまったと報道されてきている。この本の題名の「よみがえれ」というのはもとの裕福な国になれということではなく、そういう国になる前のアイスランドに戻れという意味で、アメリカのアルミ会社のために大量の電力を供給すべく環境破壊してきたことを批判しているのである。このまえがきによって、アイスランドが1944年に独立するまでデンマークの植民地だったことも知った。

私は、音楽のことは全然わからないが、ビョーク主演の「ダンサー・イン・ザ・ダーク」という映画を見たときの衝撃は忘れられない。映画はケーブルテレビで二度ぐらい見たが、かわいそうで最後まで見ておれなかった。そのビョークがアイスランドの首都レイキャビクの出身だということもはじめて知った。

もう一つ、この本の105頁に沖縄の基地の地図が載っている。これに対してアイスランドは、現在米軍基地はなくなったそうである。人口30万人の独立国というのがどういうものなのか、いろいろ想像してみたが、これはもう現場を見てみないとわからないと思い、是非行ってみようと思った。

実際に行くと決めたのは旅行のちょっと前になってからである。なにしろ、アイスランドも遠いので、どうも踏ん切りがつかないでいたところ、娘のいとこがベルギー人と結婚して、ベルギーに住んでいるので、セットにして行こうと娘を誘ったら、OKしてくれたのである。このいとこの妹も韓国人と国際結婚して、韓国に住んでいる（『50代　旅の複層』230頁以下参照）。相手はいずれも留学中に知り合った人である。これまで書いてきて、私と血がつながっている親戚についてはあんまり書いてないのに、妻の親戚についてはえらくたくさん書きまくってきている。これは、例えば姉からは、自分のことは書かないでくれと早々に防衛線を張られたということもあるが、やっぱり、基本的には私の「日常」というのが、妻が生きているうちは、沖縄で形成されたという事情によるのだと思う。そして、「妻の親戚」というのはいい意味で距離感があって、つきあいやすかった。書いていても、いわゆる私小説というのとは違った感じで書けてきていると思う。まあ、書かれた方はたまったもんじゃないかもしれないが。

旅行中に文庫本を読もうかなと思って、出発前日に本屋に行った。野田知祐『旅へ　新・放浪記』（ポプラ社、2010年）という本が見つかった。私はこの著者について何も知らなかったが、まず題名にひかれた。そして、最初の部分を読んで、簡潔で余分なところがない文章がとても気に入った。買ってから出発までにちょっと読んだらとても面白く、すぐに読み切ってしまうのが惜しくなった。35頁に「五年前（一九八四年）」とあることからすると、この本の原稿は1989年頃に書かれたようである。そして、末尾には著者の自筆年譜がついていて、1997年の出来事まで書かれているが、これはこの本がもと1999年に文春文庫として刊行された関係ではないかと思われる。著者は1938年生まれであり、私よりちょうど10年先輩である。1963年に早稲田大学を卒業し、ナホトカ航路ではじめて海外に出たのが1965年である。67年に結婚し76年に離婚している。

8月29日（日曜日）、朝9時過ぎに出て、新宿から成田エクスプレスで空港第1ターミナルに。KLMチェックイン。1時半発の予定が10分早くなった。飛行時間は11時間。

この本をできるだけゆっくり読もうと思って、オランダ行きの飛行機に乗ってからも最初は、空港で買った「アエラ」を読んでいた。これはこれで結構面白い内容である。周知のように、これから民主党代表を選ぶ選挙が行われようとしていて、管氏と小沢氏の一騎打ちらしい。小沢氏は政治と金の問題があって、立候補するのはちょっと無理じゃないかと思っていたら意外にも立候補するらしい。そのもくろみというのが、この「アエラ」の記事によれば大連立のためらしい。なるほどな、とは思ったが、旅に出発したばかりの気分とはちょっと合わない。なんか疲れてしまう。

旅の最初っていうのは、実際デリケートなものなんですね。やっぱり、いろんなしがらみの中で生きているんだなということを感じさせられる時なのである。そういうしがらみから抜けてしまうと、旅の調子が戻ったという感じになるのであるが、そこに行くまでに、私の場合はいつでもちょっと動揺がある。

アエラから『旅へ』に読み替えたら、すぐに元気が出てきたのがわかった。旅の導入はこの本でいこうと決めた。ナホトカに行く前、著者が京都で英語新聞の勧誘をしていた頃の京都についての話は面白い。まさに「京に田舎あり」の状況が述べられている。著者は京都での生活でアウトドアライフに目覚めたという。著者は「俗物」は嫌いだと、遠慮なくはっきりと言っている。ヒッチハイクで拾った車の持ち主がよく「マジメになれ」とか「世の中は甘くない」とか言うのが我慢ならなかったと言い、「こんな阿呆面をした人間でも妻子を養っていけるのだから日本という世の中は甘いもんだ、と思った」とすら書いている。

この本には写真が各所に挿入されている。著者は一見して非常に大きな体をしていて、スポーツマンのように見える。こんな立派な体格の人が悩みを持っているのだろうか、といった感じがするぐらい立派な体である。27頁の写真は母親と皇居前で並んで撮ったもので、「母の「あなたのことが心配でなりませぬ」という手紙を読むと二、三日気が滅入った」とある。これですごくわかったような気がする。私の母は、同じようなことを思っていたかもしれないが、決してそんなことは言わなかった。著者は、加齢とともに目つきが柔和になっていっているように見える。私はどうだろう。

出発したのと同じ29日夕方にオランダに着いた。スキポール空港の入国審査では、黙ってハンコを押すだけというのではなく、係官は誰にも必ず何か質問していた。いろいろきかれている人もいたが、私は何日間いるかときかれただけで、1週間と答えたら、ポンとハンコを押してくれた。EUの中にはハンコも押さないところもあって、後で旅行証明をするのに困ることがある。

外に出てから鉄道駅の切符売り場に行って、「アムステルダムのセントラル駅2枚」とだけいったら、売り場の男の人は、「グッドイーブニング」といってから発券してくれた。ちゃんと挨拶してからやりなさいという感じだった。そういえばオーストラリアのエアーズロックに登るため、ユラ
ラというところにあるロッジに滞在したときに、毛布くださいという意味で、「ブランケット」、とだけ言ったら、「ブランケット、プリーズ」と言いなさいと、言い直させられたのを思い出した（『40代の旅と日常』21頁参照）。

アムステルダムの中央駅に着いてから、歩いて、予約してあったホテルローキンに行った。気温が12度というので寒いんじゃないかと思ったら、そんなに寒く感じなかった。冬に沖縄から本土に出たときもそんな感じだ。

ホテルにチェックインしてから、WiFiでインターネットが使えるというのでパスワード等を教えてもらったが、すぐにはつながらなかった。それより、日曜日で店がおおかた閉まっているので、とにかく何か食べてしまおうと思って、駅とは反対の方に歩いていったら、何カ所か曲がるうちにやがて、ハンバーガーショップが出てきた。ちょうど雨が降ってきたので店に入って食べた。でっかいケバブのハンバーガーだった。娘の話では、販売員はアラビア語のような言葉で話しているという。さあ、何語でしょうね。

雨はやまず、夜も9時頃になって暗くなり始めたので、とにかくホテルに戻ろうと戻り始めた。ところが私は、娘の後をついていっただけだったというのもあって、全く方向がわからなくなった。道がわからなくなってみたら、改めて、この町の都心部はどこもが似ていると思った。古い建物や教会があり、同じような街角がある。トラムが走っているが、道がくにゃくにゃ曲がりくねっているので、どの方向に行くのかよくわからない。そもそもどこにいるのかも、地図がないと全然わからないだろう。雨はひどくなってきた。とても冷たい。娘が持っていた小さな折りたたみ傘は、二人では本当に小さいし、おまけに骨が折れている。雨がひどくなってきたので、店の前でちょっと雨宿りしていたら、そこがちょうど傘や帽子を売っている店で、閉店の準備中だった。出来過ぎ。娘はそこで折りたたみ傘を買った。5ユーロ。日本とかわらない値段だ。

ホテルにたどり着いて、私は、眠くなって、シャワーも浴びないでそのまま寝てしまった。娘は、濡れたジャンパーやズボンをすでにつけられていた暖房ヒーターの前に並べて干し、ちゃんと洗濯までしていたらしい。洗濯物は一晩で全部乾いた。

ホテルローキンは三つ星のホテルで、ダム広場を通り過ぎてちょっとのところである。ロビーから、オランダに多い急な階段を地下におりたところに部屋があった。最初は、これで130ユーロも取るのかと思ったが、一晩使ってみたらなかなか使いやすい。あかりは全体照明がなくて、壁に一つとスタンドが三つある。書いたり読んだりするのにはとてもいい。内装は、やっぱりオランダだなと感じさせるもので、なんというか、幾何学的な絵の中にいるみたいな感じである。居心地がよく落ち着いた。

30日(月曜日)、午後2時発のアイスランドエアーの飛行機でスキポール空港からアイスランドに向かった。スキポール空港内で500ドルほど現金でアイスランドクローナを買うと4万5500

クローナ来たので、1ドルが90クローナほどである。だから、ドル経由で換算すると円とクローナは1対1ぐらいになる。日本でホテルを2泊分予約して、2万円ほどだったが、着いてからクローナ建てで払ったら3万クローナいくらで、100クローナが70円ぐらいだった。ということは、円で直接両替できればその方がクローナを安く買えるということになる。スキポール空港内でクローナを買ってしまったのは、アイスランド内では両替屋などの手数料が8%以上になるらしいのと、レートもよくないとロンリープラネットのガイドブックに書かれていたためである。スキポール空港内の両替は手数料を取らない。

アイスランドエアー内でビックリしたのは、食事が出なかったことである。3時間飛ぶので当然昼食が出るものと思っていた。お腹がすいたので何かないかときいたら、メニューが4種類ぐらいあって、その中にスシがあったのには驚いた。われわれはサンドイッチを食べた(一つ5ユーロ)が、サンドイッチには紙のバンドが巻かれていて、そのバンドに、アイスランド語ではサンドイッチのことをSAM LOKAというが、親友のことも時にSAM LOKAといわれると英語で書かれていた。

Best of friends are sometimes called "samlokur". They are inseparable. So, if you see someone looking like a slice of bread he just might have lost his other half.

また、紙ナプキンには、インゴルフル・アルンナルソンが1100年以上前にノルウェーからアイスランドに来て定住した時は旅行に4日間かかったが、そのときはナプキンはなかった、と印刷されていた。

食べた後でトイレに立ったら、後ろの方でアテンダントがスシを食べていた。

われわれの隣に座った若い男性はオランダ人の学生で、レイキャビク経由でボストンの大学に行くそうだった。彼はデジタル機器で日本の漫画アニメの英語版をずっと見ていた。レイキャビクに着いたら、入国した人は少なくて、多くは乗り換えて、米国など別の場所に行くようだった。

レイキャビクに着いてから、レンタカーを借りた。4泊5日間借りて、円建てで4万5000円ほどだった。スズキの小型普通車である。アイスランドは、ツアーで回る形式が一般的のようなので、この方がラクかなと思って到着するまでずっと迷ったが、時差ボケもあって、ツアーだと時間を合わせないといけないのが面倒くさく感じられたのでレンタカーにした。空港からレイキャビクまでの道は舗装されていて、だいたい90キロか80キロぐらいの制限速度だった。30分ぐらい走ってレイキャビクの市街地に入った。制限速度は、市街地などでは60キロとかになっていて、結構場所によって段階的にかわる。走ってみて、制限速度で走るとちょうどいい感じだった。韓国で走ったときそんな感じだった。

ホテルに着いてから、レイキャビクの中心部をちょっと歩いた。飛行機が着いたとき気温は11度ということだったが、そんなに寒くはなかった。レイキャビクの中心部は小さく、特に夜は観光専用という感じがした。飲食店がバカ高くて、普通の食堂でも一人3000クローナぐらいはかかる。タイカレーを食べた。24時間オープンのスーパーはまともな値段で、サンドイッチ等も置いてあった。

31日（火曜日）、午前中は、レイキャビクの中心部にあるビョークと関係があるというレコード屋に、弟からの預かりものを届けた。その際に、合わせてレイキャビクの中心部を散策した。首相官邸前で5、6人がデモをしていた。そのうちの一人にきいてみたら、この女性は観光関係の仕事をしていたそうだが、経済破綻で働いていた会社はつぶれてなくなり、物価は高くて生活は大変だという。それで今は大学でビジネスの勉強をしているんだそうだが、こちらでは大学ってお金がかからないのだろうか。首相官邸は、目抜きの通りの角にあって、一軒家で、中は電気がついていたので、首相もいたのかもしれない。隠れようがない感じだ。

見晴らしのいい教会に行って、有料のエレベーターでのぼって、町を展望した。昼になってお腹がすいたので、教会そばのヌードルショップで食べたら、これもタイのヌードルだった。ホテルの近くにある市立図書館は、1、2階と5階が閲覧室になっていて、結構大きかった。午後は、空港近くのブルーラグーンに車で行った。超有名な野外温泉である。入り口付近にまで青白い液体があふれ出ている。異様な感じがした。入浴料は23ユーロ。中に入って、水着なしで体をよく洗ってから水着を着て温泉に入る。さむー。入ってみればこんなもんかなとは思うけど、すごい。娘は、働いている従業員からスペイン語でハポネサと言われたそうである。入浴後、シャワーを浴びた後もずっと、肌にねばねばした感じが残った。

教会で図書館の位置をきいたときにもらった地図にフィッシュカンパニーという魚専門のレストランが出ていて、アイスランドの魚料理を味わうのに最高だと書いてあるので行ってみた。フルコースになっていて、5皿ぐらいも次から次へと料理が出てくる。最後あたりになるともう満腹状態で、ちょっとしつこいぐらいだった。確かにおいしいのだが、一人7900クローナもする。ちょっと冗談じゃない値段だが、次から次へとお客は来ていた。しかし、いったん座った後メニューを見て、そのまま出ていった人もいた。

9月1日(水曜日)は車で、3点セットみたいになっているところを順に回った。ユーラシア大陸と北米大陸の境目になる断層地帯、間欠泉、滝である。断層地帯(シンクヴェトリル国立公園)は930年に世界最初といわれる民主議会(アルシング)が開かれた平原である。ゲイシールの間欠泉は英語(geyser)の語源となっている。アイスランド語で黄金の滝を意味するグトルフォスは雄大で、島的ではない景観だった。この日は晴れていて暖かく、暑いぐらいだった。前夜、地図で道路を調べながら、本当に行き着けるのかどうか自信が持てなかったのだが、問題なく行けた。しかし、レイキャビク市内は予想以上に車も多いし、道もごちゃごちゃしていて出入りが大変だ。アイスランド語の道路名はいちいちおぼえきれないし、読み方も難しいが、道が分岐しているところでは道路番号が必ず書かれているからそれに従っていけば大丈夫だ。ただ、予告らしいものがほとんどなくて、いきなり表示が出てくるので、私の視力では近づくまで判別できなくてちょっと困った。

ホテルに戻ってから夕方、首相官邸の斜め向かいにあるヴィジターセンターに行った。1階は本屋、2階はギャラリー、寿司屋、喫茶店などが入っている。本屋を見てから寿司屋に行くと、回転寿司だった。飲み物はときかれてビールにしたら、アサヒビールの辛口ドライを出してくれた。水も出しますか、と言われてお願いしたら、水道の水をコップに入れて出してくれた。アイスランドでは生水が飲まれている。おいしいし、下痢などもしない。ただ、ミネラルウォーターも売っている。飲んだ限りでは違いがよくわからない。寿司は結構おいしかった。しかし、板前さんは、東洋系だが、日本人ではなかった。二人で腹一杯食べて4000クローナちょっとだったので安い。その後喫茶店に行ったら、いすの上に足を投げ出した奥さんとか、ケーキをばりばり食いながら、本を読んではメモを取っている作家か研究者みたいな感じのおばさんとかいて、皆勝手にやっている感じが満ちていてくつろげた。ヘルシンキのアカデミア書店内にあるカフェ・アアルトを思い出した。映画の「かもめ食堂」に出てくる喫茶店である。

2日(木曜日)午前中は、ホエールウオッチングのツアーに参加した。ツアーも一つ経験してみようと思ったのである。われわれも含めて10名あまりだった。海の風は冷たく寒かった。クジラは確かに見えたのだが、私が見たのはほんの一回、ちょっとだけである。写真に撮る余裕もなかった。海から見たレイキャビクで一番印象に残ったのは、リーマンショックの後工事が中断したままになっている大きなビルである。コンサートホールなどの文化施設になるはずだったのだという。とても大きいだけでなく、独特な形をしているのでよく目立っている。

その後、昼食をかねて、車で、レイキャビクの中心市街地と郊外住宅の間にあるクリングランショッピングセンターに行った。どこの国のものなのかをできるだけいろいろ見てみたところ、外国の商品が非常に多く、特にデンマークやスウェーデンなどのものが中心である。

ざっと見てから、丘の上にあって、ドーム上の形をしていて非常に目立つペルトランという温泉タンクにも行った。ここからは国内空港が見おろせた。

さらに、国立博物館に車で行こうとしたのだが、車での入り方がわからなくて、いったんホテルに戻ってから歩いていった。間違えてまず国立図書館に入ってしまった。この図書館は4階建てで、勉強する場所が特に充実していた。アイスランド大学と隣り合わせになっていて、大学図書館も兼ねているためだろう。図書館の案内とかには英語の表示はなくて、アイスランド語だけで、ちんぷんかんだったが、書棚を見ると、英語の本が非常に多く、アイスランド語の本よりも多いのではないかと思われた。図書館の隣が国立博物館だった。

ざっと見てから、歩いて中心部に向かって行くと、チョルトニン湖という、大きな池に出た。それに沿って歩いていたら、道の曲がり角でいきなり車の中から水をぶっかけられた。車はそのまま走っていってしまった。ペットボトルの水をぶっかけられたようである。私も娘も防水カッパだったので実害はなかったが、いたずらというよりは嫌がらせだろう。娘の話では、アイスランドに来て以来あちこちで「日本人か」と言われてきていて、好き嫌いというよりは、珍しいので、なんだこいつはという感じになるのではないか、と。だから田舎なんじゃないかな、と。そうだとすれば、ちょっと沖縄みたいですね。沖縄にも明瞭な島根性がありますからね。

さらに娘と話し合ったのは、町の中で見かけるアイスランド人というのがたいてい、と言ってもいいくらいに酔っぱらっている。手にビール缶を持って歩いている人をよく見かける。さあ、それが昔からなのかどうか、わからないが、経済破綻も影響しているのではないだろうか。田舎に住んでいる人たちがどんな生活をしているのかは見ていないが、普通に生活できなくなった人たちがレイキャビクに集まってきているのではないだろうか。しかし、寒い国でのホームレスも大変だろう。

水をぶっかけられて気分が壊れた。娘の提案で夕食はブラジリアという店にした。2日前に教会に行った帰りに、その店でカフェを飲んだら、店の女性がマットグロッソ州のクイアバ出身だそうだった。この日行ってみたら、別のブラジルの女性が二人と男の子もいた。女性の一人の旦那さんらしい男性も出入りしていた。たぶん親戚で店をやっているのだろう。私はハワイ風ポークというのを頼んだが、非常においしかった。味付けが絶妙で、コックの女性の腕が非常にいいのだろう。

3日（金曜日）、朝5時にホテルをチェックアウトして、空港に向かった。空港の、セルフサービスのガソリンスタンドで満タンにしてから車を返したのだが、1日に娘が運転して間欠泉のあるところに着いたときに、駐車場に入れる際、バンパーの下の部分を縁石にぶつけてちょっと傷がついたため、それを申告したら、写真を撮ったり、書類を作成したりして手続きに30分ほどかかった。保険でカバーできる範囲だそうで、追加支払いはないということだった。

それでも、6時20分頃空港の出発ターミナルに着いた。出発は7時55分の便なので、まだ1時間半あったが、時刻表を見ると8時前後に出発する便が集中していた。カウンター前いっぱいにつづら折りになって列を作りながらたくさんの乗客があふれるほど並んでいた。その列に並んで待ったのだが、7時を過ぎた段階で列の半分ぐらいしか進んでいなくて、この調子では間に合わないかもしれないと思われた。ところが、周辺に自動チェックイン機が数台置かれていて、そちらはバラバラとしか利用する人がいない状態だった。娘が試しにそれでやってみたら、簡単にチェックインできてしまって、荷物の預かり証の紙も出てきた。別の荷物預かり専用のところで預けて、すぐに中に入ったら、7時半には乗機ゲート前に着くことができた。列を作って待っている間は、本当にイライラした。そして、自動チェックイン機で簡単にチェックインできてしまったときは、なんで他の多くの人たちはこれを利用しないのだろうかと、非常に不思議な気がした。娘の意見では、自動チェックイン機でできるということを知らないからだろう、と言う。というのは、娘が手続きするのを見て、チェックインをしに来た人がいたからである。米国の場合、2005年12月にニューヨークから成田に向かったときは、チェックイン手続きは完全に自動化されていた。その後、ハワイでも同様だった。

アイスランドエアーの機内では、残ったクローナを使おうと思って、行きには食べなかった寿司と、あとフルーツも注文して食べた。アイスランドでは高い食費に閉口していたので、機内食が安く感じられた。フルーツに巻かれているバンドには、何世紀もの間アイスランドでは果物は珍しく、ブルーベリーのような野生のベリー類しかなかったと記されている。そのフルーツパックには、パインやメロン等われわれが普通食べる種類の果物がたくさん詰まっていた。

オランダのスキポール空港に着いてから、13：31発のタリスという特急に間に合ったが、2等は満員で、1等しかなかった。豪華な感じの列車で、飲み物とお菓子がただで配られた。WiFiも利用可能だそうだ。タリスは非常に速かった。1時間半でブリュッセルに着き、乗り換えて、ルクセンブルグ行きのインターシティという急行に2時間近く乗って、ジュメルという駅で降りた。2等車に乗ったらアフリカ系の人もかなり見かけた。だんだん田舎の感じになってきた。ジュメルに着いて、駅から電話すると、ちょっとして娘のいとこ夫妻が自転車で迎えに来てくれた。

夜、アイスランドで撮った写真を一緒に見た。写真の量が多く、気がついたらもう深夜を過ぎていた。われわれが水をぶっかけられたという話をしたら、娘のいとこも似たような経験はあるそうだ。

娘のいとこ夫婦は、今年の4月頃にここの家を買って引っ越してきたのである。家の中を今、娘のいとこの夫が自分で改装中である。5軒ぐらい並んだ長屋の一つで、外側からは2階建てのように見えるが実際は屋根裏部屋があって内部は3階になっている。われわれは3階を使わせてもらっているが、天井は確かに傾いているけれど、部屋が二つあって結構広い。

4日(土曜日)、昼過ぎに四人で出て、駅から来た道をさらに歩いていくと、学校に出て、その前がバス通りになっていた。前日着いたときは、娘のいとこ夫婦の家があるあたりがジュメルのはずれだと思い、駅から集落らしいものが出てこなかったので、ずいぶんな田舎だとビックリしたのだが、実際は駅が一番はずれの場所にあったのだとわかった。

前日駅に着いてから歩いたら、まず巨大な旧駅舎跡があった。娘のいとこ夫婦からきいた話では、かつてジュメルは企業も多く、雇用もあって盛んな場所で、工場があったらしい。今もチョークの工場は残っているがさびれてしまって20ぐらいの小さい自治体が合併した後は中心部もロッシュフォールの方に移動してしまい、自治体としてはジュメルはロッシュフォールの一部になっている。人口は全体で1万人ぐらいだそうだ。

バス停からバスに乗って、ロッシュフォールの中心部を経て、そこから6キロのところにあるアン・シュール・レッスというところでおりた。ここに昔の生活の様子を展示した博物館があって、まずこれを見た。人形のモデルを使って、昔職人が働いていたときの様子や道具などを紹介していた。めがねをかけている人形が非常に多いのにビックリした。

3時頃まで博物館を見てから、続いて鍾乳洞を見にいった。土曜日のせいか、子ども連れの人たちがたくさんいた。入り口までミニ列車で行って、中に入り、洞窟の中を2キロメートルぐらい歩いた。非常に大きかった。ただ歩くだけでなく、途中で音と光のショーもあった。

私は、たまたま近くにある田舎のハイキングぐらいにしか考えていなかったのだが、後で『地球の歩き方』のオランダ／ベルギー／ルクセンブルグ編にここのことが独立した項目になって載っているのを知ってビックリした。ちゃんとした観光地だったのだ。ホテルもあった。夕方6時過ぎの最終バスに間に合って戻ってきた。
この日歩いてみて、バスは本数も少なく、早い時間に終わってしまうので不便である。車がないと行動が大幅に制約されてしまうのは沖縄なんか以上だ。だから、たいてい車を持っている。しかし、娘のいとこの夫は、車は持たない主義なのだそうで、それで自転車に乗っている。

5日(日曜日)は、朝、われわれは娘のいとこと歩いてバス停近くのパン屋に行った。日曜日でも午前中は開いていた。途中、娘のいとこの知り合い夫婦と挨拶したが、コソボ難民だということだった。旧ユーゴの他の地域の人たちも来ているそうだ。前日、息子のお嫁さんがラオス人だという人にも会ったし、奥さんがブラジル人の人もいるという話もきいた。そして、ここでもアフリカ系の人は結構見かける。こんなふうにいろんな国や地域から人々が来ているということはわかってきた。田舎といっても、日本の普通の田舎とはかなり成り立ちが違う。たまたまかもしれないが、親しそうに声をかけてくる人は外国と関係のある人や社会的マイノリティが多いように感じられた。

この日は午後、自転車と歩行者専用の道路をロッシュフォールまで歩いた。結構距離があって、片道30分以上かかった。こういう道がずっと続いているそうで、このような道があるのでここに家を買ったんだと、娘のいとこの夫は言っていた。
ロッシュフォールの市街地に入る手前のところにキャンプ地があった。キャンピングカーは固定されていて、1年間とか通しで契約するということもあるというので、われわれが普通考えるキャンプというのとはちょっと違うようだ。それだと、ホームレスの人たちのためにも使えるんじゃないかと娘のいとこ夫婦に尋ねてみたら、実態としてホームレスの人たちがいるキャンプ地もあるそうで、話によれば、以前は貧しい人たちのために、キャンプ地を住所とすることが認められていたが、今は許されていないそうだ。ベルギーは本当に寒いので、こういう生活を選ぶ人たちは本当に追いつめられてである。もちろん、われわれが考えるような普通のキャンプ場もあるが、ベルギー人でも、家賃を滞納して追い出されて行き場がなくなってキャンプ場に来る人もいる。

現在ジュメルが周辺地域の中心ではなくなったということと関連して、私がこれまで本や新聞などから得た知識によれば、ベルギー全体として見ると、南部のワロン地域と比べて北部のフランドル地域が相対的に発展してきた。ワロン地域はだいたいフランス語圏で、フランドル地域はオランダ語圏である。オランダ語圏では英語も通じるので、パキスタン人などもたくさん来ているらしい。EUが拡大し、グローバル化していく時代なのに、言葉の問題でこんなに対立が起こり得るのかということで、両言語圏の対立は国際的にも注目されていて、私が読んでいる朝日新聞などでも継続的に特集して取り上げてきている。

町の中心部では4、5日間の移動遊園地をやっていた。たくさんの大規模な遊技施設が置かれていて、結構人も集まっていた。そこに着く前に娘は車の中から声をかけられたそうで、オランダでの経験を思い出したそうだ。娘からきいて初めて知ったのだが、2003年9月に、われわれは、オランダとベルギーのフランドル地域の図書館見学ツアーに参加して、結果を共同で本にまとめた。そのとき、途中オランダで、娘が首をたれてがっくりしたような表情になったことがあり、旅の疲れが出ているのではないかと心配して、同行の人々もいろいろ声をかけてくれたのだが、そのときもやっぱり、住民から侮辱されたのだそうだ。言葉だけでなく、身振りとかで、侮辱されていることはすぐにわかる。それが一番ショックだったと娘は言う。

以前ウルグアイで、小さな子が私を見て、チノ（中国人）といい、親はそれをきいても知らん顔をしているという経験をした（『30代の旅と模索』354頁参照）。「チノ」と呼ばれることは今でもラテンアメリカ全域で日常的にあり、別に珍しくないのだが、ウルグアイは南米の中でもヨーロッパの感じが強いところで、そこで「チノ」と呼ばれたことにビックリしたのである。よくも悪くもウルグアイは「小さなヨーロッパ」なんだなということを感じたのだった。

ロッシュフォールの図書館は日曜日で開いていなかった。現在の日本ではちょっと考えられないことである。平日も、開館時間はそんなに長くない。これが、フランドル地方だと図書館も熱心で、興味深い活動をしていたことが思い出され、図書館経営をめぐる状況が相当違うことを感じさせられた。

6日（月曜日）、10時半頃娘のいとこ夫婦宅を出た。私がトマスクックの時刻表で組み立てた案に従って動いた。まずジュメルからルクセンブルグに行った。1時間ちょっとで行ける。ルクセンブルグも人口50万人ほどの小国である。ルクセンブルグのもともとの中心部は断崖の上にある要塞で、背後の3方面は川で囲まれている。時間がちょっとしかなかったので、駅からタクシーで、断崖正面の憲法広場というところまで行って、下の眺めを見た。緑がたくさんあって、きれいなところだった。

その後、列車でルクセンブルグからドイツのコブレンツに向かった。1時間ちょっとでコブレンツに着いてから乗り換えて、ケルンに行った。ルクセンブルグからコブレンツまではモーゼル川に沿っていて、コブレンツからケルンまではライン川に沿っている。どちらも似たような景色だった。ライン川に沿って山の上に古い建物が残ったりしていたし、集落の建物も古いものが多く、落ち着いた感じがした。ドイツでは、木造でも5階、6階の建物が普通にあって、古い建物が今も使われている。建て方が積み上げ方式で、柱を基本にした日本の木造建築とは違う。

夕方ケルンに着いた。中央駅の前に大聖堂があるが、古いヨーロッパの町という感じはしなかった。ホテルは、ジュメルにいるときにインターネットで予約してきたのだが、イビスホテルといって、日本でもあるようなチェーンホテルで、歩いて行くにはちょっと距離がある感じだった。というか、ケルンの町は結構立体交差していて、歩き方がよくわからなかった。ホテルできいたら、市電に乗れば簡単だということなので、ホテルのそばから中央駅まで行ってみた。この市電も、かなり地下を走った。

ドイツに行ってみたのはおもに、クラインガルテンがどれぐらい分布しているのかを見たかったからである。クラインガルテン（Kleingarten）はドイツで、国の制度として行われている市民農園である。確かに市街地周辺にはしばしば見かけられ、結構大きなサイズだった。それを、たんに列車から見るだけでなく、一つぐらいは実際に足で見てみたかった。しかし、7日はオランダから日本に帰る日なので、朝の早いうちちょっとしか時間がない。現場を見るのは無理かなあと思いながら、ホテルでもらった市街地図を見ていたら、中央駅のちょっと北側に載っているではないか。ケルンは、ライン川沿いに市街地があって、それを取り囲むようにして公園などの緑の地帯が設定してあり、その一部がクラインガルテンになっているのである。

7日（火曜日）朝、ホテルで朝食をすませてすぐにタクシーで行ってみた。直接車で行けるようにはなっていなかったので、近くまでいって、タクシーに待っていてもらって、駆け足で回ってみた。金網で囲まれていて、あちこちにある入り口は鍵がかかっているので、中にはいることはできなかったが、金網越しにどんな風に利用しているのか見ることはできた。

この後中央駅に行って、ICEというドイツの特急列車の切符を買った。順番待ちが長くて30分以上待たされた。ICEは座席指定制になっている。ケルンからアムステルダムまでは、2時間に1本走っている。ケルンから2時間あまりでオランダのユトレヒトという町に着いて、そこからスキポール空港まで急行に乗り継ぐ予定が、ユトレヒトに着いてみたら急行列車はキャンセルになっていて、普通列車でアムステルダム中央駅を経てスキポール空港に着いた。

スキポール空港に着いたのが午後2時過ぎだった。すぐにチェックインできた。この空港では完全に自動チェックイン方式で、チェックインの後、荷物を預けた。身軽になってから、まず食事をした。麺類が食べたいと思って、くまなく探したが、オリエンタルフードの店は1軒もなかった。これにはビックリした。仕方ないので、ピッツァとギリシャ風サラダを食べた。これはこれでおいしかった。

パスポートコントロールを経て中に入ると寿司バーがあったので、そこでまたにぎり寿司を食べた。みそ汁もあって、うまかった。食べた後、麺類の店もあるのに気がついたが、もうこれぐらいにしようと思って、ゲートに向かった。

この空港では、荷物検査と身体検査は、パスポートコントロールの前後ではなく、一番最後に、乗機直前にやるようになっていて、そのためだろう、出発1時間前から手続きが始まった。荷物検査はまあ普通だが、身体検査については、ちょっと前にプライバシーとの関係で問題になったX線方式でのチェックが導入されていて、ブースのようなところに一人ずつ入って、両手をあげた格好で検査を受けていた。どうもこの機械が故障したかどうかして、私の番のちょっと前から普通のボディチェックに変わった。ここまでチェックしないといけないのかと思った。フィリピンなどは以前からチェックが厳重で、失礼じゃないかと思うほどしつこい感じで、乗るまでに三回ぐらいは身体検査があったが、今回は、それとはちょっと違った感じのしつこさを感じた。

今回利用したのはオランダ航空（KLM）であるが、機内サービスについては行きも帰りもよかった。添乗員が、普通に話ができる感じで落ちつけた。食事もおいしい。ただ、やっぱり、すきまなく並んだ3連座席は、いつもながらまいった。通路側がとれればいいのだが、奥の方に詰め込まれると、トイレのたびに何度も通路側の人に立ってもらうのも何なので、結果として、監禁状態になる。ところが、今回われわれの前の列に座った、二人組の男性はそういう遠慮は全然ないみたいで、通路側の女性がまだ食事中なのに、立ってもらって、その結果、女性はお盆を抱えて立たされることとなっていた。いつまでもこういう座席のままでやっているのは、文句があるならビジネスクラスに乗りなさいということなのだろうか。

それから、娘の話では、帰りの便で、飛んでしばらくして、「急病のお客様がいらっしゃいますので、お医者様がいらっしゃいましたらお声をおかけくださいませんか」というアナウンスがあったそうだ。どうなったのだろうか。実はこのテーマで、夏休みに入る直前、比較法文明論で講義をした。医師には応召義務というのがあって、病人がいれば必ずみないといけないということになっているのだそうだが、さりとて、結果次第で訴えられたりする可能性があれば誰でも尻込みするであろう。

このように今回の旅では娘からもらった情報が非常に多かった。やっぱり聴力が落ちてしまっているんだなと痛感させられた。以前なら一人で旅しても、それなりに情報を得られていたのだが、それが限られてきている。今後も面白い旅を続けていこうと思えば、それなりに工夫がいるだろう。

旅のはじめに読んだ、野田氏の『旅へ』は、旅の調子が出てからは、あまり面白く感じなくなった。やっぱり私には私の旅があるんでしょう。

この旅行から10年あまり後の２０２１年7月17日にドイツとベルギーで大規模な洪水があったというBBCのニュースをネットで見た。見覚えのある町だなと思って地図で確認してみたら、娘のいとこ宅に近いようなので、メールで問い合わせてみたら、次のような返事があった。

「我が家の地域、ロシュフォールは7月14日に起きたドイツとベルギー西部も含めた大洪水の打撃を直接受けたばかりでした。幸い我が家は被害もなく無事でした。数日停電、水道水が飲めない、ネットも使用不可など情報が遮断される中、目の前の作業に追われていました。近所の瓦礫の片付けのお手伝いでここ10日程がすぎたところです。ディナンは北東30㎞、車で30分くらいの距離。連日雨がベルギー各地で集中豪雨になる予報がでており、皆警戒して過ごしています。こちらも今再び雨。日本での災害、コロナも心配です。どうかそちらもお元気で無事に過ごせることを祈っています。」

また、２０１０年時でも外国人らしい人たちを結構見かけたのだが、その後、２０１７年頃イタリアのシチリア島経由でアフリカから大量の移民がヨーロッパに流れ込んできて、世界的な問題となった。娘のいとこの話では、ロッシュフォールの町にも難民のゲットーができて、われわれが行った頃とは様変わりしているということだった。

2010年12月にクリチーバに行っているが、このときのことは『旅の反復』第4章に書いた。

「断章」跋（2011年6月17日～19日）抜粋

分量の問題から言うと、これで478回目であり、一太郎のファイルもかなり重くなった。書いてみると、分量の問題はテーマと密接に関連していることがわかる。テーマがないと書けないわけで、書くことがある生活というのは、テーマ的人生とでも言うのでしょう。

そう考えてみると、私はエッセイ向きでもないな、と思う。エッセイというのは、普通のイメージでは、特定のテーマに限らずに、短いテーマをあれやこれやと書くことでしょう。私は、短いテーマで生きてきてはいない、と思う。比較的長い流れの中での推移ですね、私が書いてきたパターンは。そういうのが書きやすかった。

たまたま一昨日屋上の書庫を見ていたら、古波蔵保好『老いの教訓―生き生き八十年』（講談社、1994年）という本が見つかった。この本を、私はまだ読んでいないと思う。

古波蔵氏は『沖縄物語』（新潮社、1981年）という本で有名である。この本は私も読んだ記憶があるが、妻の父が長らく入院していたことがあって、その時に退屈しないように持っていった。古波蔵氏は1910（明治43）年生まれで、明治42年生まれの妻の父とほぼ同年であったので、経験が似ていたのであろう、妻の父も面白いと言い、それでさらに買い求めたのが上記の本だったのかなと思う。

ちょっと前、東京の三省堂本店で、古波蔵氏の写真をみた。エスカレーターにのっていると、次々に著名な著作家の写真が出てきたことがあって、その中に古波蔵氏の写真があってビックリした。もともとは新聞記者で、社会部で働いていたそうだが、世間的にはエッセイストとして通っていて、エッセイストが世の中に大きな影響を与えることなどあるのかなと不思議に思ったのである。インターネット検索でいろいろ調べてみたら、古波蔵氏は、私も結構読んだことのある与那原恵という人の大伯父にあたるそうだ。

で、古波蔵氏の『老いの教訓』だが、書庫で手にして、あっ、これは私の文章と同じタイプだな、と思った。自分でいうのもなんだが、読みやすいのである。凝っていない。短い文章がたんたんと並んでいるような感じである。

そして、章立てはしてあるが、エッセイストの文章なので、短い文章の寄せ集めのようである。第2章が「ひとりで暮らす」である。まだざっと目を通しただけなので詳しいことはこれから読まないとわからないが、古波蔵氏の奥さんは60過ぎてから突然亡くなった。その様子は、第4章「ひとり生き残って」の最初に書かれている。

ということは、この本は奥さんを亡くしてからひとりで生きる様子が書かれた本なんでしょう。そういうテーマで筋書きができているんじゃないだろうか。

第2章の最初の方を読むと、古波蔵氏の奥さんは世話焼きではなかったらしい。世話焼き女房がいるとその夫はスポイルされてしまうということを言っている。つまり、世話焼き女房は日常の細々したことまで準備してくれるので、夫が一人で生活できなくしてしまうのである。これだな、と思った。

私の妻も、理由はどうであれ、私を放っておいてくれた。ちょうど今風邪を引いていて、咳は出るし、頭もちょっとクラクラするような具合で、にもかかわらず、『老いの教訓』は一晩で読めてしまった。ひとり暮らしをしていて役立つ話も結構あって、最後まで面白かった。

例えば、洗剤を使わずに、お湯を流す方法で食器を洗うというのは私もよくやっている。また、古波蔵氏は食べ物の著作も多くて、私なんかとは違って本格的な通だが、第3章の「楽しみは食にあり」の中に、「わが自慢のザクロ・ジュース」という文章がある。種だらけのザクロをつぶしてジュースを作る話である。古波蔵氏は次のように書いている。

「あらゆるジュースに勝る濃厚な甘さにほのかな酸味があるうえ、香り高さが、繰り返して言うと、異国的なのである。ひょっとしたら、私が心ひかれているのは、香りから受ける性的な刺激のせいかもしれない。」

私も、この味が好きで、案外古波蔵氏と趣味の面でも合うところがあるのかなと思ったりした。

読んでいて、ちょっと錯覚を起こしたのは年齢のことである。この本は、古波蔵氏が80代前半の時の著作である。ところが、読んでいて、今の私の状況と通じ合うところが多く、そういうことで、つい60代ぐらいの話かのような錯覚をおぼえたのである。私が80代ぐらいの感覚なのかというと、多分そうではなく、古波蔵氏が若いのであろう。副題の「生き生き八十年」のほうがずっと感じが出ている。

古波蔵氏は91歳まで生きた。人生30年説の先達として大いに参考になる。どうしたら若さを保てるのだろうか、ということを読後考えた。

私の意見では、古波蔵氏の場合、「ひとりで暮らす」ということと、友だちがいるということがうまい具合にバランスが取れていたのではないだろうか。

読んでいて、一番記憶に残ったのは、次の部分である。

「なにゆえか―と自分でいうのもおかしなことだが、昔から私が親しくつきあってきた友人は、ほとんどが女性で、男は少なく、その男も長い歳月の間に世を去っていき、今はますます女性ばかりとなった。(中略)恋愛などとはまったくかかわりなく友だちづきあいをした女性との間柄というものは、たいへんナガモチするようで」云々。

全然遠慮のいらない女友だちというのは宝物だ、と私も思う。

それからまた、次のようなことも書かれている。

「老年となってからのわたしが、打ちとけて話しあい、つきあいを深くした友だちは幾人もいて、きまってわたしよりずっと年下の、わたしの年齢にもっとも近くて五十過ぎ、たいていは四十歳代の男女なのに、はるか年上のわたしに向かってセンセイ呼ばわりするものが一人もいないことに気がついた（以下略）。」

古波蔵氏の奥さんというのは二回目の奥さんで、その奥さんがいつ亡くなったのか、今のところわからない。奥さんとの共通の楽しみはオペラをきくことだったそうで、そして、奥さんが急死したときに3年分の切符が残ったのだそうだ。オペラの公演をきくには予約するのが決まりになっていて、大きい企画になるとずいぶん前から切符代を払い込むのだそうである。ところが、奥さんが亡くなってからも切符を必ず2枚買う習慣は捨てられなかったといい、誰かを同伴することもあるが、奥さんにきかせたいと思う曲目が上演される場合は、姿なき彼女と並んできくのが習慣になったのだという。

この原稿もちょうど480回になった。4月8日を連想させる区切りのいい回数である。これまでつきあってこの原稿を読んでくださった方々には改めてお礼を申し上げたい。読んでくださる方がいてこそ書けた文章であった。

古波蔵氏の文章をいくつか引用した際にも、読むのにつきあってくださっている方々を思い浮かべた。

古波蔵氏の『老いの教訓』を読んで、エッセイというものについてのイメージがかなり変わった、と思う。

姿なき奥さんとオペラをきくという話のところに、その奥さんの席に赤の他人が座ってしまうということが何度もあったと書かれている。

「例外なく若い男で女性はいない。うまいことは見逃すなという生き方なのであろう。」

つまり古波蔵氏は、そんなはしっこい生き方をしてはこなかったのである。

彼は、戦争末期の1944年秋、海軍報道班員となって東京から台湾に行った。その後、米軍が沖縄本島に上陸し、郷里は凄惨な戦場となった。敗戦の翌年3月、台湾から鹿児島に帰還し、大分県に疎開していた両親に会ってから東京に戻ったのであるが、沖縄がどうなっているか確かめたいという気持ちが高まった。当時沖縄は米軍によって閉鎖された状態で、沖縄に本籍がある人は帰還はできるが、入ったらもう出られないのだった。つまり、旅行者としては行けないので、当時の上司であった森正蔵氏に沖縄への取材旅行を願い出たところ、

「いくとすれば密航になるんだよ。あちらで逮捕されることも考えなければならないし、覚悟はしているんだろうな」

と言われたのだそうである。

こうして古波蔵氏は密航し、沖縄に滞在中、旧知の「ずり」の家に滞在していたのである。ずり、というのは、ふつうジュリと言われる辻の芸者である。

古波蔵氏は、小学校3年ぐらいの時に、父親に連れられて、ジュリに引きあわされ、辻に泊まった。その父親の教訓というのが、

「お前もいつか結婚することになるだろうが、妻にはホレないほうがいい。妻にホレた男は、早いうちに帰ることばかり考えるため、仕事をおろそかにする。男としてつまらんことだ。そのかわ

り、外に美人をこしらえるといい。すると、カネがかかるので、もっといい仕事をしようと励むようになる」

というものであったそうな。

その父親は、88歳の米寿のお祝いをしたあと、家系図に自分まで書き込み、そして栄養のある食べ物を断って、まもなく永眠したという。

これまで読んできて下さった方々からは、この原稿は「エッセイ」と分類されることが多かった。そのように分類されることに私としては抵抗があって、もうちょっとマジメなものを書いているつもりなんですけどね、という気持ちもあったのだが、こうして、古波蔵氏の本を手許に置いて考えてみると、当初から「エッセイ的なもの」と「マジメなもの」とをつなごうという意識は一貫してあった。

その一貫しているものこそが重要だ、と今思う。

第3章　「断章2」（2011年6月〜2013年6月）

台湾の旅　2011年8月

8月22日(月曜日)、娘と、中華航空121便で昼過ぎに沖縄から台北空港に着いて、タクシーでまず陳吉さん宅にタクシーで行った。

行ってみてビックリしたのは旦那さんがとてもやせてしまっていたことだ。なんでも、2年前に直腸がんで手術したというのである。時間を逆算すると、われわれがこの前会ったときはもう手術後だったのだろうか。そんな話はきかなかったのだが。今は、3ヶ月に一回検査に行くそうである。ともかく、今は食べれるものも限られていて、果物とイモが体に合うのだそうで、果物も合うものと合わないものがあるのだという。スイカはいいそうで、午後1時になって値段が半分になったところで市場で買ってきたという黄色いスイカを出してくれた。吉さんの方も、実は2日前に沖縄から戻ってきたばかりだそうだが、旦那さんの食事の世話とかあって沖縄にもゆっくりおれなくて、2日間だけしかいなかったそうである。そういう状態だったのだが、二人ともわれわれを歓迎してくれて、またいろいろ雑談できた。やっぱり地元の人と話すといろいろ面白い。

例えば、台湾では子どもの節句は4月4日だそうである。4という数字は全然縁起は悪くないそうだ。台湾語(福建語)では特に縁起の悪い数字というのはないけれども、年配の人は旧暦の22日は避けるそうで、理由は、台湾語で2は「リィー」と言い、離れるという意味の言葉と同じ発音になるので、くっついてから別れてしまうという意味になるからだそうである。吉さんは台湾語も使えるが、相手が聞き取れないと思ったときには中国語に切り替えるのだそうである。

それから、吉さんは、学生の頃からただでは座らない習慣だといい、編み物なんかをやりながら座るとのことで、ちょうど編みあがったばかりだというマフラーを娘はプレゼントにもらった。

雑談しているうちにサトウキビの話になった。沖縄のものと台湾のものとは確かに違うようで、沖縄のものは小笠原のものと同じではないかという。台湾には二種類のサトウキビがあって、紫色のものは食べたり飲んだりする。これに対して、緑色のものは日本の時代に食べてはいけないと禁止されたのだといい、現在でも市場などでは売られていないのだそうである。こちらは砂糖を作るためだそうで、精糖会社などが植えているのではないかという話だったが、確かではない感じだった。サトウキビの時期は10月から12月になってからだけど、市場には年中出ているそうで、沖縄に持って帰りたいなら節のついているところを持って帰れば芽が出るよ、とのことだった。植物検疫はあるだろうが、例えば、沖縄のゴーヤは、以前は持って出てはいけないはずだったのに、ちゃんと台湾で出回っていたそうである。

旦那さんも、われわれの話をきいていて、時々話に加わったが、話すときは立ち上がって直立不動の姿勢でしゃべるのがおかしかった。食べ物のことには、商売がら詳しいようで、お茶や食べ物がその土地土地にあったものになっていると具体的に話してくれた。こんな感じでずっと雑談を続けていたら、この前と同じでどんどん時間がたって、3時になってしまった。この原稿は娘のメモを見せてもらいながら書いたのだが、まだまだいろいろ書いてある。娘は以前の話もまとめて吉さんに送ったらしい。

タクシーを呼んでくれて、桃園駅に向かったのだが、着いたのは在来線（台鉄）の駅で、新幹線（高鉄）の駅ではなく、さらに高鉄の駅まで20分ぐらいもかかった。

台湾の新幹線は、日本の新幹線とだいたい同じ感じであるが、在来線と新幹線との接続が非常に悪い。両者の駅がダブっているのは台北と高雄だけではないかと思う。台北、高雄（左営）は在来線のほか、地下鉄とも接続している。その他の駅は、在来線の駅までバスなど使って30分ぐらいかかるようである。現状では、例えば高鉄の桃園駅周辺は何もなくて駅だけがあるみたいな感じになっていた。途中の駅も、田園の中にぽつんと駅があるといった感じである。これから、このあたりも開発されていくのであろうか。鉄道というのは、何もないところにまっすぐな線を敷いて、その後、沿線が開発されるというのが合理的だし、実際そのようにして発展してきたところが多い。そういう理由で意識的に在来線の駅と離したのか、土地収用等の関係でやむなくそうなったのか。

高鉄桃園駅を15：57に出発して、17：36に左営に着いた。沿線はよく手入れされた田園風景が続いている。

左営に着いてから地下鉄に乗るとき、この前はＩＣカードを買って利用したので、今回初めて自動発券機で切符を買った。自動発券機に書かれている地図の駅名のところを押して、次に人数を押すと、値段が表示され、代金を払い込むとオセロゲームのコマみたいなトークンが出てくる。乗るときは、自動改札機でトークンを感応させると改札が開き、降りるときは、トークンは回収される仕組みである。娘が自動販売機の使い方がわからなくてとまどっているところに、若い女性がすっと近寄ってきて手順を教えてくれた。すごく自然だった。あっ、台湾の感じだな、と思った。

高雄駅からすぐの、バスターミナルが集まっているところにある華宏飯店に2泊した。高雄に着いた日は疲れていて、近くの自助餐の店で食べて、明日のバスの出発時刻を確認しただけで、早く寝た。ツインとはいってもダブルベッドが二つ入っていて、すごく寝心地がよかった。ホテルの内装やインテリアが本格的にアメリカの感じでしゃれていた。宿泊客は少ないようで、翌朝、朝食の時はわれわれだけで、われわれがフロント奥のテーブルに着席してから、フロントの女性が眠そうな顔をしながらこしらえてくれた。ハムエッグがのった食パンにトマトケチャップをかけたものとコーヒーが出た。おいしかったが、野菜が全然ない。

翌23日(火曜日)朝9時10分発のバスで恒春に向かった。恒春は台湾最南端の町(鎮)である。『地球の歩き方』で恒春の近くに琉球藩民の墓というのがあるのを知って、それを見に行くのが直接の目的だった。海岸沿いに2時間足らず走って恒春に着いたのだが、バスは恒春が終点ではなく、町の中心部をそのまま通り抜けて、さらに走り続けた。かなり走ってから、通り過ぎたことがハッキリわかったので、運転手さんにバスを停めてもらって降りた。降りたところで、しばらく、どうやって戻ろうかと思案していたら、道の反対側に民宿があり、レンタバイク屋もやっていて、そこのお兄さんに恒春にタクシーで戻りたいのだが、とお願いしてみた。言葉が全然通じなかったのだが、筆談で何とか了解してくれたようで、300元でどうかということになった。どうせなら、われわれの目的地である琉球藩民の墓まで行ってもらえないかと思って『地球の歩き方』を見せると、もう一人のお兄さんと相談して、それから、親指と小指を立てる仕草をした。ちょっと待っていたら、タクシーではなく、もう一人のお兄さんが自分で車を運転して出てきた。タクシーが来るのではなく、このお兄さんが連れて行ってくれるということだったらしい。

出発すると、やがて、バスで来た道とは違う道に入って、畑の中の細い道を走っていくので、恒春に戻るのではなく、琉球藩民の墓に直接行ってくれるのだなと察しがついた。実際、だいぶ走っているうちに琉球藩民の墓に着いた。そこで、お兄さんが筆談で「600」と書いてきた。もちろん異存はないが、ここでおろされても帰れなくなるので、それに「↓恒春 ×2＝1200」と書き加えたら、それまで全然無表情だったお兄さんが顔を崩して笑った。いい値段だったんだなと思った。

『地球の歩き方』によれば、明治維新直後の1871年、沖縄の住民66人がこの付近に漂着したが、言葉が通じなかったために原住民に54名が殺された。これが牡丹社事件である。維新政府は清に責任をとるようにと要求したが、清は、台湾は化外の地であるとして責任を放棄したため、西郷従道の台湾出兵を引き起こした。墓は、日本統治終了後破壊されていたが、殺害された沖縄住民の子孫などが再建したのだそうである。墓は、沖縄式の亀甲墓で、畑のど真ん中にあって、草むした感じだった。謝辞を見ると、1982年3月に再建されていて、再建のための会長は宮古島の平良市長であり、宮古島の町村長や那覇市長の名前も列記されていた。
なお、ネットを検索したら、先住民族パイワンの視点からこの事件を学び、互いの立場を理解して交流を深めるために、2014年、日本軍がパイワン族と戦った古戦場跡に牡丹社事件紀念公園ができたことがわかった。

その後、恒春のバスターミナルまで送ってもらった。午後1時発のバスまでちょっと時間があったので、まず、近くの水餃屋で、エビの餃子を食べた。おいしかった。それから南門と書かれた城門の方に行くと、紫色のキビが並んでいて、サトウキビのジュースを売っていた。ペットボトルに入ったのを買って飲んでみると、あっさりしてしつこくない味である。これならぐいぐい飲める感じだ。

台湾では、冬瓜茶をコンビニとかで売っているが、これにサトウキビの汁が混ぜてあるものがあり、黒糖冬瓜茶といって、非常においしい。私は台湾ではいつもこれを飲んでいた。沖縄でも作って販売してくれないかなと思う。

高雄に戻ってきてから地下鉄で台湾糖業博物館に行った。これは日本統治期の製糖工場を、戦後、台湾企業が引き継いだ工場跡である。工場そのものが残っているので非常に広大である。敷地内に、後ろ脚が片方びっこの犬がいた。身体障害者も働いていた。台湾では宝くじは障害者が売るようになっているようだし、公共の職でそういった配慮がいろいろあるようである。

見終わってから、サトウキビの粉なのか、豆腐のおからみたいなものを凍らせたものの上に金時豆をのせたぜんざいを食べた。最初は口に合わなかったが、だんだんなじんでくると結構いけた。

夜は、六合市に行った。サトウキビの汁を売っているところは一カ所しか見なかったが、そこで売られているサトウキビの汁は緑色のキビだった。飲んでみたら、砂糖そのものを飲んでいる感じで、きつくて、これはたくさんは飲めないなと思った。娘がトイレに行きたいというので、ちょうどあったぜんざい屋に入ったら、店主も客みたいな感じで食べていて、日本語が達者である。店の名前も大森となっている。日本人ですかときいたら、彼は台湾人だが両親は日本人だ、とのことだった。


24日（水曜日）、朝9時前にバスで出発して、11時頃嘉義に着いた。

嘉義から阿里山までの鉄道は、今は運行していないことがわかったので、駅前のバスターミナルで片道切符を買った。

買ったところに客引きのおばさんがやってきて、阿里山のバスターミナルのすぐそばの桜山大飯店というところが1泊1500元だそうである。持っている写真を見ると立派なホテルのようである。阿里山はどこもホテル代が高くて、『地球の歩き方』を見ると、ツインがだいたい1泊3000元以上になっている。その半分以下でバスターミナルそばのホテルに泊まれるなら言うことはない。前金200元をおばさんに払った。

阿里山へのバスはマイクロバスだった。阿里山の手前でほとんどが降りて、終点まで行った人はわずかだった。途中から断続的に強い雨が降り、そして、だんだんもやが立ちこめて視界が悪くなり、阿里山のターミナルに着いたときも、周辺に何があるのかよく見えない状態だった。しかし、桜山大飯店はすぐそばに見えて、チェックインすると、客引きのおばさんの言ったとおり前金分を引いて1300元でOKだった。チェックインの時に、翌日の日の出ツアーを予約した。部屋は広くて使いやすかった。

気温は16度で、寒いというほどではなかった。すぐに雨具を着て外に出た。

インフォメーションできくと、鉄道は全線が止まっていて、阿里山から神木という駅までも走っていないことがわかった。神木駅のそばに巨木の原生林があるということなのだが、そこに行くには歩くしかないと言われ、1時間半ぐらいで行けるようだった。実際、遊歩道を歩いたらたくさんの人が歩いていて、来る前は原生林というので迷ったら大変だと思っていたのだが、道を歩いていれば公園の感じで大丈夫だった。子ども連れもたくさんいた。雨はだんだん激しくなって、もやも立ちこめて、何を見に行ったのかわからないような感じがするぐらいだったが、確かにすごい古木、大木群で、樹齢1500年の木もあった。2時間ぐらい歩いてだいたいの感じはつかめた。

ホテルに戻って、阿里山は1泊でいいと思い、翌日台北まで行ってしまうことに決めた。それで、娘がサンルートホテルに予約のための電話を入れたら、25日はOKだが、26、27両日(土・日)は満室だった。夏休み最後の週末ということではないかと思い、こんな調子だと早く決めてしまわないと泊まるところがなくなると思い、娘が電話してみた結果、2日連続の予約はできず、26日は

ＹＭＣＡが、27日は台北之家というユースホステルが予約できた。また、桜山大飯店でも無線のインターネットがつながったのにはまったくビックリしてしまった。富士山の山小屋みたいなところに行くのだろうと想像していたのに。連絡が取れるのは結構だが、どこに行っても毎日の原稿送信の日課から逃れられない。まったく。

夜は、桜山大飯店内にはレストランはないそうなので、食べに出た。体が温まるように、鍋物を食べた。セットになっていて二人で８００元だった。町の中だとせいぜい一人１００元前後だからすごく高いのだが、せっかくここまで来てセブンイレブンのものを食べてもつまらない。山でとれた山菜類が使われていて、とてもおいしかった。メニューには鹿の肉の鍋などもあった。桜の実を漬けたものを売っていたので、これも買った。店で働いている女性たちは、地元の少数民族の人たちのようだった。

25日（木曜日）の朝４時半集合して、３台のマイクロバスに分乗してホテルから出発して、30分ぐらい走って道が不通になっているところまで行った。途中、玉山国立公園という標示があった。不通になっているところからちょっと引き返した場所で日の出を見た。帰りに、樹齢２７００年という木を見た。そこで、少数民族の服装の人たちが土産物を販売していた。完全に観光コースになっている。

バスターミナルまで戻って解散後、バイキングの朝食を食べ、ホテルに戻ってから、９時10分のバスには少し早かったが、買い物でもしようかと出発した。ターミナルに着いたところで、今すぐに嘉義に行くリムジンに乗らないかと誘われ、バスよりちょっと高いだけだったので乗った。台湾というところは商売が上手なのか、いろいろ話を持ちかけてくる。切符なんかも往復で買ってしまわない方が面白い。

リムジンには、桜山大飯店のフロントにいた女性と、阿里山公園入口の詰め所の警察官も一緒に乗った。途中、バスで来た道とは違う急な下り坂の細い道をおりていって、来たときよりもだいぶ短い時間で嘉義に着いた。在来線の特急自強号を使って午後2時半頃台北に着いた。

地下鉄で動くために、この前来たときと同じくイージーカードを買った。この前買ったのを持ってきていればチャージして使えるのだが、持ってきていなかった。新しいカードは500元で売っていて、100元がデポジットで、400元分使える。何回でもチャージできるし、使わなくなればデポジットの分も含めて払戻を受けられるそうだ。地下鉄や市内バスは、運賃が2割引になる。台湾って、こういうところは太っ腹な感じがする。地下鉄を使ってサンルートホテルに行って、チェックインした。

ホテルに着いてから、インターネットでメールを見始めた娘が、明後日泊まる予定の台北之家の書類の書き方がわからないという。台北之家はユースホステルなので、会員資格とかあるのだろうと思い、直接台北之家に行くのが一番だと思った。

台北之家は、行天宮にある。行天宮は三国志の英雄関羽をまつっていて、観光名所になっている。

姉から数珠をお土産に頼まれていたので、ついでに行ってみようと思って出かけた。

行天宮は従来、地下鉄が近くに通ってなかった。ところが、2010年に蘆洲線という新しい線が開通して、この線は、行天宮駅、サンルートホテル近くの中山國小駅や民権西路駅を通っているので、乗り換えなしで簡単に行けるようになっていた。

台北之家は、ビルの11階にあって、ソフィアさんという台湾人の女性が切り盛りしていた。私はユースホステル会員証を作らされたし、娘も、学生であっても24歳を越えたら会員証が必要とのことで作った。一人300元である。それでもサンルートホテルの半分だから安い。きいてみたら、27日だけでなく26日も空いているとのことなので、2泊連続で泊まることにした。そして、すぐに、フロントに置いてある電話で26日のYMCAをキャンセルした。台北之家のマークには十字架がついていて、どちらもキリスト教関係なので、ちょっとヘンな感じがしたが、ソフィアさんは全然気にしていないようだった。

その後、行天宮に行った。大勢の人が来て熱心に拝んでいた。姉から頼まれた数珠は売っていなかった。行天宮駅すぐの横道の食堂街で、おいしそうな麺の店を見つけて入った。カツオをだしに使っていて、あっさりしてとてもおいしかった。

26日(金曜日)、昼前にサンルートホテルから台北之家に移動し、荷物を置かせてもらって、台北駅から列車で基隆に行った。市場の中を歩いてまわった。少年が道路上で数珠を売っていたので、姉のために買った。香木を使ったもので、いい香りがする。

屋台店で食事もして、さらに歩いてまわった。私の記憶では、以前、高台から町を見下ろしたような気がするのだが、高雄との勘違いかもしれない。港のそばに高いビルがあり、エレベーターに乗ってみたら、ただで行けたのは途中の17階までだった。それでも、港の周辺はだいたい見渡せた。

帰りは、バスで戻ってきた。渋滞はなかった。

それから台北駅の地下街を歩いた。涼しく座れる場所はどこも埋まっている感じだった。

台北之家に戻ってきてビックリしたのは、冷房は夜9時から朝6時までということになっているのだそうだ。部屋を決めた時にはそんな話はなかったのに。まあ、部屋代が安いので、涼しい喫茶店にでも行けばいい。パソコンを持って夕方出て、まず、自助餐の店で食べてから、行天宮駅入口の隣にある喫茶店に入った。パソコンを使っている人が多い。私も出して、つけてみたら、無線のインターネットがつながるようなのだ。設定の仕方をお店の人にきいてやってみたら簡単につながった。注文カウンターのところに、一人60元以上の注文をしなければならないと書いてあったのはインターネットで長居する人が多いためだろう。自分のパソコンでインターネットに接続できることがわかったので、台北からも、日課の原稿送付をしなければならないことにもなった。この店のアメリカンコーヒーはおいしかった。丸みを帯びた分厚い陶器のコップもステキである。店は静かで、気持ちが落ち着いた。

9時過ぎまでいてから台北之家に戻った。各ベッドに聖書からの言葉が貼り付けてあり、私は、次の言葉が気に入った。中国語と英語で書かれていたが、英語の方だけ示す。

「Thoughtless words can wound as deeply as any sword, but wisely spoken words can heal. Proverbs 12：18」

思い当たることが多い。

27日、朝、昨夜の喫茶店で食べながら原稿作成と送信作業をした。

その後、地下鉄で士林駅に行って、そこからタクシーで故宮博物館に行った。これまで何度も台北には来ているのに、故宮博物館はまったく初めてだった。私の記憶では長らく工事中で、開いていないことが多かった。博物館の展示は基本的に清時代までで、場所的にも中国の大陸の方なので、台湾の民俗についての展示はないといってよかった。興味がずれているのと、土曜日ということもあってかツアーが非常に多くて混雑していたので、ざっと見ただけで終わりにした。売店で、ジュディ・オング『ジュディの中国絵画っておもしろい』（二玄社、2000年）を手にとってみたら、第6話その1「徐渭　榴実図」のところで柘榴（ざくろ）についていろいろ書いてあるので買った。展示の中で面白いと思った子どもの絵などがたくさん取り上げられ、説明されている。ジュディ・オングという人が台北生まれだということは初めて知った。若いときから棟方志功の門生井上勝江氏に師事し、木版画を手がけてきた人だということも初めて知った。私の叔母も、棟方志功の弟子に師事して木版画をやっていた。

故宮博物館からバスで士林駅に戻り、駅近くで台南の麺を食べた。それから、地下鉄で淡水に行った。娘は初めてだそうだ。土曜日で、遊覧客相手の河畔の店は家族連れでにぎわっていた。その後、市場も歩いてまわった。

かなり早い時間に台北之家に戻ってからまた出て、台北の中心部に当たる忠孝復興駅まで地下鉄で行った。地上に出て、しばらく腰掛けに座って太平洋SOGO前で人の往来を眺めていたが、風が強いのが気になった。それから最初は台北駅に向かって歩いた。いつも思うことだが、台北の太い幹線通りは、歩道のスペースが十分取ってあり、半分はひさしの下になるようになっているので、日ざしが強い時も、雨の時も歩ける。あちこちに座る場所もある。歩くのに最高の町だと思う。時々裏通りの細い道に入ってみると、こちらは落ち着いた住宅街である。こんなところに隠れ住んでみたいな、と思う。途中お土産を買った菓子屋で台風が接近していることを教えてくれて、それで、本当に接近中であることを知った。忠孝新生駅まで来たところで、右折して、台北之家まで歩いて帰ることにした。パソコンの店やファーマーズマーケットなどが出てきた。歩いたのはわずか3駅ほどなのだが、相当な距離があった。しかし、台風のせいか、歩いてもあまり暑くなかった。

台北之家に戻ってテレビでニュースをみると、台風11号は台湾に向かって接近中で、高雄発着の飛行機に欠航が出始めていた。明日は沖縄に帰れないかもしれないな、と思った。進度が非常にゆっくりの台風のようで、いったん飛べなくなれば相当長い間飛べないのではないかと思われた。

まあ、私は、もともと台湾に住みたいと思っているぐらい台湾は好きだし、時間的にも金銭的にも余裕があったので、あまり困ったとは思わなかった。ただ、洗濯物がたまっていたので、明日以降どうなっても困らないように、全部洗濯してしまっておくことにした。うまい具合に、ホテルとは違って、台北之家には大きな全自動洗濯機があり、50元で洗える。石けんは、泊まっている人がわけてくれた。洗って、室内にひもを張って干した。

それから、まず、夕食はベトナム料理の店で食べた。ベトナム料理屋は結構たくさんある。中華料理と似ているし、値段も変わらないが、やっぱり味付けの仕方が違う。おいしかった。食後、喫茶店に行って、インターネットで台風の正確な位置を確認した。明日はまだ大丈夫じゃないかなと思われた。

28日(日曜日)朝、風はまだあまりなかった。喫茶店で食べてから、ソフィアさんに教えてもらった近くの市場に行った。松江市場というところとその周辺である。

ここでは、緑色のサトウキビジュースを売っていた。それから、白いゴーヤがあった。陳吉さんの話だと、台湾のゴーヤはもともと白かったんだそうである。そこに沖縄から緑色のゴーヤが入ってきたということらしい。帰ってからきいたら、沖縄にも白いゴーヤはあるそうだが、私は沖縄では見た記憶がない。

台風で何かあるかもしれないと思って、11時前にチェックアウトして、台北之家のすぐそばにあるバス停から空港バスに乗って、早めに空港に行った。中に入り、パソコン打ちするつもりが、間違って、預けたカバンの中にパソコンを入れてしまった。それで、沖縄に着くまでに広井良典『創造的福祉社会──「成長」後の社会構想と人間・地域・価値』(ちくま新書、2011年)を最後までざっと読んでしまった。

東北地方とチベットの旅　2011年9月

大学の後期の授業が始まるのが9月30日であり、台湾のあともまた海外に出たいと考えていた。その間、毎日書ける保証はないので、書きためておこうと思って『創造的福祉社会』をまとめていたのだが、9月16日に送信する分で終わってしまった。それを書き終えたのが、9月7日だった。私は9月13日に上京して、14日から16日まで、娘と一緒に宮城、岩手の被災地の状況を見に行っていた。それに続いて、18日から25日まで、姉の長男と一緒に、ツアーで、中国の西寧から青蔵鉄道に乗ってラサへ行った。チベットの場合、入境許可証が必要なほか、鉄道の切符の購入の手間などを考えると、時間が有り余るほどない限り、多少高くてもツアーが最良の選択だと思われる。

チベットに行く話は、最初、7月末に、姉の長男から申し出があった。間に父母懇談会の動員が入っていたのと、当初の予定では、8月下旬に入ってから9月まで長い旅をしようと思っていたので、その時は話は無しにしてもらった。ところが、8月下旬に台湾に行くことになったので、9

月に入ってからの旅は、姉の長男の話がまだ生きているのであれば、それにしたいと思ったのである。チベットへ青蔵鉄道で行くことは、2006年7月に開通して以来、いつかはと考えていた。

それで、沖縄から台湾に出発する前日に、今からで間に合うならば行きたいと姉の長男にメールを送った。その返事が台湾の高雄にいるときにあり、まだ可能だそうで、仮申込みをしてくれたそうだった。ただ、本申込みまでの期限が1日しかないそうなので、本申込みをしてくれるように頼んだ。そして、大学の事務の方に、父母懇談会の動員からはずしてもらいたいというメールを高雄のホテルから送った。阿里山のホテルで開いたメールで、動員からはずしてもらえることが確認できて、ちょっと感激だった。

ちょうど敬老の日と秋分の日を含む時期で、シーズンだから、たぶんもう満員だろうと思っていたのに、行ける時って行けるもんなんですねえ。なんでも、私が最後の申込者だったそうである。

チベットに出発するまでなんでもいいから毎日書いていれば、チベットから帰ってくるまでの分ができあがっていることになる。ただ、書いた時と送信した時、さらに、書かれた内容の時期とがバラバラになるとわかりにくいし、実際、送信時に新たに書きたいことが出るかもしれないので、あくまで送信時の文章として整えることにした。

「なんでもいいから」と「なんとなく」はちょっと違うだろうが、長らくトイレに積んであった、川上弘美『なんとなくな日々』（新潮文庫、2009年）に手が行った。最初に読んだのは「まざるまざらない」という文章で、彼女が主婦として、幼稚園に行っている子どもとまだおむつのはずれない子どもの二人を育てている最中だったときに、記録してみたら1週間のうちに夫以外の男性と話したのは五回だけで、それも買い物の時に売り手とちょっと話したとか、宅配便の人から印鑑お願いしますと言われて、はい、と答えただけだった、という内容である。なぜだか、おかしかった。私も、娘が8月末に東京に戻ってからは、本当に誰も訪ねてこない日が続いた。予定もしばらく入っていなかったので、ボーッとしていた。旅の疲れが少しあったようで、何もないのは快かった。プールに毎日行って、帰ってくると昼寝した。プールに行ったあとでなくても、横になって、例によって『阿房列車』の漫画版(一條裕子画、小学館、1号は2009年、2、3号は2010年)をちょっとだけ読んで目をつぶる、というかアイマスクをつけると、まず確実に1時間ぐらいは眠れるのである。

しかし、だんだん疲れが抜けて、体力が戻ってくると、さすがに体がうずうずしてきた。そんな中で、ちょうど女子サッカーのロンドンオリンピック最終予選の中継が9月に入って始まったのと、それから、あちこちチャンネルを回していたらWOWOWで「結婚してください」という韓国のホームドラマを朝から午後までまとめて連続で放映していて、それにはまってしまって、テレビ漬けになってしまった。

自分の体で、老化が継続して感じられるようになったのは、毎日頭の髪の毛が抜けることからである。1年ぐらい前から、水泳のあと浴場で頭を洗うと、洗っても洗っても髪の毛が抜けるのに気がついた。最初は、髪の毛が抜ける季節なのかなと思っていた。ところがいつまでも抜け続ける。

洗うたびに抜ける毛は相当な量になり、それを放置するとかゆくなる。だから、髪を洗うというより、髪の毛を引っ張って抜いてるみたいな感じになっている。抜ける髪なら抜けてくれた方がいいと思っているので、結構徹底してやっている。プールに行かないときは、シャワーを浴びるのとは別に、新聞紙を前に置いて、髪を引っ張って抜いている。そんなことを1年ぐらいもやったので、もう髪の毛はなくなってしまう頃かな、と予想していたのに、まだある。ただ、頭の上部の髪の毛が伸びなくなっているのは確かで、散髪に行って、適当に刈り上げでお願いしますと言ってから見ていると、切るのは側面だけで、上部はちょっとぱちんぱちんと整える程度である。白髪も増えていて、前から見る分にはそんなに感じられないが、一緒に旅行中、娘が私の後ろ姿を結構パチパチ撮っていて、それを見るともう、真っ白になるのも時間の問題であろう。パソコン作業をするときに、手の肌をみると、これももうおじいちゃんの肌になりつつある。血管が浮き上がり、しわしわの肌になってきている。妻の父が生きているときと似てきたなあと思う。

先日、台湾に行く前に、後頭部を、開き窓の角にぶっつけた。外で排水溝の様子をみるためにしゃがんでいて、立ち上がったところに1階のトイレの窓の先端が出ていて、そこにバカだなあと思うぐらい勢いよくぶつかったものだからすぐに血が出てきた。傷は何日間か固まらなかった。そして痛かった。父がペチカに頭をぶつけて、数ヶ月後に脳内出血で死んだことを思い出して、私もいよいよかなと様子をみていたのだが、今のところ脳の方に影響は出ていないようである。

ただ、いつでも眠れるというのもそうだが、眠りの深さがだんだん昏睡に近いような感じになっているのは、やっぱりこの世の中から離れつつあるということではないだろうか。目がさめたときに、此処どこ？ と思うことがだんだん増えている。

ところが、そういうときにふと鏡を見ると、まともそうな顔がうつっている。なんだ元気そうじゃないか。どういうことなんだ。そういうことが何度か続いたので、ためしに、考え込んだりしたときは意識的に鏡を見てみることにした。見かけと頭の中とどっちが若いのか、よくわからない。

予定のない日がこのように続いてから、用事が入った。その一つ、学生がこれから地震の被災地でボランティア活動をするために仙台に行くので、受け入れ先に一緒に挨拶に行って話をきいてたら、私も行きたくなった。ボランティア活動をやりたいのではなく、とにかく被災地を見てみたくなったのである。そして、いったん行くと決めたら、やらないといけないことは次から次に出てくるし、本も必要になってジュンク堂にも行くしで、夜まで動き回ってしまう状態が復活した。

東北に行くと決めてから、情報の、頭への入り方ががらりと変わった。これまで、大震災関係のニュースは毎日みてきたのだが、やっぱり他人事みたいになっていって、頭に残らないのである。ところが、仙台と遠野に行くと決めてからは、その関係のことがとにかく頭にちゃんと収まっていくのには、正直ビックリした。とりわけ、9月11日前後には、震災後半年ということで、テレビ等でもさまざまな特集をしていた。

遠野というところは海岸部からちょっと奥に入っていて、そういう地の利を活かして被災地への援助のためのネットワークのハブになっているということはだいぶ前からきいていた。行くと決めてからインターネットで検索してみると、確かに、「遠野まごころネット」のHPが出てきて、いろいろやっているということはわかった。

東北は若い頃から興味はあって、何度か旅行した。いつ、なぜ行ったのかハッキリ思い出せないが、妻、娘と三人で花巻の宮沢賢治記念館に行ったこともある。しかし、今度の地震の被害を受けた三陸海岸にはまったく行ったことがなかった。

ちょっと前に、まず佐藤友哉『デンデラ』(新潮文庫、2009年)の解説で柳田國男の『遠野物語拾遺』というのが出てきた。その時は、遠野の正確な位置も知らなかった。それから、亡くなった友人の弁護士田代和則さんを拝むために志布志に行った後に読んだ五木寛之『隠れ念仏と隠し念仏』(講談社、2005年)にも遠野のことが出てきた。そういうことがあって、わりと最近になって、遠野っていったいどんなところなのという疑問がわいていた。

ジュンク堂で当たっていて見つけたのが、赤坂憲雄『東北学/忘れられた東北』(講談社学術文庫、2009年)である。プロローグで、柳田國男の著作の「常民」論への疑問が東北学の出発点となったことが記されている。柳田が描いた「稲を作る常民たちの東北」というのは幻想だというのである。赤坂氏は、1990年にむつ市をまわり、また、『むつ市・民俗編』を購入して読んで、稲が作られるようになったのは早いところで明治30年代(1897~1907年)、遅いところで大正末に行われ、柳田の著作『雪国の春』で描かれた稲を作る常民たちの風景は、ほんの数年、長くて30年足らずの歴史しか持っていなかったということを知ったのである。

赤坂氏は、1992年、山形市に新設された東北芸術工科大学の教員となるとともに、車の免許を取って、東北の老人たちへの聞き書きを始めた。この本はその記録である。柳田民俗学では整理しきれないような「いくつもの東北」があるのではないか、という直感に従って赤坂氏は行動したそうだが、私が強く印象づけられたのは、赤坂氏は大学で民俗学を学んだわけではないのだそうで、だから、東北のあちこちを車で駆った4万キロの旅も、その大半はいわゆるフィールドワークを目的としたものではないと言われ、「ある恥じらいとともに、野辺歩きや野良仕事と呼んでみるほかない、ほとんど学問や研究の名には値しないものである」と言われる。だから、聞き取りをしたおじいさん、おばあさんからよく「お前は何を聞きに来た？」と逆に尋ねられたのだそうである。

9月10日の朝日新聞朝刊のオピニオン欄に赤坂氏の意見が載っている。戦前、東北は「男は兵隊、女は女郎、百姓は米を貢ぎ物として差し出してきた」と語られていたという。現在も、食料生産地であり、東京で使う電力を東北が供給し、引換えに巨額の補助金が落ちる。そして、いざ震災が起こってみれば、被災者だけに苦難が押しつけられてしまう。国策として推進された原発の事故の後始末がちゃんとできないようでは、国に対する安心感、信頼感が生まれるわけがない。

9月13日(火曜日)に上京した。その直前に風邪をひいてしまって、いやな予感がした。熱は出ないにしても、チベットで高山病にかかりやすくなるのではないか。

旅行社からは、保険について、カードで自動的につく保険では疾病死亡の場合をカバーしないので、疾病死亡も含まれている保険に入るようにとすすめられた。実際、VISAカードの説明書を読んでみたら、疾病自体は150万円までカバーされているが、死亡は含まれていない。疾病でなく傷害による死亡の場合は5000万円ついている。一応考えてみたが、私としては疾病保険がついていれば十分である。だから、別の保険には入らなかった。

14日(水曜日)、娘と一緒に、東京駅発の新幹線で仙台に午後2時過ぎに着いた。この日まで1週間、仙台YWCAに泊まりながら震災ボランティア活動をしていた男子学生とできれば会うほか、仙台市立図書館で働いている平形ひろみさんと会う約束になっていた。

駅レンタカーを借りたが、実際に場所を確認してみたら、当日泊まった千登勢ユースホステルも、市立図書館が入っているせんだいメディアテークもいずれも仙台の中心部にあって、歩いていける距離だった。車で行っても駐車場代がかかるし、酒も飲めないので、歩いていくことにした。

仙台は大都会であるから、中心部の幹線道路は太いが、その内側には細い通りがぎっしり埋まっていて歩きやすい。サイズからいうと、交通機関としては自転車が適当ではないだろうか。実際、平形さんのお友だちで、高校で家庭科の先生をしているという大沼洋子さんも一緒に夕食を食べたが、彼女は自転車だった。

学生は、ボランティア活動打ち上げの日で、たぶんいろいろ予定が入っているのだろう、結局会えなかった。それは、1週間のボランティア活動でいろいろつながりができたということだろうから、結構なことと思われた。

平形さんは、2007年9月に西川馨氏が主催したフィンランド図書館見学の旅で一緒だった方である。彼女は、この旅のちょっと後、仙台市か宮城県かの公的な助成を受けて、真冬の時期にもう一回、一人でフィンランドに行って図書館調査をしてきた。そして、西川氏らと一緒に出した『学力世界一を支えるフィンランドの図書館』（教育史料出版会、2008年）にすごく綿密なレポートを書いた。

平形さんは、今回の地震後、鉄道が不通になって家に帰れなくなって、それで大沼さんの家に泊めてもらっていたのだそうである。この大沼さんという方がまた元気いっぱいの人で、名刺を3枚もらったのだが、高校の先生の他、社会福祉士として成年後見等の仕事もしていて、今後この方面の仕事で独立したいらしい。さらに、現在福島の大学に長距離バスで通って大学院生だそうである。

二人から、今回の地震の影響とかいろいろきいたのだが、記憶に残ったのは、マスコミ等で取り上げられていないがひどい被害を受けたところがたくさんあったということだ。そして、仙台東部の海岸も仙台空港の方までまだひどい状態だということで、それを私が借りた車で見に行こうということになって、千登勢に戻ってきたのだが、別の宿泊客の車が邪魔をしていて動かせなかった。震災時のテレビニュースでも、仙台空港に津波の水がひたひたひたと押し寄せてきている画面はとりわけ記憶に残っている。学生がボランティア活動をしたのもこのあたりらしい。

15日(木曜日)は、朝8時からレンタカーで動いた。

最初、大沼さんがひどいと言っていた仙台東部の海岸を少しでも見てみようと思い、娘が持っていた仙台の地図を見たところ、仙台東部道路というのができていて、その仙台東インターをさらに東に向かって進めば海岸に出る。実際に行ってみたら蒲生というところに出て、その辺り一帯はなるほど、ほぼ完全に壊滅の状態であった。これだけ広い範囲にわたってこういう状況だと、復興といってもねえ、という感じがした。この辺りはずっと平野が広がっているので、また津波があれば同じような被害を受ける可能性が高いであろう。

そのあと、地図を見ながら娘と相談した結果、石巻はパスして南三陸に行くことにした。石巻にはちょっと前、娘が、大学院のゼミで行って、その際にたくさん写真を撮ってきていたので、だいたいどういう状況か、私もわかっていたためである。

仙台東部道路から三陸道という自動車専用道路が延びていて、南三陸の手前までつながっている。1時間前後で自動車道路の終点まで来て、そこから南三陸町に出た。

町の中心部に入る手前に仮設のファミリーマートがあり、食べ物と飲み物を買った。そこを過ぎると、テレビでみたような光景が広がっていた。ここもなお廃墟みたいだったが、たくさんのトラックが出入りしていて建設現場みたいな感じでもあった。ボランティアがまとまって車で来て、何か作業をしているのもみた。

南三陸から北上して気仙沼市に入った。ここはイオンも再開していた。町の中を走った感じでは、今はすでに将来に向けて動いているように見えた。

気仙沼市は宮城県境までであるが、気仙沼市を通り過ぎて岩手県に入ってからも「気仙」という表示を見かける。これはあとからインターネットなどで調べたら、陸前高田市の一地区で、旧気仙町だそうである。また、気仙沼市の北にある陸前高田市と大船渡市、それに両市と内陸部でつながっている住田町をまとめて気仙地方というそうである。

走ってみると、海岸沿いの自治体は皆細長かった。津波想定区域を示す表示があちこちで出てきた。「想定外」と言わざるを得ないような津波だったのではないか。

陸前高田も大船渡も、中心部はまだ壊滅状態だった。半年たってまだこんな具合なのかと驚きを感じた。大船渡では、車の外に立ってみると、異臭がきつかった。

大船渡のちょっと手前から自動車専用道路ができていたが、大船渡のちょっと北までで終わっていて、釜石市までは普通の道しかなかった。走ってみてずいぶん遠い感じがした。釜石市も海岸部はまだ壊滅状態だった。市役所はちょっと奥まった高台にあって、被災を免れたようである。

たまたま、沖縄から上京する前夜、NHKの「クローズアップ現代」で、釜石の今後の都市計画のつくりかたについていろんな考えがあることが紹介された。釜石の場合、海岸部の平野部の面積が小さく、その背後は急斜面の崖になっている。完璧に堤防で固めるには何十年もかかるようだし、それが実際的かどうかも疑問がある。ということで、弱いところは補強して、後は、仮にまた津波が来ても人命だけは確保できるようにするという方向で考えていって、例えば、高いところに建物を建築するとか、低地でも、建物の1階は人が住まないようにするといったことも考えられる。

1階に人が住まないで駐車場にするのは那覇などでも多い。これは、直接には地代が高いので、駐車場を別につくらないでいいようにする方便だろう。

釜石から遠野まで道はよかった。途中、どこまでなのかハッキリおぼえていないが、自動車専用道路になっているところもあった。今回東北を動いてみて、自動車専用道路があちこちで細切れ状態になっているのを痛感した。志布志に行ったときもそうだったことから推測すると、財政難で計画通りに道がつくれなくなっているのではないだろうか。自動車専用道路というのは大きい町と大きい町とを直線的につなぐものが多いので、それが途中でとぎれるととんでもないところが終点になり、従来の道との接続が大変である。

遠野市は、市内に入ってから中心部に着くまでに時間がかなりかかったので、自治体としては面積が結構大きいようである。しかし、町から市になったのは1954年で、2005年の合併後も人口は減り続けていて、2010年現在2万9000人あまりである。走った感じでは盆地という感じでもないのだが、まわりに山が見える田園風景が広がっている。

午後4時過ぎに遠野ユースホステルに着いた。遠野ユースホステルは釜石・花巻間の幹線道路からちょっと北側に入ったところにある。

チェックインしてから、すぐにまた出て、花巻に住んでいる娘の友人を訪ねていった。遠野・花巻間はまだ自動車専用道路はなくて、片道1時間前後かかった。落ち合う場所を一応、娘の友人の勤務先ということにして、ナビを設定して、その通り動いたらちゃんと着いた。すごいもんですね。なにしろ、その友人の勤務先というのが介護関係の施設で、花巻市といっても農地のど真ん中みたいなところで、暗くなったら大きな蚊がブンブン飛び回っていて、扉も開けられないようなところだったから、ナビがなければ行き着くことはまず無理だった。

そのお友だちは、仕事はもう終わって家に帰っていたそうで、生まれてまだ1年にならない男の子をおんぶして車を運転してきた。花巻市内の店で、冷麺を食べた。なんでも、盛岡の冷麺というのは有名なのだそうです。彼女自身、韓国の大学に留学していたそうだが、盛岡の冷麺は、韓国のそれとはだいぶ違うものだった。

8時過ぎ頃まで食べながら話すうちに、遠野は民話とかいろいろあって面白いところだよ、とのことで、午後9時からユースホステルの運営者がそのような関係の話をすると、娘がチェックインの際にきいたそうなので、急いで引きあげた。遠野に戻ってから娘がお話し会に出たら、皆さん遠野に詳しい人ばかりで、一緒にいるのもはばかれるような感じだったそうだ。わかる、わかる。私も、若い頃、安く旅をする目的でユースホステルを利用していた時期があるが、夜のミーティングは困りものだった。初めて海外に出た1974年に国際ユースホステルカードを準備して持っていって、スペイン南部でずいぶんへんぴなところにあるユースホステルを探しまくったのだが、たどり着いてみたら今はやっていませんと言われて、そもそもスペインは安宿が多い国で、町の中心部に安い宿はいくらでもある。そういうことで、それ以来ユースホステルとは縁が切れてしまっていた。

われわれが今回、仙台でも遠野でもユースホステルに泊まったのは、せっかく台北之家で国際ユースホステルカードを作ったんだから利用してみようということだったのだが、どちらでもドミトリーでなくツインの個室を使い、これに朝食代を入れると1泊8000円から1万円ぐらいになるので、そんなに安いわけではない。なお、遠野でチェックインの際に、われわれが台北之家で作ってもらったユースホステルカードは無効だと言われた。台湾住民専用のカードらしい。

遠野から仙台へは、花巻あたりに出て、高速で戻るつもりでいた。しかし、私も娘も、盛岡—仙台間の高速沿いで今見ておきたいところがなく、結局帰りも被災地を見ようということになった。宮古も見てみたかったのだが時間的に無理で、石巻と女川町を見てから、レンタカーを返す時間に間に合うようであれば、仙台空港周辺も見てみることにした。

そういうことで、今回遠野で何か調べるのは時間的にできなくなった。見ておきたいところとして、デンデラ野と、あと、2011年から赤坂氏が所長をしておられるという遠野市立文化センターにも行ってみたかったのだが、こちらの方は似たような施設がいくつかあって、よくわからなかったし、朝の早い時間では開いていないだろう。

16日（金曜日）、朝食をユースホステルで食べたら、一緒に食べた四人の方が震災ボランティアで来ている人だった。それも初めてでなく、もう何度か来ているらしい。仙台で平形さんや大沼さんからきいた話でも、遠野は復興関係でバブル状態になっているそうで、あちこちの宿泊施設にその関係の人が泊まっているらしい。今回の旅も、最初娘がホテルパックで安くセットしようとしたら、遠野は予約が取れず、ダメだった。

8時頃にユースホステルを出発して、まず、ユースからそんなに遠くないところにあるデンデラ野を見に行った。デンデラ野は、『遠野物語』の語り手佐々木喜善（きぜん）の生家の南側の丘陵にある。佐々木喜善の生家のちょっと手前で右に折れて細道を進むと、小さい橋が架かっていて、四つの欄干に、息子が親をおぶって捨てに行く図が書かれている。その橋からちょっと行った左手奥にデンデラ野の石碑がある。姥捨ての場所にしては非常に里に近い。実際、『遠野物語』には、デンデンラ野に送られた人々は、昼間は里へおりて農作業を手伝った、とあるそうで、農作業のあとは、少しの食べ物をもらって、デンデラ野へ帰ってきたという。佐藤友哉『デンデラ』（新潮文庫、2009年）を読み、2011年6月25日に東京新宿のバルト9という映画館で天願大介監督の同名の映画を見たら、捨てられた女たちが共同体をつくる話になっている。

遠野市立文化センターについては、もう時間もないことから探すのをやめて、今回は遠野市立図書館に行って、郷土資料室にどのような本が置いてあるか、ざっと見てみるだけにした。

それから、ほぼまっすぐの道で陸前高田に戻ってきた。そして、気仙沼、南三陸と昨日通った道をたどって石巻の手前まで来た。道路が結構こんでいて、もう昼過ぎになってしまった。ナビで女川までの所要時間を出してみたら、片道30分も走れば着きそうである。時間と相談した結果、石巻は通過するだけにして女川に直行することにした。

女川に着いてみると、ここも海岸部はほぼ完璧に壊滅していた。臭いもひどかった。トラックが盛んに往来していて、たぶんがれきを運んでいるのだろう。

新聞等によると、南三陸町と女川町の間にある海岸沿いの集落もひどい被害を受けて、いまだに立ち直れないそうである。最初にナビを石巻に設定しないで、女川に設定しておけばこのあたりの様子を見れたのではないかと思う。

この後、時間的にもう仙台に戻るしかないと思われたので、ナビで仙台駅東口に設定して走り始めたら、三陸道に乗ったのはいいが、ちょっと走って鳴瀬奥松島インターチェンジで降りてしまった。その先が有料道路になっている。行きと同じく、仙台東インターチェンジまで行けば、さらに仙台空港まで見に行けたかもしれなかったのに残念だった。普通の道だとずいぶん時間を食ってしまって、レンタカー返却時間もちょっとオーバーしてしまった。でも、2日間走ってみて、震災の規模と場所場所の状況がかなりまとめて把握できた。こういうおおざっぱな見方も必要ではないか。

東北に行った後チベットに行った。上京前に、チベット関係の本は、全然読まなかった。意識的にそうしたという面もある。旅行情報については、地球の歩き方のチベットを買ったが、やっぱり全然読まなかった。ツアーなんだから、まずはともかく旅をしてからでいいのではないかと思った。

ただ、上京直前にたまたま、ジュンク堂で、野村進『島国チャイニーズ』（講談社、2011年）を見つけて、買って読んだ。全然知らなかったことが多くて、面白かった。よく知られているように、2011年当時は日本人の中国イメージは最悪と言われ、10人中8人までが親しみを感じていないという状態だった。にもかかわらず長期滞在、定住の中国人数は急増しつつある。在日中国人並びに台湾人は2010年度で68万7156人だそうで、在日韓国・朝鮮人を12万人以上引き離して第1位である。日本に帰化した人も含めると80万人をこえるであろうと推測される。この20年で在日韓国・朝鮮人が2割近く減ったのと対照的である。野村氏が200人をこえる在日チャイニーズを取材した結果、大半が日本での生活におおむね満足しているという。日本は暮らしやすいといい、特に独身女性はそうなのだそうだ。具体的な理由としてあげられているのは、深夜タクシーに乗っても大丈夫、大都会でも空気が澄んでいる、24時間コンビニがある、ファミレスがある、一人でも歓迎してくれる温泉がある等だという。また、日本は頑張れば認められるからいいですよ、ともいわれ、比較して中国では親の出身階級や収入で子どもの将来はある程度決まってしまうといわれる。中国はあまりにも強烈な競争社会になってしまって、物欲がすごいともいわれる。これは、一昔前の韓国で感じられたことである。

この本で、東京の池袋駅北口に新中華街ができていることを初めて知った。駅のそばに中国の食材などたいていそろうような店もあるし、そのあたりの中華料理店で「栄養肉」とあれば狗肉のことを言うのだと書かれているのを読んで行ってみたくなった。

東北から帰った翌日、つまり、チベットに出発する前日、劉さんと会うことになったので、これはタイムリーだと思って、池袋駅北口で、娘と姉も一緒に会った。当時劉さんは東京で求職活動中だったが、年齢が40を超えてしまったので、なかなか難しいようだ。彼女は、仕事さえ見つかれば、日本でも故郷の雲南でもかまわないと言うのだが、さあどうでしょうね。いったん日本での生活になじんでしまったあと、昔と同じように中国で暮らせるものなのだろうか。

野村氏のこの本にも、日本の大学で博士号を取り、その後も日本に残って就職している中国・台湾出身者が3000人をこえていると書かれている。1980年代に来日した現在50代の人が多いそうで、文革と天安門事件が影を落としているのだという。改革開放が軌道に乗って、帰国する者がちらほら出始めたところに天安門事件が起こったのである。

彼らの伴侶はしばしば日本人である。日本語も完璧であり、夫婦の会話が日本語でなされることも多いらしい。同じ漢族同士で結婚していても、夫が西安、妻が上海だとお互いの母語では全然通じ合えず、通常は北京語が共通語になるのだそうだ。

当時中国は、官民あげての人材呼び戻し政策を実施中で、実際この呼びかけに応じて帰国した研究者も出てきていることをこの本で知った。

以下にチベットツアーの日程を示す。

2011年9月18日(日曜日)、13：50成田発MU524便で上海(30分ぐらい遅れる)。MU—2162便で西寧。

19日(月曜日)、タール寺をみてから、青蔵鉄道。

20日(火曜日)、青蔵鉄道で、午後3時頃ラサ着。剛堅飯店。バルコル散歩。夕食時自己紹介。

21日(水曜日)、ダライラマの離宮ノルブリンカ。デプン・ゴンパ。セラ・ゴンパ。夜、ポタラ宮。

22日(木曜日)、カンパ・ラ(湖)。ポタラ宮。大昭寺。喫茶店。自由時間。

23日(金曜日)、ツェタンのサムエ寺。ヘポリの丘。ツェタン飯店。

24日(土曜日)、王宮跡ヨンブ・ラカン。昌珠寺。ラサ空港。MU—2336で、西安経由上海。ラマダエアポートホテル。

25日(日曜日)、MU—523便で成田。成田エクスプレスで新宿まで行って、調布。

旅行中、青蔵鉄道に乗っていた日以外は毎日、原稿を送信する環境が整っていて、しかも、書きためのない状態であったので、旅行をしながら原稿のことを考えていて、毎晩夜、寝る前に翌日の原稿を作成して、翌朝送信した。

ツアーで利用したホテルは三つ星以上のホテルで、どのホテルでも、部屋で自分のパソコンを使ってインターネットに接続できるようになっていた。しかし、パソコンを持ってきていたのは私だけではないかと思う。だいたいの人は携帯を持ってきていたようで、日本にいるときみたいに携帯とにらめっこの人も多かった。

ツアーは参加者25人で、男性がちょっと多いぐらいの感じで、老人も若い人も、中年もバランスよくいた。言ってみればミニ社会で、私はそういうところで調子を合わせる能力があまりないので、原稿のことを考えながら旅行したのは、精神的に距離がとれてちょうどよかった。

といっても、なにしろ中国なので、食事のたびに大きな食卓を囲んで食べるので、一緒に食事するしかないのだが、私のかわりに姉の長男が受け答えしてくれたので、まあなんとかしのげた感じである。ひとりでこのようなツアーに参加することは、今後も考えにくい。

ただ、さすがにチベットで、普通のツアーとはかなり違っていた。

青蔵鉄道に乗ったその日から、健康手帳に、毎日、朝食前と夕食前に健康状態を記入させられた。毎回パルスオキシメーター（血中酸素飽和度測定器）で、脈拍数等を測って記入した。青蔵鉄道で同じコンパートメントになったおじさんが、乗車中に発熱し、酸素吸入器をつけて寝ていた。このおじさんは、ラサに着いてから、夜、点滴も受けたらしいが、それでもがんばって最後まで行動をともにし、やがて元気回復して、ほかの人の倍ぐらいも食べたりしていた。

私は、高山病の症状と思われるのはラサに着いた夜ちょっと頭が痛くなったことぐらいだが、空気が薄くなったんだなと視覚的に納得させられたのは、せんべいとか飴とかの密封した袋がパンパンにふくれることである。

高山病にならないように、走ったり無理したりしないように、といっても、なにしろチベットの寺というのはへんぴな山の中にあるのが多くて、毎日登山をやっているような感じだった。寺の中も段差の大きな階段が多くて、相当足が鍛えられたのではないかと思う。そんな旅に、足がちょっと不自由で杖をついたおばさんが参加していて、最後まで元気だった。

移動中トイレがなくて、バスを途中で停めて、男性だけでなく女性も野外で用を足すことが結構多く、アフリカ旅行中のことを思い出した。トイレがあっても、昔ながらに穴だけというところも多かった。中国にはまだこんなトイレが残っていたんだなと思った。むしろ、野外で用を足した方が清潔だと思われるようなトイレが多かった。我慢しないのは結構だが、どこに行ってもトイレで、なんか、犬があちこちに小便を引っかけるような、そんな感じさえした。

ラサで泊まったホテルの部屋の窓から向かいに民家の裏側が見えた。ホテルのレベルとの落差の大きさを思った。

青蔵鉄道に乗ること以外で、私がチベットについて興味を持っていたのは、一つは、周知のように2008年3月にラサで暴動が起こったのだが、その後どうなっているのかということ、もう一つは、チベット仏教がどんなふうに扱われているのかということである。

われわれの泊まったホテルはラサ剛堅飯店といい、バルコル（八廓街）から歩いて15分ぐらいのところにあった。バルコルというのは、ジョカン（大昭寺）という、世界遺産にもなっているお寺を取り巻く道である。この道には主におみやげ屋が並んでいて、ものすごい人だかりである。最初は、観光客相手の店だけかと思っていたのだが、ラサに3泊目の夕方、自由時間がちょっとあって、姉の長男と二人で、さらに奥の方へと歩いてみたら、普通の市場が出てきた。細い道が入り組んでいて、すぐに方角がわからなくなった。そしてその周辺に住んでいる人たちは皆チベット人の顔をしていた。このような、チベット人の住んでいる地区はラサの東側にある、ということが、大木崇『実録　チベット暴動』(かもがわ出版、2008年)を読んでわかった。そういえば、ラサの西側は、見た目にも非常にきちんと整えられた商店街になっていて、こちらには主に漢民族が住んでいるのである。このように、ラサはチベット人居住地区と漢民族居住地区にハッキリと分けられている。

暴動の発端になった場所はチベット人地区のラモチェ(小昭寺)だそうで、それが、バルコルの方まで広がっていって、無秩序状態になったということである。『実録　チベット暴動』は、旅行でチベットに来た日本人の大学院生が、たまたま暴動に遭遇した一部始終を記録したものであり、ありのままに近い体験が記されている。この本は、チベットに行く前に本屋で見かけたのだが、買わなかった。あらかじめ予備知識を持ってはいけないテーマだと思ったのだ。今回チベットを実際に見てきてから、本屋で手にしてみて、すぐに買う気になった。そして読んでみたら、『地球の歩き方』などではたぶんわからないようなことが非常によくわかった。

バルコルは、常時、機動隊のような警察が絶えず警戒していた。彼らは、非常に緊張した表情で隊列を組んで歩き回っている。また何か起こらないとは言えないような緊張がある。しかし、バルコルの奥の方の店や住宅にいる人たちの顔は対照的にゆったりとしていて、笑いも通じる。私は、いい町だなと思った。

旅行後に買った大西広『チベット問題とは何か――〝現場〟からの中国少数民族問題』（かもがわ出版、2008年）を読みながら、チベット問題はある意味沖縄問題と似ている側面があると思った。チベット自治区の経済は、過半を中央政府の補助金に依存している。個人への政府の優遇政策も充実している。税金の減免、高校・大学への優先入学等があるほか、「一人っ子政策」も少数民族地区ではもう一人持てるし、その地区内の少数民族自治州や少数民族自治県だったりするとさらにもう一人持てる。ところが、青蔵鉄道の開通以来大量の漢民族が流入してきて、現在では、人口の半分ないし3分の2が漢民族になっているという。その結果、観光関連の産業が急発展しても、もうけるのは経営にたけた漢民族ということになってしまう。

ジョカン（大昭寺）の前ではいつも多くの人が「五体投地」のお祈りをしていた。両手・両膝・額という身体の五部分を地につけて平伏し礼拝する。地面に手を伸ばした状態でうつむけに寝たみたいな形になる。胴体が汚れないようにマットを敷いていて、手のひらも汚れないように鍋つかみみたいな感じのものをつけている。立ち上がった状態から始めてこのお祈りを何度も何度もやるのだが、相当なエネルギーを要するだろう。今回チベットを旅行しながら、たえず、2007年にブータンを旅行したときの体験と比較していた。五体投地をブータンでもみたはずだし、話にもきいたのだが、チベットでみたのとはちょっと形が違っていたような気がする。寺の感じも違うように思ったが、これはまず高度が相当に違うことが挙げられよう。チベットの場合、ラサが3600メートルである。4000メートル台のところにも行った。これに対して、私が行ったブータン西北部は、2000メートル台のところがほとんどで、正式の首都であるティンプーに対して冬の都といわれるプナカなど1300メートルほどに過ぎない。米が十分にできる高度なのである。それからやっぱり、ブータンが独立国だということですね。そして、寺は行政機関や裁判所などと合体していて、ゾンといわれ、生活の中心になっている。チベットの場合、寺は、現在、純粋に宗教的な施設に過ぎないわけである。そして、ブータンの場合、政府公認の専門ガイドが必ずつくようになっている。もちろんチベット仏教徒であり、なんでも教えてくれる。ブータンの場合、有名なGNH(国民総幸福度)の主張にみられるように、現代のわれわれにもマッチするようなところがある。若い人たちはオシャレでもある。宗教が実際の生活の中で生きている様を見ることができる。これに対して、チベットの寺というのは、どうしても昔の遺物みたいな感じがしてしまう。そして、一般の人がそんなに寺に来ているわけでもないようである。そんな中で、ラサの中心から8キロほどのところにあるセラ・ゴンパ(色拉寺)では多くの僧が中庭で、独特のジェスチャーで問答修行しているのを見ることができた。修行中の僧たちは明るく楽しそうだった。しかし、ラサの中心から西北へ12キロほどのところにあるデプン・ゴンパ(哲蚌寺)に行ったときは、共産党誕生90年を祝う文句が書かれている建物を写真に撮ろうとしたら、警官から荒々しく制止されてしまった。結局、チベット人は「少数民族」に過ぎないわけである。ブータンの人口が

2005年現在で67万人であるのに対して、チベット人は600万人もいるにもかかわらず、ブータンの方がずっと明確に主張できる。例えば、言葉にしても、ブータンでは小学生から教育は国語（ゾンカ）を除いて英語で行われているが、1989年に、ゾンカの習得・使用を国の方針として掲げ、95年には官公庁、中央僧院の公文書を英語からゾンカに切り替えた。これに対して、チベットなどの少数民族自治区では漢語化が進んでいるようである。大西氏の本から推測すると、教育も、当初は民族語との二本立てでも、コストがかかるということでだんだんと漢語に一本化されていっているらしい。

河口慧海や多田等観の旅行記や体験記もいいのだが、私が最も知りたいのは今のチベットの状況である。例えば、インターネット上で、先に挙げた大西氏の『チベット問題とは何か』に対する評価をみると、非常に批判的なコメントがついていて、評価は低い。確かに、チベット問題とは経済問題だ、みたいなアプローチだと反発をよぶのもむべなるかな、と思われるのだが、じゃ、実際のところどうなっているのかがよくわからない。

それについて、もうちょっとしっかりした状況把握ができないかと思って、ジュンク堂やインターネットでいろいろさがしていた。あれこれやっていたら、インターネットで、「マガジン9」というメールマガジンに、「私が出会ったチベット」という題で、渡辺一枝氏の話が載っているのをみつけて、すごく納得がいった。2008年4月30日にアップされたものである。つまり、ラサで暴動が起こってちょっと後、北京五輪を目前に控えた時期である。

渡辺氏は、ジュンク堂にあった『叶うことならお百度参り—チベット聖山巡礼行』(文藝春秋、2006年)に書いてあって知ったが、椎名誠氏の奥さんである。ビックリしてしまった。彼女は1987年に始めてチベットを訪れて以来何度もチベットに行っている。最初に行ったとき、寺院見学から落ちこぼれて、彼女は門前で、言葉が全然わからないなりにチベット人と接したのだそうである。チベット人といるととても快かったのだそうである。と書いて思い出したのは、どういう事情でかわからないが、沖縄にディキさんというチベット人の若い女性が来て滞在していたことがある。たぶん1990年代の前半のことである。彼女は非常に聡明な人のように思われた。その時、記憶に残ったのが、値段的に釣り合っていなくても、必ず彼女なりにお返しをするということですね。距離を保ちながら絶妙な交流をしていくといった感じで、外交官みたいに思われた。その頃ちょうど私の働いている大学に早稲田大学の教授が集中講義できて、その教授も彼女を気に入って、彼女は早稲田大学で学べるということにあっという間になったらしく、私の妻も舌を巻いていた。私がチベット人びいきになったのはディキさんに会って以来である。

1995年になって渡辺氏は、馬でチベットを旅した。そして、『チベットを馬で行く』(文春文庫、2003年)という本を書いた。こうして旅を続けるうち、最初は全然抑圧されているように見えなかったのが、チベット人の生の声がきけるようになる。実際に子どもたちの教育の内容についてきくと、例えば、週に30時間の授業があるとすると、そのうちの6時間はチベット語の授業がある。

それはわれわれが中学校に入って、授業で英語を習うようなもので、もちろん、チベット語は、チベット人が教えるが、他の教科は、中国語で教えているし、教科書もぜんぶ中国語で書かれている。だから、母語のチベット語がまるで外国語みたいに教えられている。家の中の会話はチベット語で話しているが、読み書きが難しい。今の子どもたちは、学校の授業で一番難しいのがチベット語だと言っていたという。沖縄でも今、ウチナーグチ（沖縄方言）をなくさないようにしようという運動があるが、すでに若い人はほとんど話せない。比較してみてどうであろうか。

渡辺氏は、中国人のチベットへの積極的な移住政策と並んで、チベット人の定住化についても話している。

チベット人たちは、半農半牧か牧畜専業で、農耕をしている時期は、家に暮らしているが、牧畜の期間はテントを張りながら移住している。ところが今、国道のすぐ間近に家を並べて、そこに定住化させるという政策を実施しているそうで、実際、青蔵鉄道に乗っていると、そのような家がたくさん見える。政府は融資や利子なしでの貸し付けをしてくれるそうだが、チベットの人たちは、もともとしなくてもいい借金を背負ってしまうことになってしまう。こういうことは、2000年になってから急激に起こったことだそうである。このような政策は、チベット人を支配しやすくし、管理するため、とも考えられなくはないが、例えば、ブータンでも、定住化政策は進んでいて、それに対して、仏教僧の抵抗がある、という状況が宮本万里『自然保護をめぐる文化の政治―ブータン牧畜民の生活・信仰・環境政策』（風響社、2009年）によって報告されている。

実際に行ってみるまで、チベットというのは山また山みたいなところかと思っていたら、標高は高いが、結構平坦でなだらかなところが多い。これに対して、ブータンは、ヒマラヤの南山麓に面していて、水平な場所がきわめて少ない地形になっている。そういうことから、山岳地域の標高差を利用した、季節とともに移動する移動型森林放牧はもっとも身近な牧畜形態の一つだった。2006年センサスでは、家畜総数は71万2000頭、うち45%が牛で、全世帯の8割近くが牛を所有している。国民二人に1頭の牛がいる。多くは森林で放牧されてきた。放牧地の境界は外部の者からは見定めるのが難しいが、基本的に自然物（峠、樹木、小川、岩など）を目印としてある程度明確に区切られ、名前がつけられているのだそうである。牛やヤクなどの大家畜は雄が耕作用、雌が搾乳用である。牛肉は食用として非常に重宝されている。多くは乾燥させた状態で保存する。しかし、食肉用に飼育していると公言する者は、宗教上の理由からいない。糞尿は堆肥として重要である。ブータンの場合、このような放牧を制限しようとする動きは、ブータンの看板政策である自然保護を推進する結果として発生している。95年に森林法が改正され、森林域が牧草地を含む地域とされた結果、放牧地も政府の管理下に置かれ、放牧地における開墾や森林伐採は厳しく制限されるようになった。2002年の生物多様性アクションプランで、森林放牧は焼畑耕作と同じく「脅威」として位置づけられた。ブータン政府は、移動する牧畜民に対して定着的で集約的な酪農業への移行を促し続けている。農業省畜産局は、村の周辺に自生する草木のみでは飼料として足りないので、牛の頭数削減と牧草地造成を同時並行で行うことが肝要と考えている。

生産性が高く大型のヨーロッパ種（ブラウン・スイス）を導入して在来種との交配を試みている。頭数制限するということは屠殺するということではないか。これはよき仏教徒たることと両立しない。また、ブラウン・スイスはいっこうに在来牛の雌に興味を示さず交配は進んでいないようである。ブラウン・スイスでは移動はできない。

このように、自然保護の推進と伝統的な生活や仏教とが相容れない状況が発生している。敵視されているのは「移動」という生活形態ではなかろうか。

チベットで宗教の自由、言論の自由が制限されている実情については、渡辺氏の話で具体的に述べられている。「フリーチベット」だけでなく、「フリーチャイナ」が必要だということは、まったく同感である。

帰国後の10月1日（土曜日）、NHK海外ネットワークに、楊逸（ヤンイー）さんがゲストで出ていた。字幕がついていなかったので、何を話しているかは確認できなかったが、思っていたよりも若く、まろやかでソフトな印象だった。

彼女については、野村氏の『島国チャイニーズ』の第3章「中国人芥川賞作家の誕生」で知った。2008年の芥川賞受賞作は『時が滲む朝』であるが、デビュー作は『ワンちゃん』で、この作品は文學界新人賞を受賞した。両方とも文春文庫に入っているので、すぐに買って、『ワンちゃん』から読み出して、チベット旅行に両方とも持っていったが、なにしろ忙しい旅で、チベットにいる間は全然読めなかった。帰りの、ラサから西安経由で上海まで飛ぶ間に、『ワンちゃん』を読み終わり、『時が滲む朝』も読み切ってしまった。『時が滲む朝』は、1989年の天安門事件当時に、地方大学生だった男性の主人公たちも民主化のための学生運動をして北京にも行き、そして、事件後、飲み屋で喧嘩して3ヶ月間拘留されて大学は退学処分となる。主人公は、その後、1992年、日本人残留孤児の娘と結婚し、日本へと逃げのびる。日本に住むようになってからも、2008年のオリンピック開催国に中国が選ばれることに反対する運動を続けたりしている。しかし、運動は全然盛り上がらないのである。

この作品の、天安門事件当時の話は、最初読んでいて、文革の頃のことかと錯覚した。私の頭では、天安門事件の起こった1989年は、中国がひっくり返らないで無事に通過できた年として理解されていたのである。私の考えだと、1949年に中華人民共和国が成立してからだいたい10年ごとに、中国では大波乱が起きてきた。1959年は、いわゆる大躍進政策の失敗で大飢饉が起こり、その結果毛沢東は失脚する。それを挽回しようとしたのが60年代後半からの文革であり、そして、77年に鄧小平が復権して、改革開放路線が定着する。78年に彼が日本に来て、工場や新幹線を視察している様子はテレビでみた。そして、この路線が成功して、次の80年代は無事乗り越えたか、と思っていたのである。作者の楊さん自身は、天安門事件の様子を日本のテレビでみて、いてもたってもいられず、わざわざ北京にまで行ったのだそうである。その楊さんの父親は、かつて大学で中国文学を教えていた人であり、母親も小学校の教師であったのが、文革で知識人階級とみなされ、住んでいたハルビンから100キロも北方の寒村に「下放」されたのである。楊さんの母親の実家は大地主で、国民党の有力な支持者であり、母方の祖母は漢族ではなく満族の出身であり、楊さんの祖父と伯父たちは台湾に逃れ、台湾からさらに日本に渡り、横浜の中華街で中華料理屋を経営していたという。天安門事件から20年余り、体制変動がないまま来たわけである。が、いつまでもつかなあ、という危惧は多くの人が持っているのではないだろうか。私の意見では、現状では中国は一つにまとめるにはあまりに多様で広すぎるのである。旅行中、チベットも北京と同じ時間でやっているので、朝の時間になってもまだ真っ暗である。似たようなことは、程度の差はあれ、沖縄でも起こっている。

10月4日(火曜日)の夕方、旅行社から、添乗員の作成した旅日記や集合写真等が届いた。旅日記は、実際に現場で撮った写真入りである。説明を読んで、ヤルツァンポ河畔で停車したのが水葬地を見るためだったことなど初めて知った。チベットでは鳥葬が一般的だといわれるが、体内に病気治療などによって薬が蓄積されているなどの原因で鳥葬で鳥が食べなかった人や不幸な事故や幼少期に亡くなった人が川に水葬されるのだそうである。

添乗員は非常に優秀な女性だった。すぐに気づいたのは、予定外のことが起こっても全然動じないのである。見ているだけでこちらも落ち着いた。

中国というところは、飛行機は常時遅れていると言ってもいいような運行状態で、われわれの場合、上海から西寧に行くときも、ラサから上海に戻るときも西安を経由したが、いずれも相当遅れた。ツアーに参加した年輩のおばさんたちは、比較的すぐに文句を口に出していたが、添乗員の対応は落ち着いたものだった。

鉄道については、現地ガイドの話では、途中の通過時刻は正確でなくても、ラサには正確に着くとのことで、その通りだった。現地ガイドは、西寧から女性ガイドが一人、ラサから男性ガイドがさらに一人ついて二人だった。

添乗員は落ち着いているというだけでなく、体力もあるように見えた。体格が、なんというか、下半身がしっかりしていて安定感がある。この旅行社はトレッキングや秘境が専門のようで、HPで社員を調べてみると、半分は若い女性なのである。すごいなと思う。ツアー参加の若い女性たちも、とにかく元気がよくて、見たところ、高山病にかかった人は全然いないようだった。元気がいいだけでなく、若い女の人たちはすぐに仲良くなって、一団にまとまった。そうなると、ちょっと入っていけない感じで、食事の時なんかも、われわれはだんだん男性や老人メインの食卓になってしまったし、その方が静かでラクだった。

なお、翌2012年5月3日（木曜日）の朝、福島県飯舘村に娘と新幹線で行った。東京駅に行き、並んだらやまびこに座れた。列車は全部遅れていた。ちょうど11時前に福島について、駅レンタカーで最初福島の飯野町に行ったが、役場は閉まっていた。線量計とかも借りれなかった。それでまず川俣町の道の駅に行きそこから川俣・原町線で飯舘村に入った。誰もいないのが非常に印象に残った。それから福島に戻って、駅の本屋で千葉悦子・松野光伸『飯舘村は負けない――土と人の未來のために』（岩波新書、2012年）を買って、新幹線は指定席を買って乗って、この本を読んでいた。劉さん宅に行くことになったので、東京まで行かないで上野で降りて、巣鴨経由で板橋区役所前に行く。劉さんは日本で仕事が見つからず、中国に戻る前に伊豆旅行に行ったところでたまたま会った日本人と結婚することになったのである。新幹線に福島駅で買ったお土産のお菓子を忘れたが、夫の西さんが電話してくれて東京駅の忘れ物預かり所に明日行くことになった。西さん・劉さん夫妻と食べながら話す。劉さんも娘と同じく今日が誕生日。西さんは5月5日。帰りはちょうどバスが来たので池袋駅まで行って、新宿経由で帰る。放射能はたぶん大丈夫だったと思うが、神経戦みたいでくたびれるものだ。

台湾宜蘭の旅　2012年1月

今回の台湾旅行は、友だちの俊武志さんについていったようなものである。俊さんが台湾の宜蘭生まれだというので、宜蘭に行こうと私が誘ったのである。元研究生も誘ったら行くというので、三人で行った。

宜蘭は、先に述べたように、2009年の年末に娘と一緒に台湾旅行をしたとき、台東から台北まで列車で通り過ぎる際に、その水田風景が目に焼きついて残って、いずれ行ってみたいと思っていた。水田といっても冬の間は田んぼに水を張って休ませている。日本と違って、水を抜かない。だから、湖の上に家がポツンポツンと建っているみたいな感じの景観になる。水は山の水だそうである。それが田んぼにまんべんなく行き渡るように、水利組合が管理しているようである。

出発した1月13日（金曜日）の翌14日（土曜日）が台湾総統と立法院（国会）の選挙の日だった。総統選挙は現職の国民党の馬英九氏と最大野党・民進党の蔡英文氏が伯仲していて、日本でも注目されていた。蔡氏は女性である。争点は中国との関係をどうするかだった。馬氏は一期目のこの4年間に中国との経済関係を強化した。そして、２０１１年10月に、中台の敵対状態を終わらせるべく平和協定を結ぶことを検討すると表明した。しかし、世論は統一でも独立でもない現状維持を望んでいて、反発を受けた。

われわれは、13日の昼過ぎに沖縄から台北に着いて、まず、台北駅前のＹＭＣＡで15日（日曜日）の部屋を予約した。それから俊さんが黄さんという知り合いの女性に電話をしたら、30分ぐらいで台北駅にやって来て、駅の上にあるレストラン街でちょっと話した。黄さんの夫は大阪で靴屋をやっているとかだった。

黄さんに見送られてバスに乗り、宜蘭に向かった。台北からちょっと行くと長いトンネルに入り、ずーっとトンネルばかりと言っていいような状態だった。トンネルを抜けると懐かしの水田風景が出てきた。

1時間半ぐらいで着いた。鉄道だと海岸部をぐるっと回って行くので時間がかかるが、2006年にトンネルが全線開通してからはものすごく近くなった。着いたところはあとで考えると、宜蘭県の羅東という町である。宜蘭県は台湾北東部に位置しているが、1市3鎮8郷から成っている。鎮というのは田舎町のことである。郷というのは日本で言えば郡部だろう。で、バスが着いたのは宜蘭県羅東鎮だろうと思われる。羅東鎮は宜蘭市の南方になる。

着いたところはターミナルの感じではなく町中だったが、その前にあるコンビニに入ったところでお迎えのおばさんがやってきた。李さん。李さんの車に乗って、ちょっと行くと町をはずれ、水田の中を進むような感じになった。結構距離があった。途中、何軒か民宿の看板をみた。やがて着いたのは李さんの経営する民宿・伊彩園だった。場所は宜蘭県冬山郷富農路。私は2階の部屋に元研究生と一緒になり、俊さんは3階の部屋におさまった。

ちょっと休んでから、四人で車で出て、食堂に行った。最初に魚を選んでから刺身や汁にしてもらって食べるようになっている。台湾ビールを久しぶりに飲んだ。あっさりして飲みやすい。野菜炒めや果物も出て、四人でお腹いっぱい食べて2000元だった。1元がだいたい3円ほどである。

民宿に戻って、翌日の予定を相談したりした。われわれは観光農園を見学したかったのだが、あらかじめ許可が必要だそうで、今回はあきらめざるを得なかった。

その後は部屋でテレビをみた。台湾の番組は全部選挙一色で、みていたら、李登輝が民進党の蔡氏の応援演説をしているところが映った。李登輝はかつて国民党に属して、1996年〜2000年に総統をやった人なので、ビックリしてしまった。

沖縄に戻ってから朝日新聞を読んだら、2012年現在李登輝は民進党と協力関係にある台湾団結連盟（台連）の指導者となっているそうで、台連は台湾独立を唱えて2001年に結成された。李登輝は昨年11月にがんの手術で入院し、その後も自宅療養中であったところ、このように蔡氏の応援演説のために姿を見せ、「台湾の未来はあなたがたのものだ」と語ったのである。熱気が伝わった。これは大きいのではないかと私は思い、蔡氏が勝つのではないかと思った。


翌14日の投票日は晴れていた。起きたら李さんは投票に出かけたようでいなくて、われわれはまず民宿の周辺を散歩した。やっぱり、水につかった水田の景観はすごく独特で、こういう風景があれば観光客もやってくるだろうなと思われた。

歩いていったら民宿のすぐ近くに珍珠社区産業体験館という施設があり、開館の準備をしているところだったが、われわれが入っていくと女性がちゃんと案内してくれた。ここでは、主に稲ワラを使ってさまざまな工芸品を作っていた。また、仮面なども飾られていて、自分で作品を作れるようになっていた。日本でもよく見られる感じのものである。案内してくれた女性は民宿の李さんと親戚だそうだった。

民宿に戻って、朝食の後、李さんの車で李さんも一緒に、まず蘭陽博物館に行くことになった。われわれのほかに泊まり客はいなかったし、黄さんあたりが案内を頼んでくれたのであろう。しかし、昨夜の運転をみても、李さんはどう見ても上手とは言えず、俊さんの提案で私が運転することになった。李さんも喜んでくれた。台湾では国際免許証は使えず、中国語翻訳文を免許証原本とともに携帯するという形で運転することができる。この翻訳文を2008年にJAFの沖縄支部で作成してあった。私はその頃から、できれば台湾に住みたいと思うようになっていたので、準備の一環として作成した。今回レンタカーを借りる可能性もあるだろうと思い、この翻訳文をもってきてあり、まだ有効期限内だった。助手席に李さんが座って道を指示してくれたので、運転は簡単だった。ただ、李さんの車はブレーキがよくきかなかったので、車間距離を多めに取った。

蘭陽博物館は宜蘭県の頭城鎮にあり、宜蘭県の北の海岸沿いになる。だから、民宿からは結構距離があって、高速に乗ってから30分ぐらいは走った。最高速度は、一般の道が60キロ、ちょっと大きい道になると70キロが多い。高速道路は90キロだった。私は、日本でもかなりスピードを出す方で、台湾でもしばしば最高速度をオーバーしたが、そのたびに李さんは手真似で、最高速度を超えないようにと注意してきた。たぶん、取締りがあるのだろうと思われる。どの車もだいたい制限速度内で走っていた。しかし、ちょっともたもたしているとすぐに追い越されてしまう。みんなせっかちのようである。また、バイクが多いので注意が必要である。

蘭陽博物館に着いて、中に入ろうとしたところで、俊さんは転倒してしまったようで、李さんと博物館の係員に抱えられるようにして後から入ってきた。そして、気分が悪いという。この博物館の形が非常にかわっていて、普通の建物を斜めに倒してその上の角を切り取ったような形なのである。俊さんはそれでバランス感覚が崩れて倒れてしまったのだというのである。実際、水平感覚が狂ってしまうということもありそうな感じだった。

博物館でもらった説明書には、「大地と共生する建築」とあり、この付近の海岸一帯にみられる「ケスタ」と呼ばれる波状の地形をモチーフに、巨大な石の組み合わさった建築物を設計し、大地との融合を実現しているのだという。

長いエスカレーターで最上階の4階まで行って、そこから下におりていく。テーマは順に、「序章」、「山のフロア」、「平野のフロア」、「海のフロア」、そして「時のトンネル」である。

序章では、雨のライトで、細かな雨が綿々と降る宜蘭を表している。やっぱり水がメインの場所なんですね。そして、山、平野、海とそろっているので、多様な生態系を内包している。実際、展示の最初の方に生物多様性の説明がある。

興味を持っていた宜蘭県礁渓郷二龍村のハーリーは200年あまりの歴史があるそうだ。

時のトンネルというのは、歴史の流れを示している。その中のかなりの部分が日本統治時代である。日本人が宜蘭に入植したのは1895年だったことがわかる。第二次大戦末期の1945年4月20日に宜蘭でも空爆（Air Raid）があった。このあと米軍は沖縄に向かったわけですね。

かなり時間をかけてみてから、1階の軽食コーナーでミスターブラウンのコーヒーを飲んだ。Lサイズを注文したら仰天するようなバカでかいコップだった。

それから、普通の道を走って、南の方向に戻っていった。途中で、麺を食べた。

その後、民宿からそんなに離れていない国立伝統芸術センターに行った。このセンターは日本の明治村を模倣し、各地の伝統的な建物を移築したものである。だいたい見終わってから、俊さんがボートに乗ろうというので、モーターボートに乗った。このセンターは冬山河沿いにあって、大きな橋が架かっているところまで行って、また戻ってきた。堤の上はサイクリング用の道路になっている。

暗くなり始めてから羅東に向かった。町の中に入る手前の所で左折しようとしていたらそのまま赤信号になってしまった。赤信号になったところでそのまま押し切って左折してしまえば問題なかったのだが、左手の方からすぐ車がやってきたので、少しバックした。しかし後の方をバイクが抜けていくので危ない。エイッと思い切って前進して左折してしまったら、うまく横切れた。この日走った道ではたいてい、直進の後左折信号が出たのだが、このように、左折信号が出ないところがあり、しかも、時差式にはなっていないので、結局、赤信号になったところで一気に左折する以外ないのである。慣れればなんともないのかもしれないが、すでに暗くなっていて周囲がよく見えなかったこともあって、冷や汗が出た。

この後、羅東の食堂に行って、前夜のように、魚や野菜炒め等を食べた。テレビでは開票状況の速報が始まっていて、馬氏がかなり勝っていた。民宿に戻ってからも速報を見続けていたが、馬氏と蔡氏との順番が変わることはなく、そのまま馬氏の当選が確実になった。各地の得票数をみると、蔡氏が勝ったのは高雄など南部の一部地域のほかは、なんとこの宜蘭だけなのである。Wikipedia の宜蘭県についての解説に次のような部分があり、納得した。

「中華民国政府による開発が遅れたため反国民党感情が強く、台湾語が根強く使われている。また、かつての党外の中心人物、現在の民主進歩党の幹部になる人材を多く輩出している。」

また、沖縄に戻ってから読んだ朝日新聞2012年1月16日付朝刊の記事によれば、立法院選挙では小政党も議席を獲得した。立法院の議席構成は、国民党64、民進党40、のほか、親民党と台連がそれぞれ3議席獲得した。親民党は、2000年に国民党から分裂してつくられ、反独立の立場である。台連は2008年の選挙で議席を失ったが、今回回復できたのは、先に述べたように李登輝が応援演説して支持者の気持ちをつかんだからだといわれる。総統選挙では蔡氏に投票しても立法院の比例代表では台連に投票する有権者が増え、民進党はその分、割を食った。同日の朝日新聞は、これと並んで、中国でネット市民が総統選に夢中になったことも報じている。興味は結果よりも選挙の熱気そのものに向かい、統一か独立かといった原則論は影が薄かったという。日本でもこういう燃え上がるような選挙が出来るかどうか疑わしい。投票したい人がいないというのが現状ですからね。

民宿のおばさんも蔡氏に投票したそうだが、見たところ冷静のようだった。食堂での雰囲気も選挙でどうこうということはなかった。それより、週末のためもあってか、家族連れがたくさん来てにぎやかに食べていることにビックリした。

総統選挙結果が決まってからは、李さんの鼓弓の演奏を聴いた。弦は、本来は馬のしっぽだそうだ。李さんは、先生を呼ぶと言って、実際ちょっとしたら李さんに教えている先生がやってきてしばらく演奏してくれた。それをビデオに録画した。

俊さんから、車で案内してもらった代金を別に払いたいという話があり、了解した。レンタカーではちょっと道がわからなかっただろうと思う。ただ、われわれだけなら、博物館のような所に行ったかどうか疑わしい。それよりは内陸の方の山の方に入っていってみたかった。しかし、まあ、それはまた、ということでいいのではないか。とにかくちゃんと自分で車を運転できるメドが立ったのは大きかった。

15日も、起きてからまず散歩した。朝食後出発して、お茶やお菓子などのお土産類を買ってから宜蘭市内に入り、あちこちまわった。俊さんは昔のことを思い出して懐かしそうだった。宜蘭大学にも行ったのだが、日曜日で人がいなかった。

昼になって、はるさめみたいな麺を食べ、それから宜蘭市のバスターミナルに行く。ほぼ5分単位ぐらいに台北行きのバスが出ていた。羅東ではなく宜蘭市からだと1時間足らずで台北に着いた。値段も片道120元ぐらいなので、台北は完全に日帰り圏に入ってしまっている。宜蘭で配布されていた立法院選挙の国民党サイドの宣伝用冊子には、道路だけでなく、鉄道の新線敷設計画も政策として挙げられていた。

台北に着いてからYMCAに荷物を置いて、地下鉄で俊さんの知り合いの陳さん宅を訪ねていった。台北のど真ん中のマンションである。

陳さんは以前俊さんのお父さんと一緒に働いていた人で、現在94歳だという。海運の仕事だったそうである。やがて奥さんも、四つ車のついた歩行補助器を使いながら出てきた。88歳だという。足が衰えてめったに外には出ないそうだが、頭はしっかりしていて快活だった。夕方5時までは介護のヘルパーさんが来ていて、われわれに何度もお茶をつぎ直してくれた。二人のために食事も彼女が作っているそうである。精進揚げばかりでおいしくない、と陳さんは苦笑していた。

陳さんは日本ファンで、われわれが着いたときはNHKで大相撲をみていたし、その後歌謡番組を収録したビデオに長々とつきあわされた。本棚には、平野久美子『トオサンの桜―散りゆく台湾の中の日本』(小学館、2007年)という本も置いてあった。

老人二人だけで生活しているのかと思ったら、ヘルパーさんが帰るちょっと前に二男さんが帰宅した。陳さん夫妻は成功した老後を送っているといえるだろう。このマンションはいいなと思ったので値段をきいたら、買ったときより10倍に値上がりして、現在は5000万ですよ、と。円なのか台湾元なのかハッキリしないが、ちょっと手が出せるような値段ではない。それに考えてみると、私が台湾に住むにしても、借りた方が動きやすくていいだろう。俊さんが、私は何回も台湾に来ていて、台北に住みたがっていると紹介してくれたので、陳さんから、知り合いはいますか、ときかれた。考えてみたらほとんどいない。いればいいなとは思っているが、台湾に住むというイメージが隠遁生活なので、そもそも知り合いがいないという前提で考えていた。ちょうど沖縄に住み始めたときと似たような状況である。

やがて、長男さん夫婦が来て、2台の車に分乗して、地下鉄の市政府駅そばの三越に行って、そこで上海料理をごちそうになった。長男さんは台湾でトップの証券会社勤務だそうだ。国立のいい大学を出たそうで、奥さんは大学時代の学友だそうだ。二男さんはというと銀行マンだそうである。陳さんはとにかく息子が自慢でたまらないようである。

長男さんが土地経済学を学んだらしいので、「平均地権」と書いて、知っているかきいてみた。漢字で書いたから、一般的な意味としてはわかったようだが、どうだろうか。ちょっと古い本だが、川瀬光義『台湾の土地政策—平均地権の研究』(青木書店、1992年)という本を私は持っている。平均地権とは、土地投機をなくし、土地の合理的な利用を促進することを目的として、土地を活用することが必要な人に土地を取得して利用する機会を保証する政策で、簡単に言うと、公共施設などの整備により周辺地域の利便性が高まった結果土地価格が上昇した分(いわゆる開発利益)は公共のために還元させて、土地所有者個人の利得として保持させない政策である。孫文は、ヨーロッパ滞在の経験などから、中国の近代化を進めるうえで土地改革の必要性を痛感し平均地権思想を発展させていった。孫文は、民族主義・民権主義・民生主義という三本柱からなる三民主義を唱えたが、その中で、民生主義というのは、経済的な不平等を改善し国家主導で近代化と社会福祉を充実させることであり、平均地権と重要産業の国有化とが主要な政策であると考えられていた。この民生主義は社会主義、共産主義でもあるように見えるが、孫文は土地の私有は否定しなかった。孫文の考えでは、国づくりにおいてまず地方自治が優先されており、県を自治単位とした地方自治確立に必要な事項の一つとされたのが平均地権であった。まず私有地の地価を定め、地方政府はその地価に基づいて徴税し、随時地価に基づいて買収でき、政治による改良や社会進歩によって地価が上昇した場合その利益は全県民の共有となるとしたのである。

現実に平均地権政策が実施されたのは第二次大戦後の都市化が進む台湾においてであった。台湾は、当初は農地改革が成功し、農業生産力と農村工業とが発展したことから、発展途上国の中では比較的都市化の進展が抑制されてきたといわれるが、次第に台北を中心とした北部地域への集中が進んできた。これに伴い農業用地の遊休化も進み、日本と同様、都市計画の用途区分の空洞化が発生している。台北市での住宅価格も大幅に上昇した結果、勤労者の住宅取得は著しく困難となった。

このように、平均地権政策は都市化との格闘の歴史であった。しかし、必ずしも孫文が考えたとおりの内容ではなかったものの、一貫して平均地権の考えに沿った政策が実施されてきた。このような政策実施の人材を養成するために大学に地政学部、地政研究所(大学院)が設けられ、土地についての総合的な教育を受けた人材の養成が図られている。地政学部は国立政治大学と中興大学とに設けられているが、陳さんの長男さんもこの政治大学を出たとのことである。

私は元研究生と少し台北の町を歩いてみたくて、一応食べ終わったところで二人で先に辞去した。市政府駅まではすぐだったのだが、エスカレーターで降りるところで元研究生とはぐれてしまい、それで30分ぐらい食ってしまったし、雨も降っていたので、台北駅の地下街を歩くだけにした。YMCAは自分のパソコンを使えるようになっていないので、無線LANのある喫茶店を探したのだが適当な店がなく、あきらめて早く寝た。

翌16日（月曜日）朝の便で沖縄に戻った。

その後上京したときに買った本に台湾関係のことが書かれているものがあった。

小川仁志『日本を再生！ご近所の公共哲学』（技術評論社、2011年）という本で、「第1章　公共哲学の時代―公と私は対立するものなのか？」に、著者が公共哲学というものに目覚めたのは勤務していた伊藤忠派遣の留学生として1990年代中頃に台湾に滞在した時の経験によるというのである。台湾では当時、それまで国民党に虐げられていた野党民進党の陳水扁が台北市長に当選しそうだということで、国を二分した運動が展開されていた。そして、1994年、陳水扁は当選した。バブル時代に青春を過ごしてそれまで自分のことしか考えていなかった小川氏は、必死になってやっている台湾の選挙戦を目の当たりにして、「社会のために生きる」という目的を見つけたのだという。

新宿のジュンク堂に『トオサンの桜』があったのでこれも買って読んだ。

トオサンというのは日本語の「父さん」の発音に漢字の「多桑」を当てはめた台湾語だそうだ。この題の映画が1994年に制作されたそうで、英語のタイトルは「A Borrowed Life」(かりそめの人生)というのだそうである。

映画の主人公のトオサンは炭鉱労働者だが、戦後国民党政権の教育を受けた息子には日本びいきのトオサンは「漢奸」(売国奴)にしか見えない。孫は北京語しか話せない。そんなトオサンのたった一つの望みは、いつの日か心の母国日本へ行き、富士山と皇居を拝むことだったのだが、肺病が悪化して入院せざるを得なくなり、長患いで家族に迷惑をかけまいと、トオサンはある日病室から飛び降りる。

サクラはアジアの至る所で花を咲かせるが、江戸時代の国学者はサクラを日本固有の花と考えるようになって、時代が下がると大和魂のシンボルとなり、日本の国花として、武士道の象徴として、海外にも知られるようになった。台湾ではカンヒザクラ(寒緋桜。タイワンヤマザクラ)が自生し、旧正月のころ、紅い花が満開になる。それと前後して、深い山間には、日本のヒガンザクラ(彼岸桜)に似たムシャザクラ(霧社桜)が自生し白い花を咲かせる。台湾を植民地化した日本は、官民一体となって盛んにサクラを植樹した。大正末期には阿里山へのお花見ツアーが人気を博していたという。

日本の敗戦後、台湾でも朝鮮半島でもサクラは次々に切り倒された。そして、中華民国の国花とされるウメの植樹が優先された。しかし、トオサンたちはサクラを忘れなかった、ということで、この本は、埔里から霧社までの埔霧公路を桜並木にしたトオサン（王海清さん）の話から始まり、終わっている。日本が台湾の人々に与えた基礎教育の底力、影響力をまざまざと見せつけられるのだが、しかしそれは、台湾の人々が日本統治時代を全面的に肯定しているということではない。日本にかわって1945年10月に台湾を接収した蒋介石の国民党政権のやり方があまりにも無法、非道であったため、戦前の日本統治が「まだ、まし」に見えただけだ、ということである。実際、私なども、1980年代前半までは、台湾に対しては何をされるかわからない怖いイメージを持っていた。大変な反共政権が恐怖政治を行っていると思っていたのである。そして、この本には、その「大変な時代」を生きてきたトオサンたちの具体的な証言が載せられている。緑島監獄のことはこの本で初めて知った。トオサンたちの懐メロみたいな話の本だと思っていたので、非常に意外だった。

1984～1985年頃から各国の人権団体が台湾の状況に目を向けるようになり、台湾国内でも民主化要求が盛んになっていった結果、最後の思想犯が出所したのは1990年になってからである。しかし、犠牲者1万人以上といわれる白色テロはいまだに解明されていない。

そして、省籍を乗り越えて、台湾人と中国人が融合していく中でもなお両者の間には根本的な違いがある、という意識が、2000年以降の台湾政治の底流に流れている。

トオサン世代は、なにしろ日本語が通じるので、私にとってはありがたい存在である。しかし、これらの人々は今や絶滅して行きつつあるだけでなく、台湾近・現代史を経験してきた人たちだから、さまざまな思いが詰まった見えにくい人たちでもある。

2012年3月に中米を旅したときのことは『旅の反復』第5章に書いた。

神戸、宝塚、甲西、伊賀　2012年7月

2012年7月21日（土曜日）に知念功さんと一緒に神戸に着いて、東京からきた娘と合流し、三宮の移民資料館を見てから宝塚市の高松町というところに住んでいる沖縄出身者たちの集まりに顔を出し、翌日は滋賀県の甲西（こうせい）というところで沖縄出身者に会い、一緒に観光農園のようなところに行ったが、ここには私の姉と姉の長男も来た。そして、夜は大阪に泊まった。この旅行は、娘が関西の沖縄県人の活動を見にいくときいたので、気分転換に私も行ってみることにしたのだが、娘が全部セットしたので、具体的なことはあらかじめわからなかった。出発前から娘は大阪の大正区で関西沖縄文庫を主宰している金城馨さんとずっと接触があり、金城さんは出発のちょっと前に沖縄にも来ていた。

6月10日に娘が友だちの結婚式に出るために沖縄に来たが、23日の慰霊の日まではいたいということで、24日までいた。その間の13日朝、金城さんが関西空港から沖縄に来ることになっていた。

なんでも、金城さんのおじいさんだかひいおじいさんだかが１９０８年に移民でブラジルに行って、５年で沖縄に戻ってきてからレンガの家を建てたのだそうである。それを移民資料館みたいな形で保存したいということで、所有者のおばさんと交渉するために来るのだという。

金城さんが沖縄に来る前々日にそのレンガの家（レンガヤーと言っていた）を見にいこうということになって、娘と見にいった。場所は南部の旧玉城村（現南城市）垣花である。俊さん宅が途中になるので、途中で誘って一緒に行った。垣花城趾のそばだということだった。私は、このあたりは以前も行ったことがあった。行ってみると、垣花城趾の手前にたまたま忌中の家があり「金城」と表札が出ていた。しかし、きいてみるとそこではなかった。垣花城趾のちょっと先に「風樹」という、俊さんの友だちがやっている喫茶店があり、そこで食べながら娘が金城さんに電話してレンガヤーの場所をきいた。食べたあと行ってみるとすぐそばで、レンガヤーというのはそんなに大きくない建物で、廃屋みたいになっていて、なにやら工事中のようだった。

13日の朝9時半に娘と空港で金城馨さんを迎えた。途中で野里寿子さんを乗せて、一緒にレンガヤーに行った。写真家のNさん夫妻が先に来ていた。レンガヤーを見たあと、金城さん、野里さん、娘と四人で、百名のカフェで食べながら話した。金城さんは前日も、関西の学校で差別についての話をしたということで、彼が中心になってつくった、演劇「人類館」上演を実現させたい会編著『人類館　封印された扉』（アットワークス、２００５年）という本を持っていた。Wikipediaによれば人類館事件とは、１９０３年に大阪天王寺で開かれた第五回内国勧業博覧会の「学術人類館」

において、アイヌ・台湾高砂族（生蕃）・沖縄県・朝鮮（大韓帝国）など合計32名の人々が、民族衣装姿で一定の区域内に住みながら日常生活を見せる展示を行ったところ、沖縄県と清国が自分たちの展示に抗議し、問題となった事件である。その後、百名入口のバス停で金城さんを降ろした。われわれも金城さんの親戚に一緒に会うことになるのかと思っていたら、彼は一人で行くという。

それで、私は、娘と野里さんと三人で、近くに住んでいる三住泰之さん宅に行った。三住さんは、もとは千葉県の高校で社会科の先生をしていた人だが、沖縄に来て、一人で住んでいる。以前は那覇市内に住みながら農業をやっていて、本島中部で畑を借りて耕していた。ダイビングが趣味で、しばしばパラオに行っていたし、私がダバオで下宿を借りていた時にもやってきた（『50代　旅の複層』46頁以下参照）。彼はちょっと前に土地を買い、家を新築して、悠々自適の生活と見えた。家の庭の畑も相当広く、野菜等は十分自給できるだろうと思われた。ところが、その後血液のがんになってしまって、運動ができなくなってしまった。今のところ車の運転はできるし、座って話す分には何時間でも大丈夫である。話をきいているだけだと病人だということを忘れてしまうほどである。

午後2時頃になって、三住さんも一緒に、近くの「きづくり」の工房に行った。娘が金城さんから行ってみたらと言われたのだそうだ。店の主は、沖縄に生育している木でいろいろなものをつくっているようだったが、木についてウンチクのある人で、たくさん話してくれた。ダバオのこともよく知っていた。この人もこれから金城さんに会うことになっているそうだった。

夕方、南風原のジャスコにあるピザ屋に行ったら、そこに金城さん、先ほどのNさん夫妻ときづくりの人のほか、建築家、言語学者、図書館関係者等々10名ぐらいが集まった。みんなレンガヤーのことに興味を持っているのだそうである。

皆さんが順に意見を述べるのを、娘がノートテイクしてくれたので、私はそれを見ていた。私が見る限りではレンガヤー自体はみすぼらしいもので、わざわざ保存する値打ちがあるのかと思われたのだが、建築家の方などは、沖縄ではレンガの建物は珍しく、資料館として保存する値打ちはあるというし、とにかく、ここは沖縄戦の時の激戦地だったのに壊されずに今までもってきたので、100年の歴史があるというわけである。私も意見を述べるようにと言われたので、レンガヤーの周辺には城趾もあるし、湧き水もある、しゃれたレストランなどもある、だから、資料館として活用できるならば面白い展開は可能だろうが、現在は金城さんのおばさんが個人で所有しているレンガヤーをどういう形で運営するのかを十分考えないといけないと言った。このあと、金城さんを那覇市内に住んでいる親戚宅近くまで送っていった。

翌日は、私は大学の授業が夕方まであったが、帰ってみたら娘からメールで、近くの店で、金城さんと一緒にいるから来ないかというので行ってみると、金城さんは新聞社の編集局の女性と話していた。なんでも前日おばさんと話したけれども、うまくいかなかったというのである。それで、レンガヤーの値打ちについて新聞に載せてもらえば、おばさんも説得されて同意するかもしれないというのであるが、所有者のおばさんが同意していない段階で新聞にあれこれ書けないでしょう。

しかし、私としては、法的には私的なことがらをこういうふうに社会化していくような進め方には興味を感じた。でも、とにかくおばさんとの話がまとまらないことにはどうしようもあるまい。

こういうことがあったあと、7月21日(土曜日)朝の便で、知念さんと沖縄から神戸に飛んで、東京から来ている娘と三宮で会って、駅構内の喫茶店で食べながら相談した結果、まずホテルをとることにした。この日行く予定の家に泊めてもらえるという話で、一緒に飲もうということで、お土産にこの前金武で買った泡盛を持ってきたのだが、翌日は滋賀県に行かなければならず、朝が早い。娘は20日から神戸にいて、娘が泊まったホテルの隣にスーパーホテルという那覇にもあるチェーンのホテルがあるというので電話したら予約が取れた。そこに荷物を預かってもらってから、三宮駅からシティ・ループという観光バスを使って移民資料館に行った。バス停から資料館に行くまで道を間違えてかなり歩いた。暑かったし、どこもかも坂である。しかし、道幅は狭く、至るところにお店があり、歩きやすい町である。

資料館は、現在、「海外移住と文化の交流センター」という施設名になっている。もとは1928年にできた国立移民収容所で、南米、特にブラジル移住者の拠点であった。拘禁施設みたいな名前ですね。それで移住教養所と改名されたのだそうである。この施設は戦時中は閉鎖されていたが、1952年に業務が再開された。戦後の南米移住は1950年代後半から1960年代初頭にかけて最盛期を迎え、1971年に閉鎖された。

入って最初の展示室にいた年配のおじさんが親切にいろいろ説明してくれた。三井敏明氏で、肩書きは「おいでませ山口」観光親善大使となっている。やがて熊本県の菊池市出身だというおじさんがやって来て、このおじさんがまた多弁で、ブラジルをぐるっと見てきたのだと言っていろんな話をして、ベレンの近くのトメアスとか、私が行ったことのある場所の話が多かった。とにかく口がとまらない感じだった。

ここの展示で、有名な弓場農場の創設者である弓場勇氏が兵庫県西宮市出身であることを初めて知った。

それから、クリチーバ市が姫路市と交流していることは以前から知っていたが、兵庫県自体がクリチーバのあるパラナ州と交流関係にあり、ロンドリナ市と西宮市、マリンガ市と加古川市、パラナグア市と淡路市とが姉妹都市関係にあることなども知った。

3階には関西在住のブラジル人たちの活動事務所があった。多文化共生というキャッチフレーズで活動しているらしいが、気取った感じがなかった。横浜にも似たような資料館があるが、感じが違うと娘が言っていた。

資料館のあと、のどが渇いたので、近くの店でかき氷を食べた。

シティ・ループという観光周遊バスの乗り放題の1日パス(650円)を買ったので、元を取ろうと港の方に向かったが、雨になってしまったので、娘の提案で、三宮のそばの市庁舎24階の展望台に行った。これだけでもうくたくただった。とにかく蒸し暑い。

その後、三宮から阪急線で、西宮北口駅で乗り換えて四つめの小林駅に行く。この駅は「こばやし」ではなく「おばやし」と読むのである。駅までKさんの娘さんが車で迎えに来てくれて、Kさん宅に行った。Kさん宅横が空き地になっているが、そこにビニールを敷き、そして舞台もつくってあった。霧雨が降っていて、後方にはテント内に机といすが置いてあり、10名あまりのおばあさんたちが座っていた。ここで、これから沖縄の歌と三線、踊り、エイサー、そして沖縄芝居のDVDを上映するというのである。それにしても、周囲は皆住宅で、こんなところで大きな音を出していいのだろうかと思い、苦情は出ないのかと娘にきいたら、周りは皆了解しているんだろう、と。娘はインターネットでダウンロードしたという論文レジュメを持っていた。國吉美也子（神戸大学大学院博士課程）「来阪沖縄県人の被差別感を左右する時代変化と沖縄県人コミュニティのあり方」である。Kさん宅は宝塚市高松町にあるのだが、論文レジュメに、高松町は500世帯1450人のうち8割以上が沖縄出身者だと書いてある。宝塚というと、歌劇団と温泉のイメージしかなくて、そんなところに沖縄出身者がまとまって住んでいるところがあるとは予想もしていなかった。知念さんと一緒にKさん宅の周辺を歩いてみたら、たしかに沖縄の名前が非常に多い。沖縄の名前の市議会議員のポスターもあった。

論文レジュメによると、ここに沖縄県人コミュニティが発生したのは1930年代のようである。そして、当初は沖縄出身者に対する就職差別があり、沖縄出身者は下級肉体労働に従事していた。戦争をはさんで高度成長期に入る1960年代頃までは、出自による差別意識があった。そのため当時のコミュニティ成員は対抗心とか劣等感とかの複雑な感情を抱くとともに、成員間の結束を強めていった。差別されればされるほどコミュニティの独自性を高め、ネットワークを拡大していったのだろう。その後、戦中の軍需産業の増大や、戦後の高度成長に伴い職業選択も自由になっていき、経済的格差も縮小し、出自による差別意識もなくなっていった。1972年に沖縄は本土復帰し、そして、その後沖縄ブームも起こったのである。

ここに集まったおばあさん、それから人数は少なかったがおじいさんたちは、差別を経験してきた世代なのである。車いすの人もいたし、杖をついた人も多かった。その中で一段とはなやかな雰囲気のおばあさんがいて、このおばあさんは元WBA世界ライトフライ級チャンピオン渡嘉敷勝男のお母さんだった。

歌が始まる頃にやってきて、まだ誰も座っていないビニールの上に遠慮なく座ってビールを飲み始めた中年の三人がいて、やがて、知念さんが火炎瓶事件の犯人だとわかると、そのうちの一人が知念さんを呼び寄せ、意気投合して握手したり抱き合ったりしていたのだが、この人はなんと琉球王朝の嫡子の子孫なのであった。10年ぐらい前まで沖縄にいたのが、なぜだか知らないが関西に出てきて住んでいるらしいのである。沖縄は本当にこれでいいのか、沖縄らしさを失っているのではないか、みたいな話をしていたので、そういう懐疑の結果関西に出てくることとなったのであろうかと推測された。プライドのある人のようで、見ていて風格を感じた。一緒にいた女性は奥さんで、きいたら神戸出身だそうである。沖縄出身者たちの中でもゆったり楽しんでいる様子だった。

残る一人は40年も前にペルーから引きあげてきたという人で、やたらに口の動く人だった。

歌や三線、踊り、エイサーといろいろあってから、沖縄芝居のＤＶＤが上演された。二つやったが、いずれもお墓が出てくるのが印象に残った。

翌22日（日曜日）は朝８時前にホテルを出て、三宮から新快速で草津に9時半頃着いて、駅でレンタカーを借りた。新快速の中から娘が電話で予約した。１３００ccクラスはないようで、しし１０００ccでは足りないかなと思って１５００cc以上ということにしたら、マツダの２０００cc以上の車だった。いい車だったのだが、ギアのＤの横にＭ±というところがあり、何も知らずにそこに入れて走ったら、アクセルを踏んでも重く感じた。アクセルを踏まないとすぐに減速する。あとで姉の長男からきいたら、Ｍというのはマニュアルという意味なのだそうである。オートマなのにマニュアルという意味がよくわからないのだが、帰りに姉の長男が普通にＤで走ったら軽快に走れたのである。エンジンキーもなくて、ブレーキを踏んでスタートボタンを押す方式で、これも初めてだった。

草津から甲西までは20分ぐらいで着いた。草津から栗東（りっとう）市に入り、その隣の湖南市に甲西はある。いずれも中国みたいで、珍しい名前だなと思った。甲西駅に入るところの交差点名が「針」という名前でこれも変わっている。

甲西駅前に沖縄館という沖縄の物品を販売する店があり、高間エツ子さんが経営していて、滋賀県の沖縄県人会事務局も兼ねている。私は、高間さん夫妻には、金城馨さんたちがやっている釜が崎での新年の沖縄そば炊き出しの手伝いに行った時にすでに会ったことがあった。

姉と姉の長男が着くまで、高間さん夫妻と1時間ほど話した。持っていったお土産と同じようなものがお店でも並べられているので、ダブらないものをと、那覇の市場で買って持ってきた餅をあげた。途中、海ブドウを買いに来たお店の人がいた。刺身などに添えて使われるらしい。高間さんは知念さんがどういう人か知らないようなので教えてあげると、エッとびっくりして知念さんの手を握りしめた。

姉と姉の長男が着いてから、娘は高間さんの軽車両に二人で乗り、姉と姉の長男と知念さんは私が運転するレンタカーに乗ってすぐに出発した。

高間さんのあとをついていくと30～40分で三重県伊賀市に入り、モクモクファームというところに着いた。第1駐車場は満車だということで第2駐車場に行ったら、原っぱで、本当にバカでかい駐車場だった。そこも満員になるということがあるというので、こんな田舎のど真ん中にどうしてそんなに人が集まるのかと不思議な気持ちがした。第2駐車場からは連絡バスでファームに行った。

着いてからまず食事ということになり、園中より入り口前で食べた方が安いというので、そこで食べようとしたら順番待ちになってだいぶ待った。私はトンカツ定食を食べたのだが、おいしかった。これだけの人が来て食べていくので、相当大きな牧場があるのだろう。ご飯は豆ご飯で、おつゆとともにおかわり自由だった。着いてからもしばらくは、モクモクファームってどこかできいたような名前だなと思って考えていた。今春大学院の修士課程を修了した人の論文審査を私は2件担当したのだが、いずれもこのモクモクファームに行った経験を書いていたことを思いだした。そう気がついてみたら、俄然興味がわいた。論文審査の際にもらった論文の一つ、山城尚子「地域再生と食育の役割」を参照してみると、モクモクファームは6次産業化の優等生として挙げられている。

1983年頃、日本の農業は規模拡大路線のまっただ中にあり、伊賀の里でも養豚事業拡大が模索されていた。しかし、量産化には広大な用地取得や機械化も必要となり、それらへの投資が大きな負担となるし、大量生産による商品は、ブラジルやメキシコなどの海外からの輸入品との価格競争に巻きこまれる。そういうことで拡大路線に見切りをつけ、付加価値の高い商品作りを考えた結果、伊賀豚が誕生したのである。

そして、1987年伊賀の養豚農家を中心に農事組合法人「伊賀銘柄豚振興組合」を設立し、「ハム工房モクモク」をつくって、生産した豚肉をウィンナーやハムに加工する事業を始めた。この段階では、流通や販売は農協まかせであった。

1989年に地元の幼稚園のお母さんたちからの提案で開催した「ウィンナー手づくり体験教室」を始めたことが大きな転機となり、食育をベースとした総合農業公園へとつながっていった。

1995年、農水省からの援助を得て、養豚だけでなく農業全体に事業を拡大する「モクモク手づくりファーム」という新たな農業公園としてオープンした。モクモクという名前の由来は、木造の建物が多いこと、薫製の煙、伊賀忍者の煙幕をかけ合わせたものである。

こうして、年間200本以上もの大小のイベントを行うようになり、食を中心とした総合農業公園となった。「生産」「加工」「販売」「サービス」、さらに食育を中心とした「教育」まで担うようになって、1~3次産業をカバーした6次産業化の模範とされるに至り、人口8000人の山間地に年間50万人が訪れる場がつくられた。

入場してすぐのところにミニブタ芸の場があるが、これは後回しにしてざっと園内を歩いた。パン工場ではおいしいパンを売っていた。そこに面した池ではいかだで遊べるようになっていた。山道を奥の方に行くと羊、山羊、馬がいた。途中いろいろな遊び場所があった。

ミニブタ芸は、豚に芸なんかできるのかと思ったのだが、食べもので上手に豚を誘導するとちゃんと見れるショーになるんですね。あっけないといえばあっけないのだが、シンプルでよかった。

入口に戻ってきてアイスクリームを食べた。5~6種類ぐらいのバラエティがあり、そこから2種類選ぶのである。味は濃厚だった。

モクモクファームと提携しているのが、沖縄のあいあいファームである。あいあいファームは野菜を中心とした健康志向のレストラン「だいこんの花」など7店舗を経営する(株)アメニティの農業部門として2009年に設立された。そして、今帰仁村でレタスなど野菜類の栽培を開始した。その後、耕作放棄地の借り入れや取得により経営規模を拡大し、柑橘類、大豆、ソバなども栽培している。2010年に今帰仁村は学校統合で閉校した湧川小中学校の跡地利用を公募したが、あいあいファームの計画が村への経済効果、効用効果がもっとも高いと判断され、跡地の無償貸与契約が締結された。今後はここが、農業や体験学習などで修学旅行生やさまざまな社会人グループの研修や観光施設として活用され、村の経済活性化につながるものと期待されているのである。

モクモクファームからの帰り、レンタカーは姉の長男に運転してもらった。特徴のない風景だなと思った。高間さんの店でちょっと休ませてもらってから、五人で草津に戻った。車は午後3時半に返却の予定だったのが1時間あまり遅れたが、追加は1000円ちょっとですんだ。

駅前の喫茶店でコーヒーを飲んで、ちょっと話してから新快速に乗り、京都で姉と姉の長男は降りた。知念さんと娘と私は新大阪で降りて地下鉄に乗り換え、動物園前に行った。予約してあったビジネスホテル中央セレーネに7時過ぎについてチェックインした。すぐに卒業生二人がやってきた。通天閣の近くの「朝日」という居酒屋に行って食べながら話した。1時間ぐらいたってから金城さんが女性と一緒にやってきた。この女性は、知念さんと火炎瓶事件の頃につきあいがあった方で、とにかく知念さんと会って話したいということでやってきたのである。知念さんは、風邪を引いたとかで、それまで疲れた様子だったのが急に元気を回復して、自分から進んで泡盛のお湯割りを注文して、女性と話し込んでいた。何を話していたかは、私は直接にはわからないが、娘の話では、知念さんはもう昔の知念さんではなくなったかのように言われているけれども、そうではないとこの女性は考えているらしい。いまだに事件のことを忘れていない人たちがいるんですね。ちょうど今岩国にオスプレイが到着して、反対運動が盛り上がっていたが、沖縄もそうで、これから県民大会というのがある。最近の沖縄論というのは再び過激になってきているような気がする。やっぱり本土とは違うんだよねえ、というのがあちこちで露呈して、そういう気持ちがストレートに出るようになってきているようである。

金城さんは例のレンガヤーのことについて話していた。2週間に一回沖縄に行っておばさんを説得しているというのだが、今のところ進展はないようだった。卒業生の一人が、住んでいる寝屋川の自治会で祭りのリーダーをやっているのだそうで、金城さんのやっていることに興味を持った様子だった。

翌朝、朝9時前に金城さんがホテルにやってきて、ちょっと話した。それから、知念さんが釜崎を歩いてみたいということで、金城さんが案内してくれた。アーケードの商店街を歩いていって、左の方に折れると遊郭が出てくる。私は初めてだった。ドヤ街と隣り合わせでこういうところがあるとは思わなかったが、考えてみると東京の山谷も同じである。遊郭のはじっこまでいってから戻ってきて、沖縄そばの炊き出しをやった三角公園まで来てから、新今宮駅に行ってJR線に乗った。環状線に乗ったつもりがJR難波に行ってしまい、引き返したりしたので、本屋に行ったりする時間はなくなってしまった。

大阪駅で娘と別れ、知念さんと二人で神戸空港に直行した。空港の食堂で食べてから中に入ったらすぐに飛んで、2時過ぎに沖縄に着いた。沖縄もかんかん照りで暑かったが、それでも関西よりはしのぎやすいような気がした。とにかく暑い旅だった。

胃がんの手術（2012年9月）前後

2012年7月9日（月曜日）、私は定期健診のため沖縄県総合保健協会に行った。これまで定期健診を受けたことはなかった。受けるのは義務だといわれても、受ける気は全くなかった。今回受けたのは、定期健診を受けるというより、今の段階でがんの有無を確認しておいた方がいいだろうと思ったところに、たまたま、7月中は定期健診が受けられるとのメールが勤めている大学の保健室から届いたので、これを利用するのが手っ取り早いであろうと思ったのである。がんの有無を確認したくなったのは直接には胃の調子がちょっとヘンだなと思ったからである。なんとなく胃のあたりに違和感があり、これから娘が半年の予定でブラジルに行くので問題ないことを確認しておこうという気になった。定期健診には消化器官の検査は含まれておらず、胃のX線検査と検便による大腸検査は別に予約するようになっていて、その予約を入れた。胃のX線検査は、もらった説明書では最低7方向から撮影するとあり、検査の際は金属プラスチック類は身につけてはいけないそうなので、補聴器もはずさなければならないであろう。指示はマイクで撮影室の外から指示されると、ちょっと前にこの検査を受けた姉の長男が言っていたので、私にはちょっと無理じゃないかと思って、いったんはキャンセルしようと思ったのだが、彼から、胃カメラでやると大変そうだからX線の検査を受けた方がいいと強くすすめられ、また、大学の保健室にも尋ねたら対応してくれるとのことであったので、受けることに決めた。同じところで健診を受けたことがある人から、30～40名ぐらいは検査を受けに来るときいたので、検査当日は、早めに行った。この日は前線が下がってきて、梅雨に戻ったみたいになって、朝から雨だった。そのせいか、すいていた。

胃のX線検査は一番最後で、発泡剤とバリウムを飲んでから撮影室に入った。検査の人も撮影室内にいて直接体の位置を指示調整してくれたので、聞こえなくて困るということは全くなかった。最初ごろごろと三回ぐらい体を回転するようにいわれ、それからいろんな体位で撮影された。撮影後、水をコップに2杯飲み、下剤も2錠飲んだ。お腹からバリウムが出るまでが大変ときいていたのだが、私の場合、4時間後に液状でバリウムが出た。夜寝る前に普通の便の形で白いのが出た。翌朝もちょっと白い便が出て、それで終わりだった。

8月2日(木曜日)、大学の保健室に行って、健診の結果を受領した。密封されているのを保健婦さんが切って、一緒に見た。私はメタボだそうである。胃のレントゲンの結果は、悪性かどうか確認のために精密検査が必要ということで、つまりポリープか何かあるのでしょう。これから胃カメラの検査ということになる。

3日(金曜日)夕方の便で沖縄から上京し、5日(日曜日)の午前中、これからブラジルに行く娘と多磨霊園に行って墓参りした(私の家はもともと鳥取市内の曹洞宗のお寺の檀家だったが、妻の死後お寺とトラブルがあって、もともと母の父の墓がある東京都の多磨霊園にお骨を移して改葬した)。

6日(月曜日)、娘と7時半発の空港バスで調布駅から成田第1ターミナル。それから娘はチェックインして、喫茶店でモーニングを食べながら、娘がH胃腸病院に胃カメラの予約を入れてくれた。8月10日午前11時からに決まった。娘が中に入ってから、第1ターミナルの喫茶店で、成田空港で働いている卒業生と会って話す。それから沖縄に戻った。

10日(金曜日)、10時過ぎにH胃腸病院で胃カメラ。鼻に麻酔液を入れ、これは飲み込んでもいいですからねと言われた。15分ぐらいそのままにしてから、鼻から差し込み口を挿入した。痛くはなかった。医師が来て、その中にカメラの管を通していった。映像をみていて下さいと言われたので、モニターの画面をみていた。しばらくして、「飲みこんで下さい」と言われたところで飲み込むと、管は食道に入り、そして胃に入っていった。胃の中をぐるっとなで回すように見てから、十二指腸までみてくれた。戻ってきて、胃角部にくると赤いあざのようになっていた。しばらくこの周辺をみてから、検査のためにあざ状のところを切り取った。鮮血が流れ出た。それに透明の液体をピューッとかけた。何度かあざ状のところを切り取っているうちに、ウッとむせるような感じがしてきたが、ゲップを出さないようにと言われていたので我慢するうち、検査は終了した。午後1時半頃、診察室に呼ばれた。医師は映像を見ながら「軽い隆起を伴うビラン」だと説明してくれた。要するに潰瘍のことだと思う。そして、「消化性潰瘍の食事療法」という紙をくれた。ピロリ菌検査の結果は陽性だそうで、ピロリ菌というものについて説明をした小冊子をくれた。検査結果は1週間ぐらいで出るとのことだった。ブラジルに行くとすればビザを取るのに10日ぐらいかかるので、その準備を進めていいのかどうかきいてみたら、検査結果を見ないことにはわからないと、まったく当然の答えで、万事結果をみてから決めるということにした。

17日（金曜日）、胃カメラ検査の際に切り取ったサンプル検査の結果をききにいった。医師が、この前ブラジルに行く予定だとかといっていたけど、と尋ねたので、予定している日程を伝え、横浜に住んでいる姉と一緒にブラジルに行っている娘に会いにいくのだと言うと、医師は、うーんと言って、生検組織のグループ分類が書かれた紙を示し、私のはグループ5だそうである。グループ5というのは「明らかながん」である。グループ1が「正常組織、異型のない良性病変」、グループ2も「軽度の異型を示すが良性と判定される病変」、3、4とがんの疑いが強くなっていき、最後が5である。このグループ分けはがんの進行程度とは関係がないとのことだった。いやあ、まいった。うーん、としか言えない。

結果は予想外というわけではなくて、そういうこともあるかとは思っていた。でもまさかと思ってもいた。私としては普通の潰瘍だろうと推測していた。はっきりがんだと言われてみて、最初に思ったのは、妻と同じ病気をいただいてしまったんだなあ、ということである。

医師はブラジルに行くのは構わないと考えているようだったが、できれば夏休み中に手術が終わって退院できているのが最善であるから、ブラジルに行くという話しは直ちに迷わず捨てた。そんなことやっている場合じゃない。医師から、付き添いが必要だろう、という話が出て、横浜の病院でも紹介できるし、那覇だったら、那覇市立病院とか、浦添総合病院とかいろいろあるからと言う。がんだと退院してからのことがあり、いろいろ治療が続くであろう。それを考えると那覇の方がいいんじゃないかと思った。相談して決めてからまた来なさいと医師に言われて、いったん帰った。姉が那覇に来てくれるというので那覇に決めた。娘ともSkypeで話してみたりしてから、那覇市立病院に決めた。午後になってからもう一度病院に行って、紹介状を書いてもらった。

帰宅して、現実的にやっておかないといけないことを考えた。それで最初に気がついたのは、東京の娘のアパートの家賃を月末までに支払っておかないといけない。入院中インターネットはどうするか。メールを通じての連絡は多いので、W・i・F・iの準備が必要だ。娘が出発前に新しいノートパソコンを買った。これに2ヶ月無料のWiMAXというW・i・F・iがついていて、だから成田空港からブラジルに出発する直前、胃カメラ検査の病院をインターネットを使って選ぶこともできた。どんなものかと思って、太極拳の練習に行く前に、新都心のベスト電器に行ってみた。毎月4400円ぐらい払えば設定できる。ベスト電器では資料をもらうだけにして太極拳の練習をしに行った。夜10時に、今度の娘のブラジル行きでもお世話になっている野里寿子さんとA&Wで会って、私はルートビアを飲みながら話した。翌日大学の仕事だったので、11時まで話してから、帰った。それから片づけをして、すぐに寝たが、午前2時前には目がさめてしまった。あとは寝たり起きたりだった。

20日(月曜日)、9時前にH胃腸病院で紹介状受領。受付だけですぐにすんでしまったので、まだ9時だった。まず、新都心のベスト電器に行った。開店するまでに、銀行から娘のアパートの家賃を振り込んだ。ベスト電器が開いてから、WiMAXの契約をした。契約がすんで、準備に1時間ほどかかるというので、その間に、サンエーにあるQBで散髪。散髪後、サンエーの衣類売り場で、下着を6組ほど買った。知念さんが10組ぐらい準備すべきだというので買った。ベスト電器に戻ったら、WiMAXの準備はできていて、私のノートパソコンに設定してくれた。簡単だった。これで予定していたことは全部できた。夕方姉が横浜から来てくれた。

22日(水曜日)那覇市立病院外科でM医師の診察を受ける。検査をたくさん予約。福岡でがん地域連携パスコーディネーターの仕事をしていた友人からのメールで気分が落ちついて、よく眠れた。

23日(木曜日)、7時半に出て那覇市立病院。エコー検査と胃カメラ。

24日(金曜日)、クーラーの取り付け工事見積もりに来る。

29日(水曜日)、7時半に出て、市立病院。バリウム検査の後M医師の診察を受け、入院、手術の日程が決まる。姉はシニア割引でいったん帰ることになり、準備をしてから1時半頃空港に行く。14:35発のANAに乗れた。私は、ジスタスで泳いでから帰って、高額医療費免除の申請書を作成して大学に行き、総務課に提出してきた。明日上京することにして、SKY便を予約し、夕方買ってくる。

30日(木曜日)、朝娘とSkype。それから、空港に行き上京。銀座の補聴器屋に行き、左耳の型を取ってもらってイヤホーンを作り直してもらうことになる。その後八重洲ブックセンター。『旅を生きる人びと―バックパッカーの人類学』（世界思想社、2012年）は、最初手にして頁をめくっていたら、これまでとは同じように旅ができなくなるかもしれないという痛恨の思いが湧きあふれてつらかった。でも、いずれまた旅は必ずするであろうと思い直して買った。この本の著者は、自転車で5年間放浪の旅をしていた人である。その後、大学院に入って、バックパッキングをたんなる旅の一形態としてではなく生き方という観点からとらえ直すためにこの本を書いたのだという。それから調布の娘のアパート。

31日（金曜日）、7時過ぎに自転車で出て、墓参り。帰りに郵便局でガス代振り込み。娘からメールがあり、Skypeで話した。学会はいくつかのセッションにわかれていて、娘のところは人が少なかったそうだ。でも、面白い発表が多かったそうで、発表者同士での意見交換が有益であったらしい。さまざまなところから、さまざまな留学生がやってきていて、これが留学というものなんだなということを娘は日々実感している様子だった。この日はまず神田に行って、元研究生から頼まれた本を探した。それから池袋のジュンク堂で自分のための本探しをした。本を買って会計をすませたら1万円を超したので、店内喫茶店のサービス券をくれた。4階にいってアイスコーヒーを飲んでから出たら、すぐそばにこれから配本するために本が積んであって、その一番上にあった松枝到『アジア文化のラビリンス』（大修館書店、2007年）という本に目がいった。パラパラッとめくってみたら、次の詩が目に入った。

「幾山川をこえてきたこの旅路であった。
どこの地平のはてまでもめぐりめぐった。
だが、向こうから誰一人来るのに会わず、
道はただ行く道、帰る旅人を見なかった。」

これは、セルジュク朝ペルシアに生きたオマル・ハイヤームの『ルバイヤート』からだそうである。ハイヤームは輝かしい学問上の業績とは裏腹にこのような孤独な旅人のイメージをうたった。

この詩と似ているということで、ハイヤームより400年早い陳子昂（ちんすごう）の「登幽州台歌」という題の詩が載っている。現代語訳だけ以下に記す（『中国名詩選』岩波文庫版中巻）。

「私の前に古人はいない。
私の後につづいて来る者もない。
つらつら天地の悠久なるを念（おも）い、
愴然たる思いに覚えず涙がはふり落ちる」

何という類似であろうか。

最後にもう一つ、「ルバイヤート」からの詩が載っている。

「この永遠の旅路を人はただ歩み去るばかり、
帰ってきて謎をあかしてくれる人はない。
気をつけてこのはたごや［現世］に忘れ物をするな。

出ていったが最後、二度とふたたび帰っては来れない。」

どちらの詩もいたく気に入った。これだけでこの本を買う気になった。この本というより、この詩に出会うような運命になっていたのだなと思った。

娘のアパートにも慣れてきて、とても快適だった。

夜は、また娘とSkypeで話した。どうやら、適当なホームステイ先が見つかったらしい。沖縄系の方の家である。奥さんはイタリア系の方だそうである。娘さんたちはもう家を出ていて、夫婦二人暮らしで、しかも二人とも働いているので、昼間はほとんどあいているらしく、気楽に使っていいと言ってくれているようだ。

9月1日（土曜日）に起きたら、インターネットがつながらなくなっていた。ちょうど月の変わり目だったから、何か契約上の問題が発生したのではないかと思った。娘はこれまでNTTの回線を使い、プロバイダーはso-netだった。姉に電話できいてもらった。NTT回線は維持されていたが、so-netの方がコース変更されていて、そのためにつながらなくなったということらしかった。私はWiMAXを設定して、娘のデスクトップパソコンがつながらなくても、自分のノートパソコンでインターネットが使える状態なので、NTTをキャンセルすることにした。毎月4000円以上だから、これが浮いたのは大きい。キャンセル後、モデムをNTTに返却する必要があり、そのための袋が姉宅に送られてくることに決まったので、モデムをはずして姉宅にもっていくことにした。本棚の後に線がつながっていたので本を動かしていたら、『モンテーニュ随想録』が出てきた。関根秀雄氏の訳で、白水社から出ている。早稲田の古本屋街にある尚文堂で1978年11月16日に買った本である。これを初めてのラテンアメリカ旅行中に読んでいた。こうやってこの本が出てきたことに因縁みたいなものを感じた。入院中この本を読もうかなと思った。この後すぐに出て、横浜の姉のところに行った。姉と同居している二男とも会って、姉が沖縄に行って留守中ネコの世話をよろしくね、と頼んだ。

翌2日午後、姉と姉の長男が空港まで車で送ってくれて午後の便で沖縄に戻った。

9日(日曜日)夕方姉が到着。

11日(火曜日)、午後1時前に出て、モノレールで市立病院。入院手続きをして、2階の外科受付。ベッドに案内される。俊さんと小川さんが来た。6階の喫茶店に行く。やがて知念さんも来た。M先生の説明があるとのことで、別れて、2階に戻る。姉と手術の説明をきく。胃の3分の2は切るというのは意外だった。転移の可能性については、肝臓につながるリンパ節は全部切るそうだ。

加藤秀俊『隠居学』(講談社文庫、2011年)の「百病息災」を読んで非常に面白く、気持ちも落ちついた。加藤氏は1930年生まれ、がんになったのは65歳だそうだから1995年頃だろう。早期のがんであるけれども胃を半分以上切っている。たぶんこれから私が体験するであろうことが具体的に書かれていて、それはまだ未体験でわからない部分もあるのだが、手術では死なないであろうということはよくわかった。

13日（木曜日）、5時20分頃起きる。8時に姉が来る。手術関係者が来て、眠れましたかと聞く。8時半に手術用の寝間着に着替え、また、足にストッキングをつける。9時に手術室に入る。まず、背骨に麻酔の注射。それから口に麻酔の装具を当てられたらあっという間に意識不明。目がさめると、姉と野里さんと知念さんがいた。寒くてぶるぶる震えた。深呼吸するようにしたら落ちついた。最初、目がさめたとき、手術室かと思った。なぜか11時半頃と思い、麻酔がうまくいかなかったのかと思った。ところが、インターンの先生が、手術は無事終わりましたよと言った。実際は夕方5時半で、手術が終わって引きあげてきたのだった。今晩は姉も泊まるそうで、ベッドを貸してくれた。携帯を使ってもいいというので、メールを送った。

14日（金曜日）、姉はいったん帰った。私はこれから個室に移るんだそうで、そこまで歩く練習をしたが、ふらついてきつかった。移る前に野里さんが訪ねてきた。移ったあと知念さんが来た。知念さんはかなりいた。知念さんが帰ってから姉が来た。パソコンを使えるようにしてもらった。しかしまだ力が戻ってなくて、とてもキーは打てない感じだった。本も読めない。とにかく時間がたってくれない。まいった。気分を入れ替えて、ゆったりするようにしたらラクになってきた。寝たり起きたりで、なかなか12時にならなかった。

18日（火曜日）、昼前に、今日の昼からおかゆが食べられると若い医師が知らせてくれた。とても嬉しかった。12時過ぎに食事が来た。3分粥の半分サイズ。小さな豆腐の入った味噌汁。カボチャのつぶしたもの。トマトをつぶしたような味のもの。どれもおいしくて、感激の食事だった。むせたりすることはなかったが、グルグルグルグルーッ、という感じの振動がお腹の中で何度かあった。さじですくって全部食べ終えるのに40分ほどかかった。胃が3分の1残っているってのは大きいなと思った。最初からこれぐらいのものが食べられるなら、もともとそんなにたくさんは食べない私はこれまでとあまり違わない感じでやっていけるのではないか。これまでもお腹がすけば食べるという感じで、一日が三回と決まっていたわけでもなく、四回とか五回になるのは構わない。

19日(水曜日)昼は5分粥のハーフサイズになり、おかずも肉じゃが風のシチューなどがあり、ボリュームを感じた。無理なく全部食べることができた。

看護師さんが、吻合部からの管のテープを貼り替える前に風呂に入れると言うので入ることにした。風呂に入ったあと、1階の図書室に行ってみた。杉浦日向子の漫画があったので借りてきて(勝手に持ってくればいい)、これはすぐに読んでしまったので、返すついでに立花隆『サル学の現在(上・下)』(文春文庫)とアガサ・クリスティ『葬儀を終えて』(ハヤカワ文庫)を借りてきた。

がんの深さは粘膜下まで達していて、リンパ節の1個に転移していたことが検査の結果判明したそうである。進行程度は1Bという分類になるそうで、一番初期の1Aの次ということでしょう。抗がん剤は必要ないそうである。ほっとして、力が抜けた。しかし、すでにリンパ節への転移も始まっていたわけだから、このままにしておけばどういうことになっていたか想像に難くない。命拾いした、と思った。

22日(土曜日)、姉の長男が横浜から見舞いに来てくれた。ソーキそばの昼食を病院で食べてから、姉、知念さんも一緒にドライブに出かけた。夕食時までの外出許可をあらかじめ取ってあった。たまたま昼に卒業生の女性も見舞いに来てくれて、彼女も一緒に糸満でバイキングを食べた。もちろん私は見るだけである。みんなあきれるぐらい食べていたが、私はこういう世界とは縁が切れたんだなあ。それから卒業生と別れ、四人でひめゆり公園に行く。さらに、沖縄師範健児の塔があるところから摩文仁の丘へ登っていった。丘といっても山と言っていいぐらいの高さがある。体重が落ちたせいか、体は軽く感じたのだが、ものすごく汗が出た。登り切って一休みしてから、さらに進んで、各県の慰霊塔などがあるところを通って平和祈念資料館がみえるところまでおりた。そして、車を置いてあるところまで戻った。車に戻ったら、すでに5時前になっていた。あとから伝え聞いたところでは、知念さんが予定していた抜け道が工事中で通れなくなっていて、そのため予定より時間がかかったらしい。来たときと同じく、糸満の海岸沿いにできた橋を通って豊見城まで戻り、奥武山公園からひめゆり通りに入って6時10分前ぐらいに市立病院に着いた。三人とも夕食後まで病室にいてくれた。

26日(水曜日)、がん地域連携パスコーディネーターをやっていた友人からメールが届いていたので、返事を送った。食事のことについてアドバイスがあり、「ダンピング症候群」というものがあるそうである。今後の食事については、私自身は特に心配していない。おかずは、当分はできるだけスーパーで間に合わせ、ご飯かパンと飲み物かスープ類を準備すればOKだ。食事のことに続いて、「慣れたらまたこれまで通り旅行に行けますよ。日にち薬です。」とあった。「日にち薬」という言い方は初めてきいた。時間が解決してくれる、ということであろうか。インターネットで検索してみたら、関西でよく使われている言葉のようである。彼女のアドバイスはとにかく助かったし、元気も出た。便についても、まったく普通の便が普通量出るようになって、正常に戻っている感じ。

朝8時過ぎに主治医が来て、管を抜きましょうねと言った。若い女の医師がよかったですね、と言ってくれた。刑務所から出るみたいな感じがした。

普通に歩けるようになったので、散歩しようと姉を誘って、3階に行ってみた。3階からは建物の屋上を利用した庭園に出られるのだが、暑いので、中にあるソファに座った。隣の席にあとから、81歳（昭和6年生）になるという非常に大柄な、がっちりしたおじさんが座って、話しかけてきた。波照間島出身だそうな。姉が横浜から来た、というとよくわかるよ、と。東京で働いていたという。府中に大成建設があったそうで、そのそばに競馬場があった。それで競馬場にはよく行ったというのである。大成建設に36年勤めた、と。その間、シンガポールは5年間いた。オイルショックの頃、サウジアラビアに行った。砂漠の真ん中。乾燥しているから足なんか割れてくる。設計が仕事で、現場監督の上の仕事だったそうである。サウジは法律なんかないし、住民も、名前も書けない、とか。退職金は7000万円で、それでボートを買った。5トンの船。キッチンなどがついていて宜野湾のマリーナに置いてあるそうだ。船を運転する資格も取った。今は那覇に住んでいるそうだが、故郷の波照間に住んでいた両親は2年前に亡くなったそうである。105歳と102歳だったとか。おじさん自身は膀胱の手術をして退院したばかりだという。なぜわれわれに話しかけてきたんだろうな、と思った。
夜の8時頃、主治医が来て、明日退院していいと言ってくれた。思わずベッドの上でお辞儀してしまった。この日管を抜いたばかりなのに、同じ日に退院の許可が出るとは。私も姉も、ちょっと興奮気味だった。姉をモノレール駅改札まで送り、ハイタッチして別れた。

27日（木曜日）、8時前に姉が来た。8時過ぎに主治医が回診に来て、事務的な手続もはじまった。請求書の作成と地域連携のクリニックへの書類作成である。姉と一緒に朝食後、部屋で待機していた。荷物はバッグ二つにまとめ終わった。いつも海外に旅行する時のバッグである。大きい方をキャリーカートに固定し、その上にもう一つのバッグを置く。やがて知念さんが顔を出した。9時過ぎにまず請求書ができて、姉が払ってきた。全部で19万円ちょっとである。このうち医療費は保険によって最高限度額が8万7000円ぐらいであり、また、パンフレットでは個室利用代金が1泊3500円ぐらいになっていたと思う。あとは、医療費以外の雑費であろう。個室については、今年の夏は外国に行けなかったので、その分病院の個室でゼイタクしようと思っていたのだが、ゼイタクではなく必要だと思った。ちょうど2週間使ってみて、個室でなければもたなかったと思う。一般の四人部屋だと、実際狭いということもあるが、各ベッドの周辺がほぼ例外なくカーテンで囲われていて、気兼ねする。とてもやっていけない。地域連携の資料ができるのにちょっと時間を食った。10時過ぎにできた。その資料に切り取ったがんの写真も数枚添付されていた。これでおしまいになって、晴れて退院。退院の時はタクシーだろうと思っていたのだが、キャリーカートで歩いてみて、モノレールで帰れるなと思い、知念さんと別れてモノレールに乗った。荷物は結構な重さがあって、15キロぐらいはあったのではないだろうか。県庁前について、姉が食べるものを買ってから行くというので、私は先に家に帰った。日ざしが強く暑かったので、バスタオルを出してタオル状にし、頭にかぶせた。家に着いてからとりあえず授業に持っていくものを準備し、それから姉と食事をした。久しぶりに字幕つきのテレビをみながら食べた。食事の後、30分ほど横になって寝た。それから、近くのコンビニに振り込みのために行ったが、自転車はとても重く感じた。大学まで行くのは、この暑い中ではきつい。無理はやめようと思った。それで、早めに車で出た。大学の近くのコインパーキングに入れた。そして、大学の施設課にいって、病後でしばらく大学構内の駐車場を使いたいと言うと、そういう制度があるそうで、すぐに手続を始めてくれた。車の登録ナンバーを思い出せなかったので、コインパーキングから出して大学に移動し、手続きが終わってから構内駐車場に入れた。プリペイドカードで支払う方式であるが、ごく安い。本土と違い、沖縄では車で来るのは普通のことである。しかし、私の勤務している大学では、近隣に住んでいる者は原則的に利用できないようになっている。主に環境関係の配慮から、車を使わないようにということからである。夕方自治体学入門の講義があり、那覇市の担当講師が来た。テーマが国民健康保険制度についてであり、なにしろ、今朝そのおかげで安い値段で退院してきたばかりだったし、沖縄県の問題として、検診の結果要医療となったものの未受診者割合が全国一だとか、職場健診の受診率が全国より低いこと、沖縄県は健康だと思っている人が日本で一番多いこと、メタボ該当者が多いことなど講義レジュメに挙げられていて、講師に、さっき退院してきたところだと言ったらビックリしていた。講師の話をきいているだけでよかったのでラクだった。終わって、30分ほど休んで6時半から大学院の講義で、これは登録が三人ほどで少ないので、受講者がどんなテーマで論文作成しているのかをきいて、今後どういう講義をするかを決めればいいので、これもラクだろうと思っていた。研究室に戻ると、もう院生が一人来ていたので、その話をききながらヨーグルトを食べた。やがて始まって、三人の話をきいてから私の講義要項等を読んで、受講者の希望テーマを言ってもらった。結局2時間やって終わった。特に疲れたという感じはなかった。車で帰ると姉が食事の準備をしてくれていた。いろいろなおかずと、あと、レトルトの玄米粥を半分食べた。そして、早く寝た。

28日(金曜日)、朝早くトイレに一度立ったが、6時過ぎまで安眠できて、目がさめた時、しっかりしてきたなと感じた。パソコンを見ると、これからまた台風17号が沖縄を直撃するらしい。姉に、今日のうちに横浜に帰るように勧めた。朝食は、前夜の玄米粥の残りとおかず、弁当用に、姉が練り卵のサンドイッチを食パン2枚分作ってくれた。それにバナナを2本もち、飲み物としては野菜ジュースをもった。7時半頃車で出て大学に行く。姉は、荷物を宅急便で送ってから空港に行ったら、台風が来る前に沖縄から離れる人が多かったのだろう、どの会社の便もキャンセル待ちの状態だったらしいが、午後2時半頃には羽田に着いたようである。私は、1時間目国際関係法。前期とは違う顔ぶれのように感じた。終わって研究室で30分ぐらい寝てからサンドイッチを食べ、バナナも食べる。自治体学入門の感想等抄録を作成して講師に送る。同僚の先生の研究室に行って話す。3時間目基礎演習。4時間目テーマ演習。テーマ演習は3時半頃終わる。途中給油してから帰って、サンドイッチ。1時間ほど寝る。それから太極拳の練習。ちょっとだるかったが、まあ何とかついていける。嬉しかった。先生にも入院していたことは言わないことにした。終わって中央郵便局に行き、立教大学からの娘の休学許可書を受け取る。姉が忘れた携帯の充電器も速達で送った。リウボウストアで買い物してから帰る。混ぜ寿司を半分食べてから寝る。

その後、10月31日~11月5日、11月23日~26日の二回上京した。おもに補聴器関係の用事のためだったようである。

チェンマイの旅　2012年12月

12月1日(土曜日)の朝、国際通りにある沖縄ツーリストにいって、チェンマイまでの切符を買った。松山さんが動けることになって、最初はバンコクで落ち合ってからタイ北部の田舎に行こうということだったのだが、滞在期間が短いならいきなりチェンマイまで行った方がいいんじゃないかと松山さんはアドバイスしてくれたのである。

土曜日の朝で、沖縄ツーリストの国際線係のところには担当者が一人しかいなかったが、調べてもらうと沖縄と台北間がこんでいて動けないそうである。それで、別の行き方を探してもらった。しばらく待っていたら、行きは福岡経由で、帰りはタイから成田に飛び、成田から羽田に移動して全日空で沖縄に戻るプランを提示された。14万円余りだった。ちょうど私は、タイから帰ったら東京にも行こうかと考えていたので、渡りに船で、成田まで戻ればあとは年を越してから自分で切符を買って沖縄に帰ると言うと、羽田―成田間の全日空は正規料金だったようで、その分差し引いて9万7000円になった。年末のこんでいる時期としてはいい値段だと思う。

帰ってから、羽田から沖縄までの1月3日のSKY便を予約した。また、国際免許を取ってからタイに行こうと思って、パレットの写真屋で写真をつくってもらった。

とうとうまた海外に出られるというだけで、私は嬉しくてたまらなかった。

翌2日(日曜日)、12月からプールに行けるようになっていることに気がついた。11月いっぱいは休会届けを出していたのである。朝10時半頃に車で行って、250mほど非常にゆっくり泳いだ。横隔膜の上にちょっと違和感があったが大丈夫だろう。その後、風呂場で寒く感じたので、サウナであたたまってから水風呂につかって出た。鏡に映った裸の自分を見て、やっぱり別人になったなあと思った。体型が変わった。そして2ヶ月半ほど泳ぐのを休んでいたので、肌に締まりがなくなっている。しかし、気分的にはそんなに休んだという気はしなかった。

3日(月曜日)の朝、運転免許センターに行って、国際免許証をつくってもらった。

帰ってきて寝直してから、郵便局で年賀状を買ってくる。そして年賀状に使う写真を選ぶ。3

月にニカラグアからグアテマラまで動いたときのものを使いたくて探したが、なかなかいいのがない。選びながら、きつい旅だったなあ、と思い出した。この時にがんになったんじゃないだろうかと疑っている。

12月23日（日曜日）、4時に起きる。昨日松山さんがバンコクからチェンマイに夜行バスで着いたそうで、私のためにゲストハウスも予約してくれた。とにかく私はチェンマイに着けばいいので、気楽な旅である。体調はいいと思う。プールに行ったときに毎回体重をはかっているが、行き始めた12月はじめは61・75キロだった。素っ裸で測るとこうなるので、手術前と比べて7キロぐらい減ったわけである。昨日は62・40キロだった。最初は変化がなかったのに、最近になって増えるようになった。実際、体が少しまるくなってきて、このまま行くとまたメタボになるか、と心配したりするようになった。だから、食べる量はあまり気にしなくなった。味もわかるようになった。義務的に食べていた時期は、うまいとかまずいとか、実際のところ気にならなかった。ただ、何でも食べれるようにしようという気持ちはもっていた。それがいい方向に作用したのかもしれない。先日研究会でステーキを食べたときに、和風ステーキというのか、ソースが大根みたいな味で、おいしかった。昨日は、合鴨の春巻きとかいうのを売っていたので、それを食べた。うまいものはうまい。

朝5時に出てタクシーで那覇空港に行ったら、しまっていて、6時まで待った。ちょっと寒かった。那覇でチェックインするときに国際線の扱いになるかと思って2時間前に行ったのだが、チェックインは福岡でとのことだった。07：10発全日空ANA480便で福岡に。連絡バスで国際線ターミナルに行く。以前は国内線と国際線はつながっていて連絡がよかったのだが、現在は国内線ターミナルから相当離れた場所に移った。福岡銀行でバーツを買えたのにはびっくりした。5000バーツのセットを2組自動販売機で買った。1万バーツ＝32300円。バンコクに着いてそのまま国内線に乗り換えるので、両替する場所がない。チェックイン。列を作って並んでいて、ちょっとイライラ感があった。列の前後はタイ人たちで、彼らは口をふくらませるような話し方をしていた。鼻の形がスッとした人が多く、以前のタイ人のイメージと違うような感じがした。11時40分発のタイ航空便で午後3時半過ぎに着いた（日本より2時間遅れ）。

機内で、腸内にガスがたまって、何度もトイレに行った。搭乗の時にもらった朝日新聞に、東京第一弁護士会会長（日弁連副会長）の樋口一夫氏が胃がんで亡くなったとあった。64歳である。またお笑い芸人の宮迫博之氏が胃の3分の2を切除して退院したという記事もあった。42歳。機内で原稿を書き出したらすごく落ちついてきた。原洋之介氏の本、梅棹氏の論文、ともにピッタリである。読み直しながら原稿を書き進めていっていたら、だんだん病後ということも忘れていった。

バンコクに着いて、チェンマイ等への国内線乗り換え口で入国手続きをしてから、チェンマイへの乗り場に行った。そこで全日空のマイル登録ができた。福岡でチェックインする時に、タイ航空と日本航空の共同運航便となっていたので日本航空のマイル登録ができるかときいたらできないと言われた。タイ航空は全日空と同じスターアライアンスグループで、記憶では以前全日空のマイル登録はできた。なんで全日空とではなく、日本航空との共同運航便なのかと思った。

チェンマイには午後7時頃着いた。国際線出口から出ると松山さんが迎えに来てくれていた。チェンマイゲートまで三輪タクシー(トゥクトゥク)に乗って10分ぐらいで着き、すぐそばにあるタイウェイゲストハウスに行く。

着いたら、ロビーといっても野外の庭に面してテーブルが三つ並べてあるのだが、そこで妙齢の日本人女性がビールを飲みながら鶏肉を食べていた。おいしそう。経営者も日本人女性である。シングルが1泊150バーツで1泊500円ほど。ただみたい。7日分まとめて払ってしまった。

私の部屋はロビーのすぐ前の部屋である。共同のホットシャワーもあるが、水で十分である。部屋の中に水のシャワーがあり、トイレもついている。トイレは水洗、といっても、タイ式というのか、便器の横に水の噴射機が設置されていて、それで流すようになっている。ベッドには毛布だけおいてある。

すぐそばの市場に食べに行く。松山さんは朝と昼だけしか食べない習慣なので、たくさんある屋台店の一つで私だけ注文した。ヌードルと書いてあったのに、麺は入ってなかった。でもスープはコクがあり、とてもおいしかった。

食べたあと、日曜日の夜市をやっているというので見に行く。道路を使ってずっと続いている。盛況だった。ちょっと汗ばむ程度で暑くはなかった。歩いても歩いても終わらず、途中で戻ってきた。那覇の国際通りで、トランジットマイルといって2週間に一回ぐらい昼間に車の進入が禁止になるが、昼間道をガランとあけてどういう意味があるのかと思う。夜店があってこそ意味があるのではないか。

朝は冷えるというので、持ってきていたダウンのジャケットを上に着て寝た。私は松山さんとツインの部屋に一緒に泊まることになるだろうと想像していたのだが、松山さんは2階の別の部屋だった。年末でこんでいて、思うように部屋が取れないようである。

24日(月曜日)、朝6時に起きる。とてもよく眠れた。ベッドのクッションは非常にいいし、蚊も出なかった。

松山さんと市場でご飯、おかず、果物(マンゴスチンとバナナ)を買ってきて、ゲストハウスで食べた。ゲストハウスにはお皿や食器がたくさん置いてある。同じようにして食べているおじさんもいた。ゲストハウスを下宿として使っているのである。昨日の若い女性は朝から鶏の肉をむしゃむしゃ食べていた。

ちょっとうたた寝して、10時頃に起きると、松山さんが、パーイに行くミニバスを予約したいがゲストハウスの経営者の日本人女性がいないと言う。パーイはチェンマイから北方に3時間あまりの町である。旅行者に人気の町だそうだ。私はバスではなくレンタカーで行きたかった。とにかく一度、タイの道を自分で走ってみたかったのである。それに、バスだと帰りのバスがなくなったら泊まるしかないが、レンタカーなら遅くなってもチェンマイに戻ってこれる。

松山さんとゲストハウスのそばの旅行社を探していったら、朝の10時過ぎでもまだ閉まっているところが大部分だった。やっと開いているところを見つけて、ホンダのシティを24時間1400バーツで借りることができた。オートマだという。ちょっと待っていたらレンタカー屋が車を持ってきた。パスポートは預ける。ガソリンは満タン返しではない。

まずゲストハウスまで戻る。松山さんはチェンマイ市内の道をよく知っているようで、指示はスムーズだった。チェンマイの中心部は四角く堀で囲われている。その周辺の道は一方通行になっている。ところどころにUターン道路がつくってあるので、方向転換にはそれを使う。ゲストハウスからパーイに向かった。松山さんの指示通り走っていたらうまく市街地を抜けて、北に行く道に乗れていた。

運転自体は、車が左だから全然難しくない。そして、桑野淳一氏の『アジアを結ぶタイ国境部』（連合出版、2012年）で読んだように、確かに信号は少ない。チェンマイの中では幾箇所か信号があったが、郊外に出てしまえば信号は全然ないといっていい。道は広く、80キロぐらいで走れる。

1時間半ぐらいはこんな感じだったのだが、途中で左折してからあと坂道に入り、それからのカーブはすごかった。スピードを出しすぎると、曲がりきれないかなという感じになる。2時間半ぐらい走ったところでどうやらてっぺんを過ぎたようで、下り坂になった。そして、3時間あまりでパーイに入った。片道だけでガソリンを半分以上も食ってしまった。これでは帰りが危ない。まず、スタンドを探して満タンにした。

道標に従って行っていたはずなのに、はずれてしまって、町をループ状に迂回する形になった。最初はうまいものを食べようと思っていたのだが、旅行者たちが行くような店は車がとめられないので、結局、公設市場に行って麺を食べた。それから、市街地を抜けて見晴らしのいい寺院に行く。周囲が山で囲まれていて、盆地ですね。

道を戻ってきて、左折すれば温泉に行けるかどうか迷っているところに、松山さんがどこか（たぶんカンボジア）で会ったというおじさんとばったり出会った。おじさんはすぐ近くのコッテージを借りていて、そこから地図を持ってきて、敷地内の喫茶店で説明してくれる。72歳だそうだ。色白でほっそりしていて、日本人に見えなかった。おじさんはパーイに来てから2日間ホテルで泊まって、それからコッテージに来て1週間とか。寝て散歩するぐらいしかやることはないのではないか。

喫茶店で飲んだ紅茶は黒っぽかったが、味はあっさりしていた。

おじさんに教えられた道を進んでいったら農道になって、先がなくなりそうなので、戻って、中心部に出てからチェンマイに向かう。午後8時頃にチェンマイに戻った。帰りは下り道が多くて、時間も行きほどかからず、ガソリンも行きの半分ぐらいですんだ。ただ、ホテルのちょっと手前まで戻ってきたところで、クリスマスイブでか、交通規制をしていて、ホテルに行く道とは別の道を行かされたため道がわからなくなり、ちょっと時間を食ってしまった。

ゲストハウスに戻ったらクリスマスイブのパーティ中で、それで遠慮して近くで麺とご飯を食べた。松山さんは、タイウェイゲストハウスは満員で泊まれないそうで、近くのゲストハウスのドミトリーに決めた。散歩してからゲストハウスに戻り、水浴び、洗濯して、パソコンを開いてから横になっていたら電気をつけたままそのまま寝てしまった。松山さんは国際免許証を持っていないため、私が全部運転したので相当くたびれた。

25日(火曜日)、朝6時前に起きた。『地球の歩き方』を見て、今後の予定を考えた。この前娘と一緒にチェンマイに来たときに、メーホンソンに行きたかったのに時間がなくて行けなかったことを思い出し、ここに行こうと決めた。

メーホンソンはパーイの先になり、パーイからだとバスで4時間ぐらいである。パーイを経由しないで、いったん南西のメーサリアンまで行ってそれから北上する道もあるが、バスで8時間半かかる。きついので、飛行機にしようと決めた。飛行機なら35分で着いてしまうのである。

このように決めてから、ロビーに出てみると、初対面のおじさんがいた。お湯はポットにわいているので、おじさんからインスタントコーヒーをわけてもらって飲んだ。

おじさんは1940年生まれの72歳で、家は群馬県の高崎だそうだ。独身で、家も閉めてきているのだという。そういえば昨日会ったおじさんも72歳だった。ラオスからチェンセーン経由でチェンマイに来て2週間。ラオスのルアンパバーンに今は滞在していて、また戻るそうである。ここに来たのはビザ更新のためだそうだ。すでに年金生活で、月当たり6万円にならないそうで、それで日本の外に出ているんだという。タイウェイの滞在者も、半分ぐらいは下宿人のようである。

8時前に松山さんが来る。市場で食べながら、私がメーホンソンに飛行機で行きたいというと、飛行機ならインターネットで調べればわかるというので、タイウェイに戻って、私のパソコンで検索した。ノック航空というのが飛んでいる。27日に1泊と決めた。

レンタカーを戻しに行ったついでにきいてみたらその旅行社ではできないようなので、別の旅行社を探していく。あった。インターネット料金よりかなり高い。それで松山さんが怒って、買わない、と言うのでいったんは出たのだが、自分でやるとインターネットで予約して、クレジットカードで払って、そしてeチケットをインターネットカフェでプリントしなければならない。面倒くさい。松山さんを説得して、旅行社に戻って買った。インターネットで検索した時に予定していた帰りの便はもう満席になっていた。やっぱり早く買わないと買えなくなる。値段もしょっちゅう動いているから、インターネットで再度検索したら同じ値段で買えたかどうか。旅費は、研究名目で動くのにつきあってもらっているので、全部私がもった。

松山さんは、タイウェイゲストハウスのドミトリーがあいていてとれたそうで、移ってきた。ドミトリーもあるとは思わなかった。1泊100バーツで、ずっとドミトリーに滞在している人もいる。1部屋に4ベッドだそうだ。

私は特に予定はなく、それより運転疲れが残っていたのでブラブラしたかった。以前娘と来たときに訪ねた松田さん夫妻には松山さんがときどき電話してくれていたが、ずっと留守のようで連絡が取れなかった。

昼に松山さんと一緒に出て、タイ料理は飽きたのでイタリアンの店にいってピザとパスタを食べた。それからトゥクトゥクで植物センターに行って販売用の苗をみる。規模は非常に大きかったが、植物の種類は、私には、沖縄とあまり変わらないように見えた。

さらにそこから国立博物館まで歩いた。チェンマイの旧市街を取り囲むようにして北側にバイパスがつくられていて、そこを3キロぐらい歩いた。車の量は多いが、自家用車ばかりで、乗り合いの車はほとんどない。

距離はともかく、歩道が歩きにくい。道ができて新しいせいもあるのか、歩道は整備されておらず、その歩道の上にいろいろな私物を置いたりしているためにまっすぐ歩けず、しばしば車道におりなければならない。大変な車社会になっているんだなあと感じさせられた。車は日本車が多い。GMのシボレーも結構見かける。

チェンマイの人口は、Yahoo! 百科事典では人口17万4438人、同名の県の人口は150万0127人（2000年）となっている。Wikipedia には同名の郡が26万9460人（2010年）となっている。そうすると中心部の市街地は20万人前後ではないかと思われる。

路線バスは全然不十分で、ほとんどソンテオ（ジープニーのような乗り物）かトゥクトゥクによっている。これで今後もやっていけるかどうか。自家用車がさらに普及していったらどうなるか、だいたい予想はつく。

博物館は、月・火が定休日で閉まっていた。月・火が連休になっている博物館って初めてである。帰りは、中心部への幹線道路との十字路まで歩いて、それからソンテオで戻ってきた。この日は原稿作成やメールへの返信作業に専念した。タイウェイゲストハウスは、インターネットの接続状況は非常によかった。長時間放置しても全然途切れないのである。研究名目といっても、大学には無断で来ているので、常時連絡が取れることは必要だった。連絡さえ取れていれば私がどこにいるかわからないのである。これはすごくステキな状況である。年末ということもあって毎日たくさんのメールが届き、その処理だけでも大変だった。

夕方から今度はクリスマスパーティだったが、私は外で麺を食べてきて、帰りに鶏の串焼きを15本（@5バーツ）ほど買って戻り、ほんのちょっとだけ顔を出してから部屋に引っ込んで、原稿作成を続けた。

タイウェイゲストハウスは気に入って、どこにも行かないでじっとしていてもいいなという気分になっていた。大きな市場のすぐ横なのに庭も広いし、スペースがゆったりしている。インターネットの紹介写真を見ても、田舎みたいに見える。日本人がいるということは別に関係がなくて、実際、最後まであまり話はしなかった。でも、盗まれる心配をしないでいいのはありがたい。

26日（水曜日）は、タイ最高峰のドーイ・インタノン（インタノン山）国立公園に行くことにしていた。朝の間はまだだるくて眠くもあったので、1時間ほど寝直した。10時にゲストハウスで手配してくれた貸し切りのソンテオが迎えに来た。2500バーツ。ソンテオには、運転手の奥さんらしい女性も助手席に同乗していた。

2時間ぐらいかかって2565mの頂上までまっすぐ行った。眺めがいいのかと思っていたのに、別に何も見えない。一応植物園みたいになっているところをぐるりとまわるだけ。

頂上には基地があった。そこからちょっとおりたところにも空軍の公園があった。それからさらにちょっとおりて、買い物市場があり、いろんな果物を売っていた。ザクロなどを買った。ザクロを生で食べたのは初めてである。おいしいのだが、粒ごとにタネが入っていて面倒くさい。

引きあげてくる途中で稲の品種改良所みたいなところにたまたま出て、そこも見て回った。

チェンマイに戻って、ターペー門そばで2万円両替。7120バーツ来た。@0.3560とあり、計算はしていないが、福岡よりいいレートと思われる。

この日は休講にした日で、休まなければ講義と会議があったんだなと何度も思った。

27日(木曜日)、朝5時頃起きる。松山さんと近くの食堂で食べてから、8時前にトゥクトゥクで空港に行く。ノック航空でチェックイン。すぐに中に入ったのだが、9時10分に搭乗予定が10時20分になった。なぜだか出発予定便のモニターに搭乗便が出ていなくて、本当に飛ぶのかと思っていた。11時20分頃にメーホンソンに着いた。

空港は町に接しているので歩いてもいけるのだが、トゥクトゥクでピヤゲストハウスに行った。中央にある花園を囲んでバンガロー形式になっていた。

レンタカーを探していったが、旅行社はあっても車がない。途中、お腹がすいたので食堂で食べた。結局、翌日午前8時から午後2時まで運転手付きということで予約した。やはり2500バーツだった。旅行社に「フランス語話します」という看板が出ていた。

それから町の西側にある山の上のお寺に登る。汗が大量に出た。若い坊さんたちは普通の子どもと同じ感じで、ふざけあったりして元気いっぱいだ。

いったんゲストハウスに戻って昼寝してから、夕方散歩に出た。ピヤゲストハウスの前にある湖の周辺で夜店の準備をしていた。町の中を散歩してきてから湖に戻ってきて食べる。チャーハンと、ういろうみたいなものを買い、湖の前にしゃがんで食べていたら、いつの間にか近寄ってきた犬にチャーハンを全部食べられてしまった。さらにチキンとポテトフライを買って食べる。ポテトフライが多すぎて、残したのを湖に放り投げたら大量の魚が現れて争奪戦を展開した。生々しかった。

ローイ・クラトンという熱気球が上がっていた。お寺の前で売っていて、小さいのは40バーツ、大きいのは80バーツで、大きい方は花火も一緒につける。陰暦12月の満月の夜にやる行事だそうで、空を見てみれば確かに満月だった。

28日（金曜日）、予定通り朝8時に車が来て、クンユアムに向かった。

メーホンソンというと、一般にはカレン族の村を訪ねるのが観光のメインになっている。カレン族の女性は首に真鍮のコイルを巻いて長く伸ばす風習があることで有名である。彼らはもともとミャンマーからの難民であり、見せ物的な生活と引き換えに入場料や村内での買い物による収入を得ている。それを積極的に見たいという気にはならなかった。それより、『地球の歩き方』に載っているクンユアムの旧日本軍博物館を見てみたいと思った。クンユアムは、メーホーソンの南65キロに位置している小さな町である。『地球の歩き方』によれば、第二次大戦中にこの町に多数の日本兵が訪れ、彼らが残していった水筒やヘルメット、毛布や外套などが住民の家々に保管されていた。1995年にクンユアムの警察署長として赴任したチューチャイ・チョムタワット氏は当時の住民と日本兵との関係に興味を持ち、私費を投じて日本兵関連の品物を集め、1996年に博物館を開設した。

車はツアー用のミニバスタイプで大きく、もったいないぐらいだった。順調に走って1時間あまり行ったところで停止した。見れば道ばたに「日本兵士鎮魂之塔」が建っていた。裏側に「2000年12月吉日　倉敷有志建立」とあった。

さらに走って、2時間ぐらいでクンユアムに着いて、タイ日友好記念館に行った。建てたばかりのような真新しい感じである。

向かって左手に「異国の友に贈る詩（ウタ）」が掲示されている。日本語の下にタイ語が書かれている。最後に1986年12月3日井上朝義作詩とある。次のような詩である。

「1．お国の為と若人が　召されて征ったあの戦（イクサ）／戦（イクサ）利あらず虜囚の身　祖国の安否しのびつつ／屈辱に耐えて生きる時　人の情の嬉しさよ
2．四十年もその昔　戦（イクサ）に敗れし我等をば／言葉通ぜぬ異邦人　慈（ジ）眼（ゲン）愛語（アイゴ）といつくしみ／そっと恵んで下さった　あのことこの事忘らりよか
3．嬉しい時は空を見る　淋しい時も空を見る／思い出したら空を見る　空に輝くあの月は／いづくの果てに居ようとも　泰国（タイ）も日本も同じこと」

その横に、「戦友よ安らかに眠れ」という碑と、軍用車の残骸が5つ並べられている。受付は現地の若い人二人で、まず、入ってすぐ右手の室に招じ入れられた。そこでビデオをみせられた。15分間ぐらいだったかと思う。それを私はビデオカメラに撮った。日本軍が進駐してきて、クンユアムの人々との間に友好関係が打ち立てられたというのである。そんなことってあるのかなと思った。

その後展示館を見た。3階にわかれている。日本語の説明部分を写真に撮った。日本軍がクンユアムに入っていたのは1941年から45年までの間である。ビルマ・インドへの進攻路としてタイが使われたのである。

展示には次のような説明がある。

「タイは日本の物資拠点であった。第18軍司令官陸軍中尉 Akito Nakamura の政策は現地人との

よりよい親交で脱穀・稲刈り・巻き運び《（ママ）》作業の援助を指令した。日本軍がクンユアム郡入りしたことで経済が活性化し、日本とクンユアムの友好関係は円滑に運んだ。日本軍撤退の間多くの死者を出し食材や薬も減少したが、クンユアムの人々は出来得る限りの援助を、日本兵からは個人の所有品を提供し合った。タイと日本二つの友好関係が発展した由来はここにある。」

展示を見てから受付に戻ると、訪問者の記帳ノートがあり、それを見て非常に驚いたのは、日本語で書かれたものよりタイ語で書かれたものの方が多いぐらいなのである。いまだにタイ人で日本軍のことを忘れない人がいるということなのであろうか。

チェンマイに戻ってから桑野淳一『アジアを結ぶタイ国境部』を読んだらクンユアムのことが詳しく書かれていた。

日本軍はビルマ・インパール作戦で大敗して敗走した。投じられた戦力は30万人、うち11万人は生き残ったものの19万人もの兵が屍となった。その退却路は白骨街道と名づけられた。退却の末にたどりついたのがクンユアムである。

友好記念館前にはモイトー寺院があり、2011年12月11日にここにも慰霊碑が完成し除幕式が行われたのだそうである。そして、この寺の一角にクンユアム星露院というお堂が建っていて建立者は永瀬隆夫妻だそうである。

Wikipediaによれば、永瀬氏は英語通訳として陸軍省に入省し、1943年、タイに赴き、泰緬鉄道の建設にあたり、通訳に従事した。40万人のうち12万人が死んだといわれる捕虜虐待の現場に出くわし、後に、このことについて証言した。戦後倉敷市で英語塾を経営していたそうで、2011年6月21日に93歳で亡くなっている。友好記念館に来る前に見た塔に倉敷有志とあったのはそれかなと思う。記念館の展示にも、日蓮宗岡山立正青年会有志慰霊参拝団の卒塔婆が展示されていた。

タイは日本軍の進駐をはねつける力がなかったので、日本との間に攻守同盟条約を結び、1942年1月25日に、連合国側によるバンコクの空襲を非難する形で宣戦布告を行ったことで、枢軸国となった。しかし、終戦直前に親英米派「自由タイ」に政権が移譲され、宣戦布告無効宣言をして戦勝国となっている。外交の上手な国なのだろう。

桑野氏の本をあらかじめ読んでいれば動き方が変わっていたかもしれない。桑野氏はチェンマイからドーイ・インタノンを越えてメーチェムという町にまず行っている。そこからクンユアムまで車で2時間半ぐらい。最初からチェンマイを車で出て、メーチェム、クンユアムとまわっていけばメーホンソンまで行けたのではないかと思われる。

しかし、私の目標がとにかく海外に出られればよいということだったし、体力と相談しながらだったので、どういう順番でどこを動くということはほとんど考えなかった。それでも、こういうふうに桑野氏の書かれているところには行けたわけだからよかったんじゃないか。桑野氏の本ではメーチェムという町は伝統的な織物の町で、興味深いところのようである。また機会があったら行ってみたい。

クンユアムからの帰りに、まず温泉をみた。アイスランドの温泉とまったく同じく硫黄のにおいで、色も似ている。それからカレン族の集落へ行く舟乗り場までは行ったが、時間がないのでそのままメーホンソンに戻り、食事をしてからバイクに乗っけてもらって空港に行く。3時前にチェンマイに戻った。

なお、バンコクから成田に向かう飛行機に乗った時に読売新聞の東南アジア版をもらって読んだが、それに、ミャンマーが泰緬鉄道のルートに鉄道と幹線道路を再建する計画であるという記事が載っていた。

29日(土曜日)は、当初チェンラーイに行ってくるつもりだった。バスで片道3時間ぐらいだから行けなくはない。しかし、チェンラーイは以前行ったことがあるし、行って戻ってくるだけならあまり意味がない。それで、チェンマイの南方にあるラムパーンという町に行ってくることに決めた。

ラムパーンはモン族によって開かれた。モン族は11世紀にハリプンチャイ王国を建て、その首都はチェンマイとラムパーンの間にあるラムプーンである。『地球の歩き方』には、ラムプーンもラムパーンも載っている。私はどちらでもよかったのだが、松山さんがラムパーンと言うのでそちらにした。

ラムパーンは13世紀以降300年ほどチェンマイを中心とするランナー・タイの支配を受け、その後、18世紀中頃までビルマの影響下におかれた。それで、タイとビルマ両文化の痕跡が認められる。

ソンテオでチェンマイのバスターミナルに行くと適当なバスはなく、列車の駅に行って、9時前発の列車に乗った。鈍行ではないのにやたらに停車時間が長く、ラムパーンには12時に着いた。列車内でコーヒーとお菓子がただだった。

ソンテオを800バーツでチャーターして、まず昼食。その後、順に三つのお寺をまわったのだが、最初の寺は町から18キロ離れていた。北部タイで最も美しいと言われている寺だそうだ。土曜日のせいなのか、年末のせいなのか、きわめてたくさんの参拝客が来ていた。それから戻ってきて、お寺を二つまわり、その後、1895年に建てられたという古い木造の民家を見た。チーク材の柱を使っている。

あと、バスターミナルに行ってもらって、午後4時発のバスでチェンマイに戻った。途中ラムプーンによって、2時間足らずでチェンマイに着いた。

30日(日曜日)はゆっくりしようと決めていた。朝食後、チェンマイ市芸術文化センターに行ってくる。私が帰国するために出たあとに松山さんが私の部屋に移って来るので、11時頃移動してもらった。そして、一緒に散歩に出た。

ホテル周辺を歩くうちにレストランに出たので入る。しかしすごい混雑で、なかなか注文したものは来ないし、皿は小さいし。出てから普通の食堂で麺を食べなおした。

ゲストハウスに戻ってきて、水浴し、着替えしてから昼寝した。

やることがないので、4時頃出発し、トゥクトゥクで空港に行って、国際線ターミナルでチェックインした。松山さんと別れ、荷物検査と出国手続きを済ませた。出国手続きはチェンマイでやってしまうのである。中に入ってから、パソコン打ちしていた。

チェンマイからの便は、予定の19:25より15分遅れで出発した。バンコクに着いてから、出発便のモニターには乗る予定の成田への便が出ていなくて、きいたらゲートはA4だというので、とにかく指示された方向に行ってみた。以前、間違ったゲートに行ってしまって走り回った苦い記憶がある。このスワンナプーム空港はやたらに大きくてまいる。私と同じ便のタイ人らしい人と一緒に早足で行くと、A5だった。十分間に合った。

出発後、ロールパンのサンドイッチが出た。寝て起きてから、朝食はポークにしたら、おかゆだった。うまかった。午前6時に成田に着いた。

手術後初めての海外旅行で、とにかく海外に出て体と気持ちを慣らしたいというのが一番だった。その目標は達成できたので、大満足といえる。ありがたいことである。

空港バスが出るまでに1時間あったので、柚子レモンホットティというのを飲みながら原稿等を送った。

調布のアパートに着いて昼まで寝た。それから、池袋のジュンク堂と東京駅前の八重洲ブックセンターに行った。これまで書いてきたことから、アジアで分権化がどういうふうに進んでいるかについて、地域単位での最近の動きを把握したいと思って、その関係の本を探した。そういう観点からみると今回旅行したチェンマイ周辺は面白い場所である。

その後横浜の姉宅に行った。年越しそばを食べて、ボーッと紅白歌合戦をみているうちに目がふさがってきて、そのまま朝まで寝た。

横浜といっても、姉が住んでいるのは瀬谷区で、富士山が見える。年賀状をメールで送った。先にもふれたが本当はニカラグアの写真を送りたかったのだが、いい写真が撮れなかったので、グアテマラのアンティグアの写真にした。ちょうど富士山みたいな感じである。

年末の国際関係法の講義で難民のことをやったら、学生の感想文にいちょう団地のことを書いたのがあった。インターネットで調べてみたらいちょう団地というのは神奈川県営の住宅で、外国人がたくさんまとまって住んでいるのだとわかった。姉宅からすぐのところである。姉にきいてみたら、姉宅の隣に住んでいるカンボジア人の親戚がいちょう団地に住んでいるんだそうである。夕方、いちょう団地に行ってみようということになり、いずみ野駅までは車で行き、そこから歩いていった。ゴミの出し方、バスの乗り方がいろんな言葉で書かれていた。

2013年1月8日の比較法文明論の講義でまず今回の旅行のDVDをみせた。DVDをみせる前に、簡単に、チェンマイに行った事情と旅程を説明した。DVDを通してみてみたら結構長かった。それで、タイの社会構造とか、政治状況についての説明は次回にすることに決めて、私が沖縄タイムスに投稿しようと思っていた文章を読んで、意見を求めた。「国際通りを夜市の場に」という題である。タイで夜市が楽しかったので、沖縄でもやったらどうかということを帰国後に書いたのだが、書いてから、夜市で売るものがあるかなあと思って、疑問を感じ、寝かせてあった。しかし、若い人がどう考えるだろうかという興味から質問してみた。意外にも皆さん積極的に受けとめてくれて、いいんじゃないかという。やはり観光客相手のお土産店だけではやっぱりつまらないと思っているのではないかと思われた。そういう意見も取り入れて次のように訂正した文章を、当日の夜沖縄タイムスに送ったら、2013年2月3日の沖縄タイムス「論壇」に掲載された。それを以下に掲げる。

「年末、タイのチェンマイに行っていた。チェンマイはタイの古都で、お寺などがたくさんあるし、大きな市場もあって、買い物も楽しめる。人口は、郊外も入れれば30万人近くになると思われるので、那覇と同じぐらいのサイズではないかと思う。

チェンマイが楽しいのは昼間だけでなく、毎夜ナイトバザールがある。これは、基本的に歩道を使ってやっているが、そのほかに、日曜日は、旧市街中心部のラーチャダムヌーンという通りが通行止めになって、午後3時頃から深夜まで露店が設営されて、非常ににぎわっている。

今回、メーホンソンという、ミャンマーとの国境近くの小さな町にも行ったが、こちらもたまたま陰暦12月満月の夜で、湖畔に夜市が並んでいた。タイの北部ではこの夜にローイ・クラトンといって、熱気球をあげる。100円ちょっとで買えるので、たくさん空に上がっていって壮観である。水の精霊に感謝する祭りで、空への灯籠流しと思えばよい。一見の値打ちがある。露店の方も工夫のある商売がいろいろあって、見飽きない。

夜市が楽しいのはタイだけではない。例えば、台湾だと高雄の六合夜市は有名である。こちらも道を通行止めにしてやっている。

今回、夜市を楽しんでいて、国際通りのことを思い出した。国際通りは、日曜日の12時から18時まで、トランジットモールといって車が入れないようになっている。私は、国際通りのそばに住んでいるので時々その様子を見てきているが、道ががらんと空いていることのほうが普通だと思う。観光客のためというのはいいが、お店に入る人は歩道を歩いているわけだから車が走っていてもあまり関係ないのではないか。それより、道ががらんと空いているのは淋しい。

そこで、今のように日曜日の昼間車を通行止めにするのではなく、逆に、夕方から深夜まで通行止めにし、道に露店などが並ぶようにしたらどうであろうか。そこに観光客向けのお土産店だけでなく、楽しい店が並んでいるなら、沖縄に住んでいる住民もまた遊びに来るのではないだろうか。東南アジアなどの夜市を見ても、観光客も多いけれども、地元の人もたくさん来ている。国際通りが一部分でもそういう場になれば楽しい。」

学生の感想の中に、タイのことはほとんど何も知らないというものがあった。高校の世界史でも、東南アジアのことはほとんど何も教えないに等しいので、そうだろうなと思う。それから少数民族というものに興味を持ったというのもあった。これも、歴史を知らないことには把握できない。そういうことから、柿崎一郎『物語　タイの歴史—微笑みの国の真実』(中公新書、2007年)をまとめて講義したが、わかりやすい本で、そして面白い。

残留日本兵について

2013年2月7日(木曜日)に、那覇のジュンク堂で、林英一『残留日本兵—アジアに生きた一万人の戦後』(中公新書、2012年)を買った。残留日本人や日系人の問題ならフィリピンで実際に見聞してきた。中国の例も知っている。しかし兵隊が1万人単位残留したということは初めて知った。

この本で、残留日本兵の代名詞として語られるようになった水島上等兵、横井庄一、小野田寛郎らは、彼らが現地の住民と敵対的または無関係であったという意味で例外的な存在だといわれている。

水島上等兵というのは『ビルマの竪琴』の主人公であるが、架空の人物なのだそうだ。

ビルマ戦線を敗走していた水島の属する部隊は、村に寄宿中、英印軍に包囲されるが、「埴生の宿」を合唱したところ、敵側から「スイート・ホーム」の合唱が返ってきて停戦を悟り武装解除する。その後、捕虜収容所に収容されていた時に、停戦を知らずに山に籠城する別部隊救出のための伝令として水島が選ばれたのだが、水島は帰還することなく、隊員たちが日本に引きあげる前日にビルマ僧に扮して姿を現し、隊員の歌う埴生の宿に、竪琴で「仰げば尊し」をかき鳴らして無言のまま姿を消す。水島は、救出に向かった部隊が玉砕したあとビルマ僧に化けて帰隊を目指す途中で出くわした日本兵たちの酸鼻（さんび）をきわめる累々たる戦死体に唖然とし、戦死者たちの遺骨収集のために身を捧げる決意をしたのである。

この作品は、はじめは中国を舞台に、日本と中国の敵兵同士の和解の物語として構想されていたところ、日本と中国では共通の歌がないため、日本人が昔から慣れ親しんだ歌を持つ英国が敵に選ばれ、その結果として日英の激戦地であったビルマが舞台に選ばれたにすぎないという。著者の竹山道雄自身も徴兵されず、戦場体験は皆無であった。

この作品は１９４７年から童話雑誌に掲載されたものを翌年単行本化したもので、反戦平和、鎮魂、和解、近代文明批判を掲げた作品として国内のみならず海外でも高い評価を受けたのであるが、ビルマ自体はこれらのテーマの背景でしかなく、戦争被害者であったはずのビルマ人が当事者として扱われることはなかった。

横井庄一は、１９７２年グアムのジャングルで島のチャモロ人によって発見された。横井を発見したチャモロ人は、１９５０年代に残留日本兵によって弟と甥とを惨殺されていて、横井がその犯人であったかどうかは定かでないが、横井を発見したときに横井を銃殺しようとしたのを義弟の制止で思いとどまったのだという。横井については、発見されたその年に日本人女性と結婚したことに非常にビックリした記憶がある。

小野田寛郎は1974年フィリピンのルバング島で発見された。発見者である鈴木紀夫氏の『大放浪』（朝日文庫、1995年）という本で私はその詳細を読んだ。

小野田が発見されたのと同じ年の12月25日、インドネシアのモロタイ島で中村輝夫が発見された。彼は台湾の高砂族で、先住民名スニョンという。彼は30年にわたりジャングルで生き延び、三八式の「陛下の銃」を1日も欠かさず手入れしていた。しかし、元日本兵であっても日本人ではなかった彼は、日本と台湾が72年以降断交状態にあったことから台湾に戻った。名前も李光輝に変わり、アミ族の妻はすでに再婚していたが、夫が離婚を決意してくれて、元のサヤに戻った。

9日（土曜日）、『残留日本兵』にあげてある参考文献のうち第5章「現地に適応する術―タイとビルマ―」にあげてあるものをさがしにジュンク堂に行ってみたら、青沼陽一郎『帰還せず―残留日本兵六〇年目の証言―』（新潮文庫、2009年）があった。手にとったら、気がつかないうちに引き込まれて読み始めていた。なんというか、こんなに読みやすい本はなかった。しかし、第一章「敗走の果てに　インパール作戦〜タイ編」を読み進んでいくと、四人の人物の話がごちゃ混ぜに出てきてどうしても話の筋がつかめなくなるのだった。幸い「文庫版あとがき」に写真が並べて掲載されていて、名前が出てくるたびに写真と対照しながら読んだが、それでも一回目に読んだときは四人のことがごちゃ混ぜになってうまくイメージがつくれなかった。

10日（日曜日）の夕方上京した時は、私はずっとこの本を読みっぱなしだった。最初はタイと関連する部分だけ読んでおしまいにするつもりでいた。しかし非常に面白くて、やめられなくなった。11日（月曜日）は、妻の命日が翌日なので多磨霊園に墓参りに行った。墓参りが終わってから池袋のジュンク堂に行ったら、三留理男『望郷―皇軍兵士いまだ帰還せず』（復刻版）ミリオン出版、2005年）があった。この本でも上記の四人のうち三人が取りあげられていた。12日（火曜日）までには『帰還せず』を全部読んでしまった。第二章と第三章でインドネシア関係のところを読んで、インパール作戦関係のところとあまりに違う状況にびっくりしてしまった。インドネシアでは戦闘らしい戦闘もなく、食べものも豊富にあった。「ビルマの乞食　ジャワの殿様」、あるいは「ビルマの地獄　ジャワの天国」ともいわれたそうである。ビルマにいた飛行整備兵もインドネシアに移動させられ、そこで何をしたかといえば、戦局の悪化でパイロットの養成ができなくなっていた日本本土から送られてきた若い操縦士の訓練をして、神風特攻隊を養成したのである。離陸ができればいい、着陸なんかあまりうまくなくていい、というような訓練を受けた若者が沖縄などで死んでいった。負けるということが全然前提されていなかったところでいきなり無条件降伏と言われても意味がわからないのは当然である。大混乱が起こり、それまでの規律はあっという間に崩れ、自殺する者も多数いた。負けるぐらいなら死んでこい、と日本軍は言っていたのに、日本は負けましたと言ったわけである。その日本軍から逃げれば、これは脱走であり、逃亡ということになるのだろうか。インドネシアの場合、ちょうど独立戦争が進行していて、インドネシア独立軍に参加する者も多数いた。ある人はトラックを持ちだし、ある人は武器を持ちだし、あるいは戦車まで持ち出す人もいて日本人部隊ができるほどだった。そこでの戦闘が初めての実戦となった人もいる。

『帰還せず』を読んでから『残留日本兵』の第5章「現地に適応する術―タイとビルマ―」を読んでみた。そこに松林要樹『ぼくと「未帰還兵」との2年8ヶ月―「花と兵隊」制作ノート』(同時代社、2009年)がひんぱんに引用されている。私は、題名にもひかれて読んでみたくなった。13日(水曜日)に池袋のジュンク堂で探してみたらこの本もあった。びっくりしたのは、著者の松林要樹氏は1979年生まれの若い人だということである。松林氏は1999年より貧乏旅行者としてアジアと中近東を歩いた。こうした旅を通じて松林氏はアジアで自分が立っている立ち位置を考える必要に迫られたと言い、そして、このような体験を映像に表現できないかと考えて日本映画学校に入り、ドキュメンタリーを学ぼうと決めたのだそうである。彼は高校生の時に映画好きの友だちから借りたドキュメンタリー映画「ゆきゆきて、神軍」を見て「脳味噌が沸騰するような衝撃を受けた」そうだが、この映画の監督原一男の名前が映画学校のパンフレットにあったからという。「ゆきゆきて、神軍」は私も、弟がもっていたVHSビデオで何度も見た。彼は「未帰還兵」という言葉を作った今村昌平監督の作品も見たそうである。この本で彼は6人の人とタイで会っている。『帰還せず』と『望郷』のいずれにも取りあげられている三人も取りあげられている。三人というのは、中野弥一郎、坂井勇、藤田松吉(まつよし)である。

『帰還せず』を最初に読んだときに一番記憶に残ったのはこの中の坂井勇という人であった。というのは、彼はブラジルのサンパウロ生まれの二世なのである。坂井は１９１７（大正６）年４月にサンパウロ郊外で生まれた。両親は坂井が生まれる8年前の１９０９年まで福井で絹糸から布を作る紡績業を営んでいた。１９３７年にブラジルでは国家主義者のヴァルガス大統領が新憲法を発布し、日本語学校や日本語新聞の発行は禁止され、日系移民たちの共同体は大きく制限された。坂井の父は事業に失敗し、ブラジルで錦を飾るはずが何も残せなかった。１９４０年に開催予定だった東京オリンピックを見物するという口実で、日本国籍のままだった坂井と姉を連れて、坂井の両親はブラジルを離れた。横浜に着いてから父親の故郷の福井県坂井郡坪井村（現あわら市）に行くと実家はなく、やがて三国の借り家に移った。坂井は日本国籍であったので23歳で徴兵検査を受け、身体的能力に問題はなかったが、日本語がうまくなかったので第二乙種で合格した。１９４０年に豊橋で入隊し、朝鮮で独立自動車第60大隊の二等兵として訓練を受けてからロシア国境の警備に当たった。ブラジルの農園でトラックの運転ができたため輜重兵（しちょうへい：軍需品の輸送・補給にあたる兵）として輸送部隊に送られた。言葉が思うようにできないし、ほかの兵隊と同じようにピシッとできない坂井はいたぶりの標的になった。１９４１年に父親が亡くなり、その後家族との音信は途絶えた。同年12月に坂井は台北にいた。この時戦争が始まり、タイから船で上陸してマレー作戦に合流した。坂井は、開戦後、マレーのゴム園でマラリアにかかった。まだ余裕のある時期で、野戦病院もあり、休養もできた。また、その時にマラリアにかかったため免疫ができて、後々ビルマではマラリアにかからなかった。シンガポール攻略のためのマレー作戦ではアスファルトの道だったので、車を飛ばして先を争ってシンガポールを目指した。前線の兵士たちは自転車に乗って先を急いだ。これを銀輪部隊というのだそうである。私も多分同じ道を通ったことがある。シンガポールが陥落したあと、しばらくしてからビルマ戦線へ移動し、英国軍を追い出した後は中国雲南省への援蒋ルートの遮断に向かったり、アラカン山脈の国境付近に派遣されたりした。そして最後にインパール作戦に参加することになったのである。ここではジャングルを切り開いて進まねばならなかった。自動車などとても入っていけない。自動車部隊の任務は輸送にあるので、坂井の部隊は車で進めるところまで行って、そこから先は牛車と象を使って物資を運ばせた。ところが雨期と重なって思うように進めない。やがて坂井たちは支援物資をかついで運ぶことになり、もはや自動車部隊とは呼べなかった。飯ごうで米を炊いていると突然どこからともなく飛行機が姿を現し、一瞬のうちに血祭りに上げられた。それで、飯ごうの下には煙の上がらない炭を置いて炊くようになった。その一方で同じ敵の飛行機が恵みももたらしてくれた。日本軍は支援物資の食料には米しか持ち合わせていなかった。敵の飛行機から落下傘で荷物が落とされた時にはジャングルの中を駆け足で奪取しにいった。そこにはバターにチーズ、食肉の缶詰がある。その勢いに気圧されて敵は逃げ出すことが多かった。夢中になって地雷を踏んでしまって命を落とすものも少なくなかった。輸送部隊が敵の輸送物資を略奪するというのではシャレにもならない。病に冒されて道ばたに倒れ込んだ味方の兵をそこかしこで見るようになり、「衛生!」と呼んでも衛生兵が来たのは最初の頃だけで、やがてどこからも反応はなくなった。そして、「追及してこい」（ついてこい）の命令で後退が始まった。野戦病院まで到着しても死体の山だけで生きた人はいなかった。敵の弾にあたって死ぬより、マラリアやコレラで死ぬ者が圧倒的に多かった。坂井はビルマのカレン州サトンというところで1945年8月15日を迎えた。彼は武装解除され、収容所に監禁される前に逃亡し、カレン族の集落へ身を隠した。ブラジル生まれではあっても「生きて虜囚の辱めを受けず」という教えを信じてはいたが、にもかかわらず彼は軍隊を離れ逃亡行を始めた。カレン族は坂井をかくまってくれた。坂井はカレン族の一人としてサルウィン（タンルウィン）川中洲にあるコーロン島で農業に従事し、サトウキビや落花生を栽培していた。Google の地図で調べてみると、パアンという町の南方に中洲があり、ここだろう。島の内部は白紙状態になっていて何も記載がない。この島は全島がカレン族の住む島になっていて、ビルマ人は物売りが来る程度だった。坂井は地元の人からカレン族の反乱軍の舟の修理を頼まれた。以来坂井はエンジンや機械の修理を通じてカレン軍に協力していくことになった。そのうち彼は独自にモーターボートをつくり、反乱の影響で生活物資が届かなくなったパアンの町より先へサトウキビと一緒に荷物を運んでいた。坂井は他にも日本兵が残留していることは知っていたが、一人でいた。ビルマ政府は厳しく日本兵の残留を許さず、実際、ビルマ軍に捕まって1年ほど収監され、大使館が迎えに来て日本へ帰っていった者もいた。坂井が日本人との接触を断っていたもう一つの理由は、日本語があまり得意ではなかったためである。彼は今さら日本に帰る気はなかった。この時中野弥一郎が坂井を訪ねてきたのである。

中野は1920（大正9）年新潟県小千谷町（現小千谷市）で小作農の家に五人兄弟の長男として生まれた。1940年12月に新潟県高田市（現上越市）にあった歩兵第58連隊に入隊して3ヶ月間軽機関銃の教育を受けた後、新発田市にあった軍衛生学校に派遣され、3ヶ月間衛生兵となる訓練を受けた。翌年、輸送船で上海に入り、宜昌で戦場を体験した。1943年2月にシンガポールに着き、マレーシアのイポーで4ヶ月待機後、鉄道でバーンポーンまで送られ、建設中の泰緬鉄道を使ってビルマに入った。第58連隊は1943年5月に第31師団に編入され、1944年2月からのインパール作戦のうちインパール北部にあるコヒマを急襲占領し、インド内部からの敵の援護兵をシャットアウトすることが任務であった。中野の所属していた左突撃隊はチンドウィン川を渡って3月21日にウクルルを占領した。さらに敵が10キロ南のサンジャックに撤退して迎撃態勢を整えていたのでここに向かう途中、中野は26日午前9時に被弾して負傷した。仲間に救出され、トラックでウクルルの野戦病院、といっても天幕を張ってベッドを並べただけのところに担ぎ込まれた。中野ら負傷兵を置いて前進した部隊は4月5日にコヒマを占領したが、雨期に入って豪雨が襲い、戦闘を続けられる状況になく、5月31日、インパール作戦の総司令官だった牟田口中将の命令に反する形で佐藤師団長は撤退を指示した。こうして悲惨な後退が始まったのであるが、1945年4月末、宿営の陣地にたどりついた中野に、階級が上の者から、道ばたに倒れている者をつれてこいとの指示が出された。中野は衛生兵だったから当然の指示で、行き倒れになったものを探し、治療を施して連れ帰ったが、その夜「あるもの」を見てしまったのである。そのあるものとは人肉を食べることである。「ゆきゆきて、神軍」でも日本軍内にカニバリズムがあったことがわかる。それからしばらくして、ビルマのサトン県ラカ村というところで中野は1945年8月15日を迎え、敗戦を知らされた。中野は武装解除後に一回収容所に入ってから、誰にも相談せずに、もとのラカ村に戻った。「離隊」したわけである。軍隊はまだ解散していなかった。彼の場合はまず日本に帰らないと決めてから離隊という行動となった。村には進駐してきた英印軍のネパール兵が至るところ闊歩していたので、見つかれば日本兵の残党として身柄を拘束されてしまう。中野が身を寄せたのはカレン族の地域で、カレン州パアンというのが彼がおぼえている地名である。彼もまた一人で潜伏した。広大な村の中の家々を短期間ずつ滞在し、ひんぱんに移動した。そうしないと発覚するおそれがあった。潜伏して3年目に彼は15歳の少女と結婚した。彼女はカレン族と同じような少数民族であるパオ族であった。この頃中野は全身に刺青を彫った。それはカレン族の習慣である。

ビルマは多民族国家である。最大のビルマ族を筆頭にカレン族、シャン族、モン族、パオ族（ビルマではトゥンズー族）など、およそ50の民族によって構成されている。英国がこの国を占領して植民地としたのは1886年であるが、それまではビルマ族のビルマ王朝がこの国を支配していた。ところが英国は、それまでビルマ族に抑圧されていた少数派のカレン族を意識的に優遇し、多数派のビルマ族を冷遇した。1942年に日本がビルマを占領するとビルマ族は英国と友好関係にあったカレン族を迫害した。日本の無条件降伏後、1948年にビルマは英国から独立したが、民族間の争いを鎮めることにはならなかった。同じ少数民族のシャン族、カチン族等は自治州を獲得したが、カレン族にはビルマ族の報復で認められなかった。このため、カレン独立防衛軍は1949年ビルマからの分離・独立を求めて武装闘争に立ち上がった。独立直後の政府軍は弱体で、もう一歩で首都ラングーンを占領するところまでいった。しかし、政府軍は英米の援助を受けて反撃し、カレン軍は押し返され、根拠地であるカレン州でゲリラ戦を開始する。ある時政府軍が中野のいる部落に押し入ってきた。家々が焼かれ同じ部落にいた日本兵が捕まってしまった。身の危険を感じた中野は滞在していた家を逃げ出し、サロウィン川の近くに身を置いた。そこで、川の中州に日本人が一人で住んでいるという噂をカレン軍からきいて訪ねていったのである。それが坂井だった。坂井は、中野に、中野のいるところは危険だろうから移ってきたらどうかと提案し、空き家を紹介し、中野は妻とともに移り住んだ。そこの部屋が余分に空いていたので、坂井も移り住んだ。中野の妻が自分の妹を呼んだところ、時を置かずして彼女が坂井の妻となった。

掃討作戦に名を借りた迫害は執拗にくりかえされ、いたたまれなくなった多くのカレン族は難民としてタイとの国境を越えた。1957年、中野と坂井も国境に近いメーソットという町に居を定めた。中野は1960年9月タイでの永住権を取得した。この時に日本の戸籍謄本を取り寄せる必要があったので、友人づきあいしていた遠縁の者に連絡を取ったのが日本に連絡を入れた最初だった。その後は故郷に残った兄弟とも連絡を取り、1990年に20日間だけ墓参りのために帰国した。中野に先立って坂井は日本を数回訪れている。最初は万博を見に72年。二回目は85年。85年にはブラジルにも行っている。ジャーナリストが書いた記事がきっかけでサンパウロにあるＪＡＬ支店長が坂井の存在を知り、バンコクからサンパウロまでの航空券をプレゼントしたのである。ブラジルに行ってみると、母親はすでに亡くなっていたが、親類の者はほとんど生きていた。姉とも再び会うことができた。

坂井は２００７年５月９日に亡くなった。松林氏は偶然その日に坂井の家に行くことになっていて、坂井の葬儀に立ち会うこととなった。親類縁者として集まってくる人たちの多くはビルマから避難してきたカレン族やパオ族の人たちだった。絶え間なく人が訪れ、線香の火が絶えることはなかった。葬式は７日間にわたってとりおこなわれた。この葬式の様子が、ＤＶＤ「花と兵隊」の冒頭に映っている。生前坂井は１９８３年から軍人恩給を受け取っていた。日本に住んでいる普通の未亡人であれば遺族年金を申請できる。しかし、坂井の妻は坂井と戦後のドタバタ時代にビルマで結婚した。ビルマで公的な機関に出頭し結婚の書類を提出すれば坂井が日本人であることがわかってしまい、ラングーンの刑務所に送られることになるからできなかった。その後ビルマからタイのメーソットにやってきてからも難民ということで、タイ国籍ではない。避難民には日本人の配偶者という正式な書類を発行できないのだそうだ。これは中野の家族についても同じである。

以上、坂井と中野に関する部分を『望郷』、『帰還せず』、そして『ぼくと「未帰還兵」との２年８ヶ月』の３冊を読み比べながらまとめた。

松林氏は、2006年12月に沖縄出身者である伊波廣泰に会っている。この時伊波はファーンという、チェンマイから北方の、ミャンマー国境からあと30キロほどのところにある村に住んでいた。伊波はインパール作戦の生き残りではなく、奥さんの故郷であるということでファーンに移ってきたのである。伊波は1920（大正9）年に沖縄県国頭郡今帰仁村に五人兄弟の三男として生まれた。伊波が3歳の時に父親は大阪に移住した。伊波の父は二男であったが、長兄家族に男の子がおらず、娘だけだったので、伊波が養子として出され、沖縄に残された。伊波というのは、沖縄では「イハ」と読むが、大阪に出た時に、大和式に「イナミ」と読むようになったのだそうである。父母は大阪城近くで床屋を営んでいた。伊波が8歳になった時に従兄弟の家に男の子が生まれ、伊波が跡継ぎにならなくてもよくなったため、大阪に移った。小学校では沖縄の言葉がまったく通じず、学校の成績もどん尻になり、一人で工作ばかりやっていた。1933年ごろ伊波一家の店に上海から中国人の床屋職人が家族連れでやって来た。彼らは皆言葉が不自由で、少年の伊波は職人の娘に日本語を教え、彼女から中国語を教えてもらった。伊波は小学校卒業とともに大阪の町工場で職工をやった。この時の経験が後の人生に役に立った。ものをつくることの喜びも身についた。19歳の時に、作業中、過って高いところから落ちてしまい、背骨にひびが入った。座って作業をすると腰が痛くなるということで、徴兵検査は第二乙種だった。1943年に工兵として徴兵され、広島の宇品に集められ、台湾を経由してシンガポールに着いた。そこでは中国人一家から学んだ中国語が役に立った。中国人からは、軍の中で聞く大本営発表とはまったく違う情報が次々に入った。沖縄の地上戦の話も聞いて、つらい気持ちになった。命令でタイから鉄道でバンコクに行く途中、イポーで敗戦を知った。バンコクに着いて、そこで日本軍を待つことにした。だが、待てど暮らせど日本軍はやってこない。ドンムアン駅の構内で寝ていたところ、中国人ですかと声をかけられた。建設業を営む潮州人の華僑だった。中国人のふりをして中国語で答えると、潮州人の中国語と伊波の中国語とがレベルが同じだったことからばれなかった。とっさに「ここでなら生き延びられる」と思い、そして、軍を出ようと決めたのだという。職工や工兵で培った技術が身を助けるだろうという漠然とした自信があった。経営者から設計図などが読めるかときかれ、はい、と答えると材料の計算をさせられた。それから半年後、米軍のエンジンが出てきたがそれが動かないというのでバンコクに隣接しているナコーンパトム県プタモントン郡のその場所に行って見てみると、エンジンは簡単に動いた。伊波は村長からすすめられてプタモントン郡に移住した。村のたばこ屋の前で修理屋をやった。若い頃の伊波は伊達男で、いつの間にか女性の人気者になった。村の名士たちもやってきた。朝は忙しかったが、昼は何もすることがなく、川釣りをしていた。貧しかったが、気持ちは日本軍にいた時よりラクだったという。旋盤をもつようにすすめられ、いろいろなものを修理した。中国人のふりをした日本人がいると密告され、戦後処理をしていた日本人の将校と米国の憲兵に取り調べられた。ところが、日本人将校は日本人だと気がついていないふりをした。そして米国の憲兵にはウソの事情を説明したようで、憲兵からは何も聞かれずバンコク・サートーンの移民局に送られた。そこで中国人の入国証を発行してもらい、それをもって警察署に行き、居住証明書を作ってもらった。こうして伊波は張廣泰という名の中国人となった。そして村に帰って、村長のすすめで中華系タイ人と結婚した。戦後8年目に伊波は在タイ日本大使館に出頭し、日本国籍を再取得した。ちょうどその頃タイに来ていた大分県臼杵の鉄工場社長に手紙を託したら日本の家族と連絡が取れた。そして、1953年大阪の実家に帰った。伊波は日本で見た水揚げポンプを模倣して新しくポンプを作り、それをタイに広めた。伊波はタイにおける農業用水揚げポンプの創始者であり、5000本近くを作ったが、大量生産はしなかった。一つ一つが手づくりで、実際、今でもタイ中部のエビ養殖場や農場で使われているポンプには「イナミポンプ」の商標が入っているという。経済的にゆとりが出てきてから伊波は三度沖縄に帰った。昔は何もない島だったのに、今は米軍基地ばかりだ、と。「今帰仁は土地が非常に狭いのです。親からの遺産すべてが長男に譲られます。他の者は行くところがないから、外に出る。外地に出ることをなんとも思わない。だから、沖縄が私の故郷です。職工で働いた大阪には思い入れはありません」と伊波は言う。伊波は二度結婚している。最初の妻との離婚の原因は、伊波が日本国籍であるため妻がやっていた不動産売買の仕事がうまくいかなくなったためだという。タイでは外国人は原則としてタイの土地を購入できない。会社の法人登記はタイ人と日本人の夫婦となっていて妻にとっていろいろ不利な状況が生まれた。だからいさかいを起こして別れたわけではないという。仕事は50代で引退して息子にまかせていた。そんなところへ沖縄の人がチェンマイ県の山奥で事業を興すという話が入り、手伝いに行ったところで伊波はそこの大工の棟梁の娘と再婚した。

彼はその時58歳、妻は18歳であった。夜の生活は83歳まで現役でしたよ、と彼はいう。

伊波の話を読んで、非常にのびのびと生きてきたんだなあと感じた。戦後どうしてタイに残ったのかという松林氏の質問に、伊波は次のように答えている。「大阪の町で職工をしていて、そのころから日本社会とあまりあわなかったかもしれないです。沖縄の生まれ故郷は移住者が多いですし、大阪では、沖縄出身者は、自分自身を卑下している感じがしました。そして、腰が悪かったので、温かいこちらの気候が腰によかったのです。」

青沼氏の『帰還せず』のタイ編のところで、坂井と並んで強く記憶に残ったのが大谷基二である。大谷はしきりに自分は運がよかったというのだが、運だけでは考えられないような歩みである。

大谷は1921(大正10)年、埼玉県羽生町(現在市になっている)出身である。戦争に行く前は被服工場で裁断工として軍需品を作っていた。徴兵検査はやはり第二乙種だった。1943年9月に招集が来て千葉市鉄道連隊86部隊に機関工として配属され、入隊後3ヶ月間、鉄道を敷くための教育を受けた。いったん3日間ほど家に帰ってから千葉から汽車に乗って大阪に着いて、1週間後20隻の船団と一緒に大阪を出た。しかし、大谷の船は瀬戸内海で岩礁に乗り上げ1隻だけ下関に寄港することとなった。これでまた1週間。一緒に大阪を発った船団は台湾沖で敵の攻撃を受け、3分の1がやられてしまった。大谷たちはかわりのフランスで製造された快速船に乗ってシンガポールに着いた。そこから列車でカンチャナブリまで行き、そこから先は険しい山岳地帯を歩いてビルマ内の鉄道建設現場まで行った。日本軍は捕虜や現地の人間をこき使った。場所によっては病気で死んだ捕虜の死体がダーッと並んでいた。逃げようとして殺された者もいた。

外人の将校がマラリアになり、副官がこの人は中将だから助けてやってくれと大谷にいうので薬をもっていってやったら、その日の夜のうちに副官が治ったといい、名前を教えてくれというから紙に名前を書いた。後に刑務所に入った時にそのおかげで大谷は無事だったという。人を助けるといいことがあるね、と。大谷は本部にいたから昇進も早かった。薬も医務室に行っていつでも取ってこれる。日本を離れてまだ日が浅かった異国で目にするものが珍しく、兵站に到着すると仮宿舎を抜け出してそのあたりを歩いてまわった。持参した日本のあらゆるものをあらゆるものと交換して楽しんだ。女遊びもしたということである。招集前に裁断工をしていた関係で上官とかのボロになった服の手直しをやらされていたら、それをやっておれ、ということになって、現場機関工から本部付きに異動になった。芸は身を助くといった感じである。事実この本部移動が大谷の運命を大きく変えた。

「軍隊はにこにこしちゃ駄目。わしは、どうしても笑っちゃう。そうすると殴られる。殴るのも、上手な人は痛くない。(中略)わしなんか殴られるとすぐにひっくり返っちゃうけど、身体のしっかりした人は転ばないでしょ。それで、また打たれて、打たれて。気の毒でね……。」

本部にいると通信班がいて、いい無線機をもっているから戦況がすぐわかる。400キロに及ぶ泰緬鉄道が完成すると、大谷の所属していた部隊も一度だけ戦闘に出されることとなった。それがインパール作戦だった。大谷のいた本部部隊は前線からほど遠いところにあったが、それでも敵の弾は飛んできた。豊富な物資や多くの機材をかかえた本部は戦線のはるか後方にハウステントを構えて30人ほどの将校が常駐していた。大谷は前線の兵隊を見たことがなかった。だからこそ、大谷は日本は勝っていると思い、また周囲も勝っていると騒いでいた。ところが本部にいた小隊長が、これは頑張ったら駄目だといい、インパールまであと2日という地点まで迫って大隊本部から撤退命令が出されたのである。最後の牽引車が負傷した将校を乗せて出る時に大谷にも声がかかり、インパール作戦から悠然と撤退してきた。戦地への輸送目的で建設されたはずのものがまるで敗走のためできたような皮肉な結果であった。負傷兵を伴った大谷は連隊本部と別れ、チェンマイを目指した。負傷者が一緒ならタイは国境を通してくれた。チェンマイに入ると負傷した将校は医療施設にまかせておけばよいので、何もすることなく1週間を過ごした。それならバンコクに帰ろうと決めたところ、ランパーンでマラリアにかかった。幸い日本人の知人が数人いて助けてくれた。15日ほど滞在してからバンコクに戻り、大隊本部に合流したがやることがないので「番外地」(基地の外)で休養していると、タイ人たちは口々に日本は負けると言った。そしてある日、大隊長が皆を集め日本は負けたと言った。引き揚げ船が出るという日にようやく大谷は姿を現した。タイ人と同じような服を着て軍服は着ていなかった。そしてタイ女性の腕を引っ張って波止場までやって来た。乗船してから輸送指揮官に、こんな格好をしているのは実は戦犯容疑がかかっているからだ、と言い、それに妻が下で待っているから降ろしてくれ、といったのだそうだ。指揮官は下船を許可してくれて、背中越しに、気をつけてな、とも言ってくれたのだそうだ。この言い分でなぜ降ろしてもらえたのか、何度も読んでみたがよくわからなかった。「わしは運がいい。どこへいっても助けられる」と大谷は言う。この時もう一人、大谷と同じように船から降ろしてくれという人がいたがその人には許可がおりなかったのだそうだ。このようにして大谷は「逃亡」したのだが、これも逃亡っていうんですかねえ。だって指揮官の許可を得たわけでしょう。

現地にとどまりたかったのはなぜか。大谷は、婿に行きたくなかった、と言う。日本に帰ると婿に出される。村には婿取りが多かった。父親が婿で苦労していた。男子として生まれたからには婿には行くなよ、と父親はよく言い、大谷も、冷飯食っても婿には行かないと決めていたのだという。家に帰るとのけ者になる。ならばいっそタイに残っている方が気が楽だ。こちらにいれば誰にも恥じるところはない。だからこそ帰国前にタイの女性と婚姻関係を結んだ。ところが、そのときの妻とはすぐその後に別れたのだという。それも日本に帰らずにすますための方便に過ぎなかったということになる。青沼氏は、大谷は自由がほしかったのだと言われる。古い因習にとらわれてみじめな生活を送りたくはなかったのだと。大谷は、引き抜きにあって本部付となり、そこで知った現場と上層部の違いの大きさに日本の階層構造の典型を見て、よけいに婿として底辺に押しやられることに我慢がいかなくなったのであろう、と。

最後の引き揚げ船が出てしまったあと、大谷はバンコクに戻り、職を探してぶらぶら歩いていた。戦犯容疑云々というのは無事にすんだのであろう。そのとき、ミナミという朝鮮半島出身で大谷の所属する部隊で使われていた男に呼びとめられたのである。みんな朝鮮人と呼んでバカにした中で、大谷だけはミナミさんと呼んで対等につきあっていた。ミナミは他の多くの朝鮮人がそうであったように、戦後すぐに軍隊を離れ、日本人と関係ないところで勝手に動き出していた。ミナミは当時としてはまだ珍しかった冷蔵庫を専門に取り扱う店を構えるまでになっていた。そのミナミが、ここで働けや、2階に部屋もあると言ってくれたのである。ミナミの冷蔵庫店に5〜6年いてから、大谷は、ナショナルの仕事を専門にこなす日本人と会ったことをきっかけに独立し、空調設備、エアコンの店を開くことができた。その後は、紆余曲折を経ながらもバンコク市内で「泰大谷電機店」を経営してきた。青沼がインタビューした2005年当時土地もいくつか持ち、店舗から70キロ離れた場所には農場も持っていた。もう先も短いから、家も息子に譲って、半年後には田舎の農場で暮らすんだと青沼氏に話した。青沼氏がインタビューした1ヶ月後に大谷は腎臓がんでこの世を去った。インタビュー中にも自分でおしっこができなくて、妻に世話してもらったことが書かれている。大谷自身は腎臓がんだと知らされておらず、インタビューの数ヶ月前に心臓発作を起こして死にかけたと言っていたのだが、実はがんだったと、死後訪ねた青沼氏に大谷の妻は明かした。家族の居室にはタイの仏壇と日本の仏壇が二つ並んで置かれ、両方の仏壇の中央に大谷の遺影が掲げられていたという。

大谷の妻は、最初は大谷に同情していた。戦争で苦労した気の毒な人だ、と。しかし身寄りもなく自分の力だけで生きてきた姿を見ているうちに同情から愛情に変わっていった。大谷は恩給も断った。「わしのところに送ってきたら、夜遊びや女遊びに使っちゃう。だから軍人さんで困っている人がいたら回してくれ、と言ったんだ。金は一切もらわない」意地だけではなくて、妻が言うには、「くっ付いたり離れたり、たくさんの妻がいたわ。本当のことをいうと女好きだったのよ」「最初の奥さんはタイ人で結婚してすぐに死んじゃった。二番目の奥さんは、やっぱりタイ人で離婚した。それから、三番目が私。だけど、他にも女の人が沢山いて、かなり派手だったわ」普通の女性なら嫉妬心を抱いたり、亭主を許せずに叱責することもあるだろう。ところが、彼女はそうしなかった。　青沼氏がなぜと尋ねると、

「あら、だって人間は、愛している人が多いほうが、憎んでいる人が多いより、ずっといいでしょ」

なるほどそういう考え方もあるんだなと私は思った。

『帰還せず』の解説を戸部良一氏が書いている。その終わりの方で次のように書かれている。著者の青沼氏は「なぜ日本に帰らなかったのですか」と尋ねることで、実は知らず知らずのうちに二つの問いを発していた。なぜ敗戦直後に帰らなかったのか、という問いと、なぜ自由に帰国できるようになってからも帰らなかったのかという問いとである。そして、前者の問いは青沼氏の前も研究者が丹念に問いかけてきたものであったが、後者の問いはおそらく青沼氏がはじめて問いかけたのではなかったか、と。前者の問いに加えて後者の問いが重ねられることによって、逆に、われわれこそ、クニとは何か、国家とは何かを予想外の角度から改めて問いかけられたといえるのではないか、と。

帰還しなかった四人は、意外なぐらいブレがない。帰国しなかった理由はさまざまでも、いったん帰国しないと決めたあとは皆、迷いなくスッと現地での生活に入っていっている。あえて共通性を求めれば、それは戦争を通じて失われた国に対する信頼感の喪失であろうか。それより、現地で生活できるという自信が持てたことが大きいだろう。なかでも、共通して手に職を持っていたことが助けになっていたのを強く感じた。それがあればこそ現地で歓迎されたということがあった。日本では大した技術ではなくても、タイでは大変評価されたということもあっただろう。そしてやっぱり、精神的に柔軟でなければずっと生活し続けることはできなかったはずである。性格的に適応力があったということだと思う。裏を返せば、彼らは兵隊的ではなかったということである。

未帰還兵の置かれた状況はある意味で移民と似ているのではないかと私は漠然と推測した。移民となれば、その時の日本のイメージがそのまま保存されることになる。これは普通「化石化」といわれている。出た時の日本人としてのあり方は変化しないままずっと同じで、現地での生活体験がその上に積み重なっていくことになる。未帰還兵の場合も同じではないかと思うのだがどうであろうか。そして、その分日本に対する思いは純化されたのではないだろうか。

坂井の場合を考えてみると、彼は家族にも恵まれ、子ども、孫、ひ孫の大家族を作った。そのことを喜んでいた。しかしそれだけでなく、家は小さくても広い土地を彼はもっていて、その土地にカレン族の難民の人たちをたくさん住まわせていたそうである。いい意味での恩返しであろう。彼の葬儀が盛大であったのも、本当に彼の死を悲しんだ人たちがたくさんいたからだと思う。ブラジル生まれの二世である坂井が一番日本的なものをもっていた。いずれにしても、タイでうまく適応できた条件というのは移民が成功するために必要な条件とダブっている面が多いと思う。

2013年2月22日（金曜日）に娘がブラジルから帰ってくるので、成田まで迎えに行くかどうかちょっと迷った。東京から沖縄に戻ってきたばかりだし、当初は23日に用事が入っていたので行かないつもりだった。しかし、その用事がなくなったので、時間が空いているなら行こうと決めた。決めたのが遅くて、SKY便の正規料金しかなかったが、それでも片道1万8000円である。動く決断ができたのも体調がもとに戻ってきていることが大きい。毎日プールで泳いでも疲れなくなったし、一回で食べれる量もほぼ手術前ぐらいまでになって、量の多い市場の食堂をまた利用できるようになったのは嬉しかった。

第4章　「断章3」（2013年6月～2015年2月）

ミャンマーの旅　2013年12月

2013年9月に、野里さんおよび娘と一緒にブラジルとボリビアをまた訪問した。この旅については『旅の反復』第6章に書いた。

帰国後、娘はクリチーバなどでの体験をもとにウチナーンチュのネットワークについて博士論文を作成中だった。

私の方は、2013年10月10日付でとうとう『旅の深層』を出版することができた。

ルポライターのような仕事だと、記録をまとめる際に、その時、その場所で集められる資料をありったけ集めようとするだろうが、私はそういう旅はあまりしなかった。研究を意識した旅も多く、テーマは持っていることが多かったのだが、これっきりという旅の仕方はあんまり経験がない。だから、連歌のようになる。見残し、やり残しがあるのでまた行くことになるわけである。しかし2006年にダバオから引きあげたときは、6年間ぐらいでやりたいことはみんなやりましたという感じで、めったなことでは、まずもう行かないだろうなという気持ちだった。だから、その後はコーディネーターをやってもらっていた香嶋愛さんなどとも全然連絡を取っていなかった。しかし、本ができてから、彼女には送らないといけないと思ったので、奈良県に住んでいる彼女の両親宅に郵送したら、愛さんのお母さんから折り返し返事があり、クミハララーニングセンターはまだあることがわかった。驚いた。ダバオから引きあげる際に、バランガイキャプテンは、バランガイとしてラーニングセンターを継続するといってくれたのだが、お金が続かないのではないかと思っていたのである。愛さんのメールアドレスがお母さんの手紙に記されていたので、メールを送ったら、愛さんからもすぐに返事をもらえた。その後いろいろあったようだが、とにかくラーニングセンターは今もあることが確認できたので、とにかく一度見にいってみたいと思った。それで当初、２０１３年の末にダバオに行こうと思って愛さんにメールしたところ、年末はラーニングセンターは冬休みだということなので、年があけてから行くことにした。

それで年末はミャンマーに行こうと決めた。そう決めたら、姉が一緒に行くそうで、だいたい姉の希望に沿って旅程を組んだ。姉は時間的にあまり長くあけられないそうなので、ごく短期間の滞在になるが、今回はとにかくヤンゴンの空気を味わえればいいので、それでも十分である。ビザをとる関係もあって、どのような飛行機の便があるのか、ネットで確認してみたら、ちょっと前から全日空が毎日ヤンゴンに直行便を飛ばしていることがわかった。迷わずこれに決めた。バンコク経由だとタイの政情がまた不安定になっていたが、直行便なら影響はない。ビザ申請をしたあと、出発は12月25日成田発、帰りは28日夜にヤンゴンを発って翌29日朝に成田に戻る全日空便の切符を、12月3日に沖縄ツーリストで買った。切符を買ってしまった直後に、ヤンゴンに住んでいる兵頭千夏さんから、仕事の都合で年末は地方に行くそうで、1月になってからにしてくれないかと言われたが、ちょっと遅すぎた。ビルマ語の練習とか全然していないし、姉と一緒でもあるので、日本語の通訳をお願いして動くことにした。その方がいろいろ情報も得られるのでいい。ヤンゴンの旅行社でセットしてもらった。その後兵頭さんの予定が変わり、彼女は大使館の仕事で年末ヤンゴンにいることになったそうで、12月28日にヤンゴンを案内してもらえることになった。まったく予想外のことで、非常にラッキーである。

兵頭さんはもともと松山さんのお友だちで、初めて会ったのは2010年5月18日に、ブラジルに住んでいる小原哲夫さんがやって来たので、私もそれに合わせて上京し、松山さんと私の娘のほか、ミャンマー語の司法通訳をしていた兵頭さんも同席したのである。兵頭さんは大阪出身、本業は写真家で、ミャンマーの写真を撮り、そちらで立派な仕事をしていたのだが、たまたまミャンマーから難民がたくさん日本に来て、通訳が必要になったことから、当時は東京に住んでいた。彼女がミャンマーに連れていってくれるということなので、実現する日を楽しみにしていた。その後、2013年3月13日(水曜日)に、東京で松山さん、娘と一緒に兵頭さんに会って話をきいた。このとき会ったのは、彼女がこれからミャンマーに住むことが決まったと松山さんからきいて知ったからである。私もこれから、できれば外国に住みたいと公言しているわけで、いろいろ参考になる話がきけるのではないかと思った。連絡を取ったら、彼女はすぐに快諾してくれた。それで、会うまでにミャンマー関係の本をいろいろ読んでみた。彼女は、外務省の草の根ODAでミャンマーに行くことが決まったところだった。赴任するのは4月1日。3月22日までは入管で通訳の仕事をして、それが終わってから出発だそうだ。草の根無償支援のODAは1年間契約で、2年まで更新可能であるが、彼女自身は死ぬまでミャンマーに住むということを考えていて、2年間のうちに今後やることのメドを立てたいとのことであった。当面はEntry VISAでミャンマーに入ってBusiness VISAに切り替えるそうだ。草の根ODAが決まってから、商社から、倍の給料で働かないかとオファーがあったけど断ったそうだ。彼女はこれまでフリーランスでやってきたのだが、商社に雇われれば、仕事は会計、つまりお金を管理することになる。そういう仕事はやりたくないようだ。しかし、企業のCSR（社会貢献）ということで、いずれ援助してもらえるかもしれないとのことだった。こういう経緯があったことが彼女に自信をもたせたようである。これからミャンマーでやっていきたいこととして、彼女はまずカフェギャラリーを挙げた。今、ミャンマーはすごいバブル状態だそうで、不動産の価格は冗談ではない高さになっているそうである。ヤンゴンのいい場所だと、場所代が月10万円ぐらいはかかるであろうということだった。そういう状態だからこそ、彼女は、ミャンマーの人たちが気軽にできる場をつくりたいんだという。そもそも、自分の住むところもこれから探さないといけない。松山さんが、借りるのではなく買ったらどうかということを言っていたが、そもそも外国人は土地は買えないので、親しい人の名前を借りることになる。不動産売買で名前を貸してくれるような関係となると、常識的には結婚することになる。彼女も、ミャンマー人と結婚できるなら結婚したいという。そして、まだお相手は見つかっていません、とのことだった。前回娘と一緒に会った時は、彼女はコロッケ屋をやりたいと言っていたのだが、これは夢の段階だそうである。ミャンマーでもジャガイモがあるのかと思ってきいてみたら、松山さんが、ジャガイモにもいろいろあるからね、とのことだった。油であげたものが好きなんでしょうね。新しい物好きな人たちでもあるそうだ。ここらあたりまで話したところで、松山さんは先に引きあげた。彼は2日後にブラジルに出発なのだった。

松山さんがいなくなってから個人的な話もいろいろきいた。具体的な話は省くが、ミャンマーに住むことについては、決断までに時間がかかった、勇気が要ったと彼女は実感のこもった声で話した。当然だろう。とにかく「決断」の雰囲気がとても伝わった。が、6年かけての決断だから、決まるべくして決まったというような感じかもしれない。でも、ミャンマーという国は軍事独裁政権が続いてきた国である。そんな国のどこがいいのだろうか。

「ミャンマーの人ってとってもやさしい」

国とそこに住んでいる人が違うというのはわかる。わかるけれど、それで住むというところまでいくのがすごい。

彼女は当時ブログをやっていて、エーティダというのが彼女のミャンマーでの名前だそうである。エーティダとは「冷たい水」の意味である。ミャンマーでは暑いこと(熱いこと)はよくない。苦しみとか怒りとかのイメージがある。冷たいのは平和で心が安定した、やさしい、いいイメージなのだそうである。ブログにも載っていたが、彼女はミャンマーで髪を切ってもらって、その髪を売った話をしていた。そういえば、沖縄の女の人たちも、昔はみんな長くのばしていたらしい。

私はタイ語の文字を勉強するのに使っている本のことをちょっと話した。日本語の「さかな」の書き方から始まる変わった本である。そうしたら、書いたのは中島マリンさんでしょ、と彼女は言い当てた。中島さんというのは彼女の通訳仲間で、とてもかわいらしい人なんだそうです。ビルマ語は日本と語順が似ているし接尾語もあって、英語みたいに逆さまな順にならないからやりやすいそうだ。

ミャンマーで大切なのは何曜日に生まれたかだといった話もきいた。このことは土橋泰子『ビルマ万華鏡』(連合出版、2009年)に書いてあったので、そう言ったら、彼女もこの本の愛読者だそうで、ミャンマーにも持っていくそうである。土橋さんというのは相当年輩の方らしいが、ずっと昔のビルマへの留学の話から始まって、生き生きとしていて、とても面白い本である。ミャンマー関係の人でこの人を知らない人はいないというぐらい有名な方なんだそうだ。

今回彼女と会う前は、バンコクでビザを取って、すぐにでもヤンゴンに行ってみようかと思っていたのだが、話をきいて、彼女が落ちついた段階で娘と一緒に訪ねていくほうがいいなと思った。時間はかかるが、日本でも品川の大使館でビザがとれるから，とってから行けばいい、と。そうすれば韓国経由の便などが飛んでいるそうだから、タイを経由しないでも行けるそうだ。

彼女と会って、その「決断」をきいていたら、応援したいという気持ちになった。私が沖縄に初めてきた頃のことを思い出した。とりあえず、まずはビルマ文字をおぼえることから始めようと、会った翌日、加藤昌彦『見て・書いて・読んでみる　ビルマ文字』(同友館、2007年)という本を買った。しょっぱなに、「コロコロと丸い形をしたビルマ文字はまるで視力検査の記号のようです」とある。まったく。タイ文字とは全然感じが違う。

ミャンマーの件が決まってから、2014年1月にダバオに行く件もセットした。ダバオに行くと決めたら、松山さんから、一緒に行けるかもしれないとの連絡が入った。一緒に行くなら多分東京か関西からであろう。それで、松山さんに切符探しをお願いすることにした。セブ航空が関西・マニラ間を安い値段でとばしているそうだが、問題は、真夜中にマニラに着いてから乗り継いで、早朝ダバオ着となるらしいので、時間的にちょっときつい。それに松山さんは、帰りはマニラからタイに行く予定だというので、ならば、私は沖縄からダバオに行った方が時間的にも距離的にもラクである。しかも、以前は沖縄から行くと、マニラか台北で1泊する必要があったのだが、乗り継いでその日のうちに行けるように変わっていることが松山さんの調べでわかった。こうして、私の分は1月15日に沖縄からダバオに行き、19日に沖縄に戻る切符を買った。松山さんは14日朝マニラからカガヤン・デ・オロに着き、バスでダバオに行くそうだった。

ミャンマーに出発する前の12月18日に、東京琉球館で、『旅の深層』の出版記念会を開いてもらえた。それで、17日(火曜日)、講義後、16：55発の日本航空のシニアーで上京して、18日(水曜日)の夕方東京琉球館に行った。私が着いた直後、野里さんと本木さんが来た。本木さんというのは野里さんの知り合いで、児童文学関係の人だが、当時は反原発運動を熱心にやっていたようである。

続いて娘も来た。本を編集してくれた落合さんも来てくれた。知らない人々が少しずつ集まった。10人余りか。7時過ぎからまずちょっと挨拶して、出された料理をバイキング式で食べ始め、7時40分頃から話し始め、ちょうど1時間話した。

東京琉球館主宰の島袋マカト陽子さんが私の娘から本の出版についてきいて、「行き着くところが、行きたいところ　アフリカ、ブラジル、ダバオ　回遊」という副題が気に入ったというか、引っかかったらしい。それで急きょ私の話をきくという企画ができたのだそうだ。副題は、校正終了後、編集の落合さんが、是非副題をつけましょう、というのでつけたものである。私としては、もっと他にも書きたい場所はあったので、三つの場所はたまたまの場所なんだとわかるような題にしたかった。ちょうど研究ノート「地域国際化と親族ネットワーク」(沖縄大学法経学部紀要第20号、2013年)の校正作業をしていて、そこで取り上げたリカルド・セムラーの『奇跡の経営　一週間毎日が週末発想のススメ』(総合法令、2006年)に「行き着くところが、行きたいところ」という言葉があった。これだと思った。行き先も決めないで空港に行けるというのは、まことに「現代的」ではないか。オリジナルは『不思議の国のアリス』のチェシャーネコが言う言葉である。あらかじめ決めるということは、セムラーによればコントロールすることであるが、外部の要因はコントロールしない方が夢の実現につながる。それより、常識と考える今のやり方を変えることでいい対応ができる。セムラーの経営哲学は、コントロールしない経営である。セムコ社では、働く時間も場所も自分で決める。給料さえ自分で決める。社員各自がそれぞれの人生を満足して送っていけることが目標である。それに落合さんが、「アフリカ、ブラジル、ダバオ回遊」という言葉をくっつけてくれた。回遊という言葉も気に入った。「回」も「遊」も私の好きな言葉である。『旅の深層』という題の「深層」という言葉は、多分、河合隼雄『昔話の深層』(福音館書店、1977年)が頭にあったからだと思われる。河合氏の『ユング心理学入門』(培風館、1967年)をいつ頃読んだのか、調べてみないとわからないが、1990年に臨床心理学を勉強したくなって明星大学に入学して通信教育を受けた。

話した場所が東京琉球館だったので、私がもっている沖縄のイメージについても話した。沖縄に住んでいるウチナーンチュってどんな人なのか? それは沖縄の歴史と関係している。狩猟・採集時代が長かった。沖縄の場合、狩猟というよりは、漁撈という方が正確だろう。そうすると、移動というよりは、蓄積度の低い社会というイメージとよりつながりやすい。主食も長らく、粟とかヒエとかの雑穀であったようだ。農機具などの導入も遅いし、統一王国ができたのも日本本土と比べてずっと遅い。狩猟・採集時代の人類の集団はチンパンジーと比較すると、人類の場合基礎単位として家族があることがチンパンジーと違っているが、ヒトの集団の家族数とチンパンジーの集団の個体数とを比較すると似ている。蓄積がきかない生活であるから、自ずから集団の大きさも限界がある。一定以上の大きさになったら集団は分割され、一枚岩的な大きな組織はできにくい。大きくなるにしても、小さな集団の連合体みたいな形でしかまとまりはつくれないということである。これが分節社会である。沖縄のように小さな集団がしっかりある社会では、ヨソ者は、彼らの社会に介入しない限り、お客さんのままである。排除はされないが、独特の無関心がある。これはまさに分節社会的といえる。私は、ウチナーンチュと結婚することになったので、妻の親戚とはそれなりに関係を持ってきた。妻の父母は戦前京都での生活が長かったので、ずっと沖縄にいた人とは違っていて、しかも、私が来る前は民宿を経営していたので、ヨソ者にも慣れていた。妻と妻の両親が逝ってしまってからは妻の親戚とのつきあいもあまりなくなっている。だから、私はもう沖縄にいないといけない理由はなくなっている。ただ、妻の父から妻が買い受けた家があるので、そこに住んでいるという状態で、だから沖縄で死ぬということはずっと想定していなかったが、あらためて考えてみると、ひとりで死ぬにはいい場所である。何をしていようと、気にする人はいないのだから、死んでも当分は気づかれないだろう。

以上のようなことを話した。島袋さんは、「投げかけをもらったような、別の視点をもらったような感じ」というような締めくくりをしてくれた。退屈ではなかったようなので、よかったと思った。

東京琉球館で話した翌12月19日(木曜日)、マイルを使って沖縄に戻った。20日(金曜日)は年末最後の授業日だった。21日(土曜日)、午前中知念さんが来たので、留守中のことをお願いする。そして、やはりマイルを使って、午後の便で上京した。東京で特に用事があったわけではないが、ミャンマーに行く前なので早く上京しておくにしくはないと思ったのである。

ところが、22日（日曜日）、クリチーバの沖縄県人会長であるヒガエリオさんの紹介で娘に接触してきた女性が那覇にいて、今那覇の新都心のホテルにいるそうだが、住むところを探しているそうで、娘が考えるに、那覇の家の3階奥があいているのでそこがいいんじゃないか、と。7月ぐらいまで一時的に滞在するそうなので、管理してもらっている不動産屋の了解を得れば問題はない。娘が携帯で不動産屋にきいたら簡単に了解が取れた。ヨウコさんというらしいが、彼女がいいというのであれば入ってもらうことにした。もうけるためじゃないが、タダではまたおかしいだろうから、半額より安い2万円という金額を提示をした。保証人は必要ないと不動産屋に言った。

まず知念さんに連絡して、明日一緒に部屋をみてもらうことにした。野里さんにも連絡したほか、ヨウコさんというのは日本語は話せず、英語だそうなので、英語が達者な俊さんにも連絡した。三人ともOKしてくれて準備は整った。

23日（月曜日）は天皇誕生日で祭日だった。朝の10時頃、ヨウコさんはちゃんと松尾の家に来て、知念さん、俊さん、野里さんと会えた。そして、ヨウコさんが入居することに決まったようである。那覇の新都心のメインプレースにみんなで行って、和風亭で食べてから寝具などの買い物をし、その後本島中部のリサイクルショップで冷蔵庫や洗濯機まで買って、明日知念さんがトラックで受け取りに行くのだそうだ。いいチームワークだなと思った。

翌24日（火曜日）夜は、私のゼミの卒業生が、私が使っている沖縄ケーブルネットワークのniraiネットのW-iF-i設定をしてくれて、ヨウコさんも使えるようになった。

ヨウコさんというのがどんな人なのか、どんなことをしているのかは、娘がFacebookを見せてくれてわかった。何でも書き込むオープンな人のようだ。ヨウコさんは知念さんたちのことを「私の天使」といって、入居した部屋で一緒に写っている写真がすでに出ていた。父はブラジル人、母は熊本出身の日系人で、沖縄研究のために那覇に来ているらしい。私が那覇にいなかったおかげでかえってうまく話がまとまったのかもしれない。妻と同じ名前の人が入ったのも、まあ何かの縁だろう。

ミャンマーに持っていく本は内田百閒にしようと思って、調布の真光書店で、『阿房列車』と『まあだかい』を一緒に買った(いずれも筑摩文庫)。『まあだかい』をすぐに読み出した。夜、調布のブックオフで百閒の『百鬼園随筆』(新潮文庫)を買ってきた。24日は、クリスマスイブで、近くに住んでいる山口真理子さんから夕食のお誘いがあった。山口さんは定年になって非常勤勤務になっていたが、ずっと調布の図書館で働いてきた。社会教育研究の関係で妻と長らく親しかった。彼女は『旅の深層』を読んでくれて、お祝いにと言っておごってくれた。

予定通り、25日に成田からミャンマーのヤンゴンに行き、28日夜ヤンゴンを発って、29日朝成田に戻ってきた。ミャンマーについてはこれまで何冊か本を読んでいたが、今回の旅行直前には特に読まなかった。『地球の歩き方』さえほとんど目を通さず、ヤンゴンとその付近、および一般的な情報の部分だけちぎって持っていった。ほかに、ちょっと前、田村克己・松原正彦編著『ミャンマーを知るための60章』（明石書店、2013年）が出版され、それは兵頭さんも執筆者の一人になっているので持っていった。ミャンマーから帰ってきてから、本屋に行って4冊ほど買ったが、どれもこの1年ぐらいのうちに出版されたものばかりで、確かに投資ブームが起こっていることは感じ取れた。ビジネス書とは別に三橋貴明『ミャンマー驚きの素顔—現地取材 アジア最後のニューフロンティア』（実業之日本社、2013年）も買って読んだら、私が旅行中わからなかったことがいろいろ書かれている。例えば、世界で最も日本車が普及している国がミャンマーだ、とある。ミャンマーの日本車比率は間違いなく95％を超えているという。トヨタが一番目につくが、それだけでなく、日本各社の車が走っている。自家用車はもちろん、バスやトラック、タクシーもほとんどが日本車である。その多くは車体がボロボロである。公共交通機関が整備されていないヤンゴンの中心部では、昼間は常に大渋滞が発生していた。余りにも自動車の数が多く、交通渋滞がひどいため、ヤンゴン市内ではバイクの使用が禁止されていた。そのため、自動車と自転車だけが走っているというちょっと珍しい状態になっていた。ミャンマーは、車は右側通行である。英国の植民地だったから左側通行かと思っていたのでビックリした。ところがそこに日本車が走っているので、ほとんどが右ハンドルである。ミャンマー滞在中、左ハンドルの車は1台しか見かけなかったし、高速道路の料金支払所は右ハンドルに対応している。しかし右側通行・右ハンドルで安全は保てるのだろうか。

その他にも、いろいろ珍しいことが多い国だった。

まずは旅行の概要から記したい。

12月25日(水曜日)、午前9時半頃成田空港第1ターミナルに着いて、姉と一緒になり、自動チェックインした。満員だそうだったが、荷物は持って乗ることにした。11:45発の全日空NH913便に搭乗する。時差は2時間半遅れとわかった。

午後5時頃ヤンゴンに着いた。両替は100ドルまでしかできず、100ドルがだいたい10万チャット(K)。1円が10チャットぐらいで、見当がつけやすい。

空港タクシーは10ドルである。ネットで予約したクローバーシティセンターホテルに直行した。ホテルの部屋は白っぽくて病院みたいで、素っ気ないが、清潔な感じだった。水やお湯の出もいい。WiFiは確実につながるのだが、速度が非常にのろい。

ちょっと休んでから通りに出てみた。インドみたい。あとでわかったが、インド人の多い通りだった。写真で選ぶ方式のレストランで注文して2階で待つ。鶏肉の野菜炒めのようなものにライスがついたのはちょっとで来たが、ハンバーガーみたいなのがなかなかこなくて、帰ろうかと下に降りたところでちょうどできた。どちらもおいしかった。

ホテルに帰ってから停電があった。しょっちゅう停電することがやがてわかった。

明日は朝4時出発なのでシャワーのあとすぐに寝た。冷房を入れると寒いぐらいで、暗くなってからはそんなに暑くない。

26日（木曜日）、午前3時に姉に起こされる。4時にロビーに降りるとガイドのチョ・チョ・ラッさんが待っていた。運転手は若い男性。沖縄にいるときにネットで予約した。ガイドさんも男性で、日本語は非常にうまいが、日本に行ったことはないそうだ。

2時間ぐらい暗い中を走ってから、食堂で朝食を一緒に食べる。パンと、三角形のサモサと、ティーだったかな。あとで、ガイドさんはこのあたりはムスリムが多い地域だと言っていた。

濃霧がひどくて前が見にくい状態が続く。朝日が出て、川を渡ったところで、これからモン族が住んでいるところだという。道の両側にゴムの木の畑が続く。チークの林もある。8時過ぎトラック乗り場に着いた。海抜1080mだそうで涼しい。腰掛けつきのトラックに乗る。非常にたくさんの人が来ていて、満席になると次から次へと出発していく。途中で、反対方向からのトラックが通り過ぎるまで待って、また登っていく。終点で降りてからあとはちょっと歩いてチャイティーヨー（ゴールデン・ロック）に着いた。ちょっと前までトラックの終点がもっと手前までで、登るのが大変だったらしい。今は歩くのはほとんど平坦なところなのでラクである。

境内に入る前に裸足になって、あちこちから撮影しながらチャイティーヨーに近づき、最後は直接手で触ってきた。巡礼者の寄付によって貼り付けられた金箔に覆われた花崗岩の巨礫の頂上に、高さ7・3mの小さなパゴダが乗っている。丸い岩が、丘から転がり落ちそうで落ちないんですね。奇観である。地震があったら落ちるんじゃないだろうかと思われたが、過去には、数度の地震にも耐えて、不思議なバランスで保たれている。

お茶屋で休む。半熟卵を、殻の先をこずいて破り、中身を吸って食べる。

トラックで下山してから、車でちょっといったところでまずジャムの店に寄った。いろんな果物のジャムがあったが、どれもジャムという感じではなく、佃煮みたいな感じだった。ガイドさんは、多分家族へのお土産だろう、かなり買った。ガイドさんは今37歳で、奥さんと、5歳の娘さん、2歳の息子さんがいるそうで、写真を見せてくれた。

そのあと、ドライブインみたいなレストランでミャンマー料理を食べる。4品ぐらい注文し、あとスープとご飯はお代わり自由。中央に生野菜がおいてあったが、下痢するから食べないようにと言われた。おいしかった。辛くない。

それからバゴーの町中に入り、大きな仏塔前で写真を撮ってから町を抜ける。川にそったところでガイドさんが干し魚を買うために休憩した。川の魚といっても結構大きな魚で、開いてからむしろの上で干していた。細長い形のスイカを1個買って（100円）、すぐ食べれるように切ってもらい、われわれも半分持って帰った。

その後まっすぐヤンゴンに戻ったが、渋滞がひどくてなかなか着かなかった。

明日も同じガイドさんだそうだ。車は、同じ車だと1日90ドルだそうだが、5、6人は乗れる大きなタイプなので、60ドルの普通の乗用車にしてもらいたいと希望したところ、会社と携帯で連絡を取って、同じ車を60ドルで乗れるようにすると決まったそうで、車中で払ってしまった。この車は会社が250万円で買ったそうだが、クッションがよくて疲れなかった。運転手さんもわれわれと動くのを歓迎してくれている様子だった。

ホテルに着いてちょっと休んでから、暗くなって出て、昨日とは反対方向を歩くうちスーパーに出た。パン、鶏肉のハム、チーズ、ザクロ(Pomegranate)ジュース(シンガポール製)、ミャンマービールを買って帰って食べる。おいしかった。

27日(金曜日)、ホテルで朝食。ホテルの朝食としては量が多い。

9時にガイドさんと出て、まずシュエダゴン・パヤーという仏塔に行く。市街地の北にある、ミャンマー最大の聖地だそうである。外国人は別の入り口から入るようになっていて、拝観料は一人8ドルで、写真の撮影は自由にできる。

2012年の暮れにラムパーンでビルマ寺院は見ていたので、金ピカなのは知っていたが、ここの仏像は背後に電飾が点滅しながら輝いていて、ちょうどパチンコ台みたいな感じである。これが後光なのか。とてもじゃないがありがたみがわかない。しかし、観光客だけでなく、一生懸命拝んでいる人もいる。

このあと、巨大な寝仏を見に行った。チャウッターヂー・パヤーという仏塔にまつられている。全長70m、高さ17mだそうだ。ちょっと離れて頭の先の方から写真を撮ろうとしたが、全部は入らなかった。ところが、足の先の方に行くと台が用意してあって、そこからなら全体が写せた。足の裏になにやら一杯書かれているのは仏教宇宙観図だそうである。

そのあとアウンサンスーチーさんの住居に向かったのだが、渋滞に引っかかった。左折路線がなかなか進まないのである。やっと左折したとき、黄色信号で左折した。非常に長い黄色信号だったので、黄色信号というのは日本のような意味ではなく、左折の信号だとわかった。

スーチーさんの自宅前は太い通りだったが、彼女が軟禁されていた時期は通行禁止になっていたのだという。自宅は父親のアウンサン将軍から受け継いだ豪奢な建物だそうだが、門が閉まっていて、中は見えなかった。われわれ以外に、若いカップルがいて、写真を撮っていた。

それから、まだ午前11時半頃だったのだが、麺を食べた。昼になるととても込むのだそうだが、われわれはまだお腹がすいていなくて、食欲がわかなかった。

その後、ボーヂョーアウンサン・マーケットという市場に連れていかれた。生鮮食料品はなく、宝石などのお土産店ばかりだった。私も姉も興味がないので、ちょっとだけで引きあげ、歩いてホテルに戻った。そして、昼休みだそうだ。昼休みのある観光は初めてだ。私も姉も疲れていたので、昼寝できたのはありがたかった。

3時半になってまた出発して、スーレー・パヤーという町の中心部にある仏塔に行く。この周辺に市庁舎、独立記念碑、最高裁判所がある。次に港に行き、フェリーを見る。乗るのかと期待していたのに乗らないで、そのままチャイナタウンに行く。野菜や魚など生鮮食料品を売っているのを見ていく。ガイドさんが黒ビールはおいしいというので、チャイナタウンの中にある店で飲んでみることにした。ちょっと苦みがあるが、飲みやすい。最初はジョッキ1杯だけ、味見のつもりだった。ガイドさんも私と一緒に飲んだ。おいしいので2杯目を注文し、つまみに串焼きをお願いしたら、ガイドさんはとても食べきれないほど大量に注文した。ああ、お土産にするんだな、と思った。ジョッキ3杯目になったら相当酔っぱらってしまった。ガイドさんは4杯ぐらい飲んだのではないだろうか。ホテルに帰って、そのまま寝た。寝ている間に兵頭さんが訪ねてくれて、姉が会ってくれた。

28日(土曜日)、朝食後、8時過ぎにチェックアウトした。8時半頃兵頭さんがホテルまで来てくれて、一緒に町を歩いた。兵頭さんは不用になった紙の裏をまとめてホッチキスでとめて作ったメモ帳に書き込みながら歩いてくれて、別れるときにそのメモ帳をくれたので、それを見ながら書いていくことにする。

ホテルのあるあたりは印刷屋やハンコ屋が集まっているところだそうだ。教科書を作っているのを見た。小学校から英語も教えているそうである。

それから、ジャーナリストの長井健司さんが2007年9月27日、ミャンマーのヤンゴンで軍事政権に対する僧侶・市民の反政府デモを取材中、軍兵士に至近距離から銃撃された現場を教えてくれた。今は、そんなことがあったとは信じられないぐらいに平穏である。確かに政治的には今も何でもしゃべれる状態ではないようで、例えば、何をきいてもすぐに答えてくれたガイドさんも軍隊の話になったら何も答えず沈黙を守った。しかし、貧しいことから来る治安の悪さはないようで、町を歩いている人々を見ても、持ち物を盗まれるのではないかと警戒している様子が見られない。ビデオカメラも裸で手に持って大丈夫だった。『ミャンマー驚きの素顔』には、その理由として、食べ物は豊富にあることと、仏教徒が多いことをあげている。

われわれがヤンゴンに着いてすぐ行った通りを歩いていって、南インド風の店に入った。注文を取りに来たお兄さんはタミルの人だそうで、彼はミャンマー生まれだが、おじいさん、おばあさんがインドから来たのだそうである。兵頭さんは朝食はまだで、ナンビャー(インド式のナン)を注文した。油っ気がなかった。ナンビャーを焼く火はたきぎだそうである。

ミャンマーは多民族の国なので、誰がどこの人かわからないという話になって、兵頭さん自身はシャン人とよく間違えられるということだ。シャン人はミャンマーのシャン州に住んでいる人たちだが、タイ系の民族で、言葉もほとんどタイと同じらしい。

前にも述べたように兵頭さんは草の根無償支援のODAで来ていて、1年間契約で、2年まで更新可能であるが、彼女自身は死ぬまでミャンマーに住むということを考えていて、2年間のうちに今後やることのメドを立てたいとのことだった。ところが現在、2014年3月に契約を更新することをためらっているそうである。というのも仕事が忙しすぎてやりたいことの準備が全然できない状態だからだそうだ。

彼女は2013年5月に安倍首相がヤンマーを訪問した際に通訳をした。安倍首相夫妻や大使と一緒に写った写真が残っている。大使館で働いて、傍目には結構なことと思われるが、アパートに帰るのは毎夜11時だというから、推測するに、てんてこ舞いの状態が続いているのではないだろうか。

彼女は、最近印刷したという2種類の絵葉書をたくさんくれた。一つは、ヤンゴンから北西300kmのピイという町にあるシュエミエッマン・パヤーという仏塔に収められているメガネをかけた仏像である。もう一つは草の根で調査に行った学校で勉強している子どもたちである。1000万円で学校が一つできるそうで、2013年度はODAで6億円援助したのだそうだ。われわれの税金がこのように使われているわけである。

どこまで本気かわからないが、兵頭さんは、夢はコロッケ屋をやることだと今も言っていた。今回ミャンマーに来てみると、路上で揚げ物を作って売っている人たちはたくさんいるが、コロッケはまだないそうである。おかずにもなるし、いいんじゃないか、と彼女は言うのだが、コロッケが売れるようになればすぐにまねされるだろう。ほとんど資本も要らないから参入障壁は低いはずである。

セムラー的に考えると、彼女の能力ややりたいことを生かした仕事を考えればいくらでも面白いことができそうにみえる。彼女はミャンマー語の通訳ができるほどの力があり、しかも、その需要は沸騰しているわけである。また彼女はもともと写真家で、それも、ミャンマーの地方に出かけていって珍しい写真を撮ってくるようなタイプの人である。

ただ、ミャンマーのような、政治的にわかりにくい国だと、現地のしかるべき人と協力し合ってやるのが一番無難な形であろう。

外国人は、現在のところ土地を所有することはできず、ところが、昨今の投資ブームで土地の賃借料はどんどん沸騰している。そのため、自分の土地を持っていない人が飲食店を経営するのは難しい状況だと、兵頭さんも言っていた。

じゃ、どんな人が土地をもっているのかといえば軍人などの特権階級に決まっている。

「軍人のことを質問したら、ガイドさんは何も返事をしなかったよ」

「それは慎重な人じゃないかな。今は、政治的な話でもするようになっていますよ」

「スーチーさんの話は、ガイドさんもいろいろしてました。彼女は大統領になりたいんですか？」

「なりたいみたいですね」

現在のミャンマー憲法では、外国人と結婚したスーチーさんは大統領にはなれない。２０１５年に選挙があるが、それまでに憲法改正できるだろうか？　この憲法の規定はそもそもスーチーさんの父親のアウンサン将軍時代にもあったものだし、改正は間に合わないだろうと兵頭さんは言う。

インド式のチャイを飲んでゆっくり休んだあと、さらに歩いていく。

木に稲わらがぶら下げてあるのはスズメのエサだそうである。功徳を積むためだという。道路沿いに置いてあった鳥かごの中にも米粒つきの稲わらが入れてあった。

お笑いのＤＶＤを50円ほどで売っていた。テレビでやっている有名なものらしいが、兵頭さんはテレビをみていないのでＤＶＤでみると言って買った。私も買った。

路上に傘のはり替え職人がいた。150円ではり替えてくれる。修理文化だ。また糸鋸でミャンマー文字を切り抜いて看板づくりをしているところも見た。そういう人たちを兵頭さんは片っ端から写真に撮っていく。話したあとだと、写真を撮られてもいやがらない人が多い。撮られるのを恥ずかしがる人は、田舎では多かった。

電力を安定させる器械を売っていた。コンピュータなどが壊れないようにするためである。つまり、電圧が不安定だということである。われわれがホテルで経験した停電は2、3分で修復したが、もっと短く、断続的に停電することは旅行中しょっちゅうあった。送電網が老朽化しているためという。

それとは別に、水力発電が主力なので、乾季の終わり頃や暑季は、そもそも電力量が不十分で、停電が頻発するという。

ヒンドゥー教の寺院が出てきたので中に入る。ここも仏教寺院と同じで裸足になる。靴を預けるところが別にある。院内をぐるっと回っていたらブッダの像もあったのでビックリした。境内には菩提樹が生えていた。足洗い場で足を洗ってからまた履物をはく。

その通りのちょっと奥の方にショッピングセンターがあったが、場所が悪くてはやっていないそうだ。大きければもうかるというのでもないらしい。道路沿いでは、Yの字型の鳥打ちを売っていた。今はプラスチック製。牛飼いの少年が持っているとか。

中国系の店の奥の方に兵頭さんは入っていく。もともとはお寺なんだそうだ。奥の方にたくさんの位牌が並んでいる。お寺は資金不足のため場所代をもらっているため、お店になっている。中国系の人はお墓にはいるが、ビルマ人は入らないとガイドさんも言っていた。

その近くに、やはり中国系の寺院がある。観音像のほか、孔子像もあった。道教寺院ではないだろうか。仏教寺院と同じように、パチンコ屋のような電飾が像の後ろについている。そこにいた87歳のおじいさんに、兵頭さんは話をきいていく。彼の父母は中国の広東から来て、彼自身はミャンマーで生まれたという。そうするともうずいぶん前の話になる。漢字とビルマ字で自分の名前を書いてくれた。

出てきたスーパーに入る。姉がお土産用にビスケットと紅茶を買った。奥の酒置き場は、あちこち空いている。この2週間洋酒が買えなくなったそうで、店に置いてなかった。関税をかけずに密貿易で入っていて、その取り締まりで売れなくなっているのだとか。

路上で売っているものや生ものは不衛生で、兵頭さんはミャンマーで何か食べてA型肝炎になったそうである。1ヶ月間潜伏期間があり、日本で発病したそうだ。

それで私もマラリアにかかった話をした。昨夜、姉が兵頭さんに『旅の深層』を渡してくれて、彼女はそれを少し読んでくれたらしい。この本は口述ですか、と彼女からきかれた。私が娘に話して、それを娘が入力して原稿を作っていると思ったのだそうだ。

「来年には定年で、その後何するんですか?」

「講義は来年も持つから。外国に長期間住みたいと思っても、今はがんの手術のあと検査とかあるので、1年ぐらいはどうせ沖縄にいるだろうと思ったから。」

ミャンマーも3ヶ月間ゆっくりできていいなと言ったら、私の勘違いだった。ミャンマーのツーリストビザは3ヶ月滞在可能と思っていたのだが、それはビザの有効期間で、滞在可能期間は28日だった。ビジネスビザだと10週間滞在可能だそうで、結構長い。

昼食はミャンマー料理でいいですか、と兵頭さんにきかれ、OKするとタクシーで目指す店まで行く。到着するちょっと前に国立博物館を通ったが、その近くである。店は非常にこんでいて、外国人も多かった。兵頭さんが席を確保してくれ、そして適当に注文もしてくれた。ここで私の近視用めがねのわくが折れてしまった。シャツのポケットにボールペンと一緒に差し込んでいたら、取り出すときに引っかかって折れてしまい、左の柄の半分がなくなった。使えなくはないが、引っかかって左頬が痛くなる。今日帰るし、度の弱い遠近両用メガネを持っていたので、なんとかなるだろう。

昼食後、博物館で写真展をやっているというので、歩いて行ってみた。100年昔と現代の西洋の写真家二人の同じ場所を移した写真を並べた写真展である。多くの写真を見ての印象は、昔も今もあんまり変わっていないなということである。少数民族地域の写真が多かったので、変化が出てくるのはこれからではないか。

このあと、タクシーで港に向かう。ヤンゴン川の対岸までフェリーで渡ってみようということになったのである。港までのタクシーの運転手は、5月に親の土地を売ってお金を作り、このタクシーを130万円ぐらいで購入したそうだ。

フェリーは大きく、そして満員状態だった。10分ほどで対岸に着く。われわれ外国人は別のところから乗り、片道2ドルである。ミャンマー人は、ちょっと前まで10チャットだったのが20チャットに上がり、今はなんと100チャットだそうだから10倍になっている。インフレがどんどん進んでいる。今は国営で運営しているそうだが、民営化すればもっと高くなるかもしれないという。

対岸に着いて、たくさんの乗り合いタクシー運転手やサイカーの運転手に取り囲まれる。サイカーというのはサイドカーの略で、自転車の横に二人分の座席を背中合わせに取りつけた三輪の乗り物である。村までは距離があるので乗り物が必要だが、姉は乗りたくないという。結局、何にも乗らないで引き返すことにした。今、ここに橋がかけられる計画があるそうで、そうなるとこれらの運転手はいずれ失業することになる。

帰りは夕日が沈むちょっと前だったが、半分ぐらい雲がかかっていた。白人のツアーの老人たちが乗っていて、おばあちゃんはワラのほうきをかかえていた。これを自分の家まで持って帰るんですかねえ。ムスリムの家族が、寄ってくるカモメに一生懸命エサを投げ与えていた。兵頭さんが男の子に、まっすぐに投げるんじゃなくて上に投げてごらんと言い、男の子がそうすると、カモメは上手にその餌を拾った。

もとの場所に戻ってホテルまでゆっくり歩いていく。途中百円ショップに出た。もう閉まっていたが、日本の百円ショップを真似たものだと思われた。

午後6時にホテルに戻ってきた。飛行機の出発は22：10であるが、渋滞があるので早く行かないと間に合わないそうだ。ホテル前に停まっていたタクシーは8000チャットで空港に行くというのでそれで行くことにする。兵頭さんとはここでお別れと思っていたら、空港まで一緒に行ってくれるという。土曜日でも中心部の渋滞はやはりすごかった。兵頭さんは運転手ともずっと雑談をしていた。車のナンバープレートにビルマ数字のものとローマ数字のものがあるが、ビルマ数字のプレートはいずれなくなる予定という。タクシーは赤のプレートだそうだ。ヤンゴンはタクシーの非常に多い町である。

以上で兵頭さんの書いてくれたメモは終わっている。楽しい街歩きだった。

空港に3時間前に着いたのはいいが、本当、国際空港だというのにレストランが全然ない。コーヒーと、あと三角サンドイッチを食べながら1時間ほど雑談した。

私の本の副題の話になって、セムラーが行き先も決めないで空港に行ったことがあると書いていることを言ったら、兵頭さんは、これだっ、という表情で、明日から休暇だから行き先を決めないでバスターミナルに行く、と弾んだ声でおっしゃった。彼女はこれまで会ってブレのない人だと感じてきて、そして、今でもずっとミャンマーに住みたいということで一貫しているのだが、一緒に動いてみたら「行き着くところが、行きたいところ」タイプでもあると非常に感じた。とても柔らかい。そして、ミャンマーの人たちにもそういうセンスがあるのを感じた。これは「自由」とでも言ったらいいだろうか。

空港の中に入って、バーがあったので、私はワインを飲んでゆっくりした。

飛行機はこんでいなかった。29日朝6時過ぎに成田に着いた。

帰国後に買って読んだ『ミャンマー驚きの素顔』によって、ミャンマーの簡単な歴史を見ておく。タイとまったく同じで、民族構成から見ないと話が始まらない。

ミャンマーは多民族国家である。7管区 Region と7州 State から成っている。7管区は主にビルマ族が居住し、7州は州によって居住する民族の割合が違う。例えばシャン州の場合、76・2%がシャン族、ビルマ族11・1%、モン族11・1%である。モン州は、モン族38・2%、ビルマ族37・2%と拮抗している。

英国の植民地時代にはベンガルなどからインド人が大量に入植し、特にヤンゴンは3分の1がインド人だった。シンガポールなどから中国系も入り、人口の2%を占めている。

長らくカチン族、カレン族などとの内戦が続いてきたがようやく停戦に到るかという状況である。宗教上の対立もある。2013年6月29日の朝日新聞朝刊に、ムスリムのロヒンギャ族(ラカイン州に居住)との衝突事件のことが載っている。ラカイン人は仏教徒であるが、ラカイン州の一部地元政府がロヒンギャ族の家族の子ども数を二人までに制限したことが事件の原因である。ロヒンギャ族の国籍をミャンマーもバングラデシュも認めていないため無国籍となっている。その他にも、些細なことでムスリム、仏教徒が対立し、エスカレートしてきていて、三橋氏も指摘しているように旧ユーゴに似た状況である。

第二次大戦前からの政治状況を見てみると、スーチーさんの父親のアウンサン将軍がビルマ独立義勇軍を結成するのを日本軍は支援した。1942年1月31日に日本軍はジョホールバルに到り、マレー半島を陥落させ、英国軍を一時ビルマから駆逐することに成功した。しかしやがて反攻にあう。1944年の夏、ビルマ国内で反ファシスト人民自由連盟（パサパラ）が組織され、アウンサン将軍が議長となった。

大戦後の1947年にビルマは独立したが、同年アウンサン将軍は暗殺された。パサパラ副議長ウー・ヌーが首相となったが、カレン族の分離運動などを抱え多難なスタートであった。

1950年代パサパラが分裂し、1962年ネ・ウィン将軍のクーデターがあった。

1988年8月8日、ヤンゴンの学生たちによる反ネ・ウィン運動が盛り上がりミャンマーの民主化運動が口火を切ったが、暴力で押さえ込まれた。これが「8888」（四つの8）である。軍政による迫害はその後も続き、危険を感じた多くの人が海外に亡命した。日本に現在住む約8000人のミャンマー人の多くは軍の圧政から逃れてきた人々である（2018年8月3日の朝日新聞朝刊に「祖国を思う」という特集記事が載っている）。

1989年にビルマからミャンマーへと国名が変更された。スーチーさんたちはこれを批判し、1990年の選挙ではスーチーさんは自宅軟禁状態だったのに国民民主連盟（NLD）が圧勝した。

1998年に国軍クーデターがあった。この前後、日系企業の第一次ブームがあった。米欧は経済制裁措置に踏み切った。しかしこの時期、東南アジア諸国側は逆にミャンマーとの関係強化を望み、1997年にはASEANに加盟を認めている。

2007年8月ガソリン価格の大幅な値上げをきっかけに大規模なデモが暴動に発展し、この時にジャーナリストの長井氏が軍兵士からの銃撃されて死亡した。2010年以降民主化の動きが進み、11月13日にスーチーさんの軟禁解除され、2011年1月31日に国会が召集されてテイン・セインが大統領選出され、軍政は幕を閉じた。

2012年にバンコクとダウェイを結ぶメコン第2南部経済回廊が開通している。ベトナム南部のブンタウからカンボジアのプノンペンを抜け、バンコクからダウェイに至るインドシナ横断道が完成した。以前はタイからインドなどに製品を輸出する際は船便でマラッカ海峡を回らなければならなかったのが、ダウェイまで一気に陸送し、インドに向かうことが可能になった。ダウェイはミャンマー政府の指定した経済特区の一つである。

ミャンマーでは2015年のASEAN経済統合に向けて国造りが急ピッチで進んでいる。ASEAN統合は、域内においてEU的にモノ、ヒト、カネの移動を自由に認めることで各国が生産性の高い生産に特化し、全体で生産力を引きあげようという発想である。

三橋氏はTPPには反対だと明確に言われる。日本のように、供給能力が需要に対して過剰になっている国では、規制緩和することによって新規参入企業が無用に国内の市場の競争を激化させ物価を押し下げて国民所得を縮小してしまうから、と。これに対して、ＡＳＥＡＮの場合は、規制緩和で生産性が高い分野に特化され各国国民の需要を高めることができるであろう。しかし、ミャンマー企業が国民の需要を満たす形で成長することはできなくなるかもしれない。例えばタイはアジアのデトロイトといわれ、２０１２年に２００万台の生産を達成した。タイ産日本車がミャンマーに流れ込めばミャンマー国民車の実現は不可能になるだろう。

日本は、ヤンゴンから車で1時間ほどのところにあるティワラ経済特区開発支援を表明している。２０１３年5月に対日債務２０００億円を免除し、これまでの分とあわせて５０００億円を免除している。また、２０１３年にミャンマーから日本への米の輸出が再開された。ミャンマーの米はインディカ米なので、みそや焼酎などの加工用に利用される。敗戦直後は、日本はビルマから米などの援助を受けていた。

「最後のフロンティア」といわれるミャンマーの受け入れ環境はどうであろうか。

ミャンマーの識字率は高い。そして、ビルマ語の文法は日本語と似ているそうである。その結果ビルマ語を話すミャンマー人の日本語習得能力は驚くほど高いといわれる。質の高い労働者の賃金は中国の6分の1以下である。そして、犯罪や自殺は少ない。言われたことだけ淡々とこなすタイプだという。

豊富な鉱物資源を有する。天然ガスの生産量は現在すでにアジアで9番目である。銅、鉛、銀、錫、タングステン、亜鉛、ニッケル、金等の鉱物資源も豊富だし、農産物も豊富である。

2013年段階で日本の企業で進出しているのは、ヤンゴンの北20キロのミンガラドン工業団地に入っている縫製業が中心であるが、ここはもうすべて売却済みとなっている。

製造業進出のネックは電気などのインフラ整備である。営業許可証取得は複雑で時間がかかる。通信品質が悪い、というのは、ヤンゴン郊外のIT系企業が集まるミャンマーICTパークは一応WiMAXがつながってはいるが、回線が細い割にユーザー数が多すぎて非常にのろいわけである。その後、NTTが新規に加入したところ非常に快適になったというから、今後改善されていくだろう。かくして、ティワラ経済特区開発に期待が集まる。

『ミャンマー驚きの素顔』には、経済制裁下でも頑張った日系企業のことが書かれている。その中にミャンマーの農産業に日本式農業を導入しようとしているG7アグリジャパンのことが書かれていて興味をひかれた。

その後時間が飛ぶが、新型コロナ禍の中、周知のように2021年2月1日にミャンマー軍のクーデターがあり、アウンサンスーチーさんが拘束され、軍事政権が復活した。そして兵頭さんもミャンマーを引きあげざるを得なくなって、2022年の正月は大阪で迎えたということだった。それで、2022年4月28日(木曜日)午後、大阪の京橋駅で彼女と会って話した。この前会ったのは人工内耳をつける前だったので、ダイレクトに話ができるようになってよかった。会ったときは、彼女はお父さんの介護に専念しているようだったが、その後ミャンマーで日本語を教える話が出て、彼女はまたミャンマーに住むようになった。ミャンマーから一時帰国していた翌2023年6月21日（水曜日）の昼も同じ京橋駅で、江洲さんも一緒に彼女と会って話した。当分はミャンマーで日本語を教えるというかたちが続くようである。

8年ぶりのダバオ　2014年1月

予定通り、2014年1月15日にダバオに行き、19日に戻ってきた。

15日（水曜日）、11：55発の中華航空便で発ち、台北で乗り継いで、午後4時20分頃マニラに着いた。先の台風が影響しているのかどうかわからないが、台北・マニラ間の飛行機はすいていた。この区間でこんなにすいていたのは初めてである。

台湾は日本と1時間の時差、フィリピンは2時間の時差と思ったら台湾とフィリピンは同じ時間みたいである。入国手続のあと両替すると200ドルで8800ペソぐらい来た。1ドルが44ペソぐらいだから、ペソを2・5倍すれば円になる。昔と変わらない。

空港タクシーでターミナル2に行く。メーターは75ペソぐらいだったが、90出してもおつりをくれなかった。いやーな感じがした。相変わらずだな。

チェックインして中に入り、LAPTOP STATIONと書かれた、コンセントがたくさん並んでいるところでパソコンを出したら、まずボールペンを落としているのに気がつき、次に、遠近両用メガネがなくなっているのに気がついた。いかんなあ。遠近両用メガネは二つ持ってきたので大丈夫ではあるが、いつもなくしそうな感じだった。ポケットにじかに入れているとすぐに落としてしまう。近視のメガネとつけ替えるときはちゃんと入れ物にしまってからにしないとダメだと痛感した。でもこれでかえって旅の感覚が戻った。

パソコンを電源につないで原稿作成し、その合間に携帯で娘とやりとりしていたら、落ちついた。お腹がすいたので、沖縄から持ってきたおにぎりを食べた。

マニラからダバオまでのフィリピン航空PR821便はちゃんと時間通り午8時10分に飛んだ。すごい。天候の関係で遅れるのではないかと思っていた。このあとのPR823便が最終だが、午後9時発が9時50分発に変更になっていた。

夜の10時前にダバオ着。松山さんが迎えてくれてタクシーでホテルウノに行く。近くの食堂で食べる。サンミゲルも飲んだ。松山さんは、1日2食で、夜は食べない。

16日（木曜日）、朝食に出かけて食べてから、そのまま散歩する。思い立って、ジープニーで以前の下宿に行く。ご主人と長男さんに会えた。奥さんは以前と同じでニューヨークに住んで、先生をしている（『50代　旅の複層』第8章参照）。ご主人は、心臓を悪くしたそうで、ダバオに戻ってきていたが、今は元気そうに見えた。私が住んでいた2階は、今は長男さん夫妻が住んでいた。子どもが4人だそうだ。出産制限しないからどんどん増える。

ホテルに戻って、10時にトトさんの車で愛さんが迎えに来る。以前行ったことのある中国系のホテルで中村榮志牧師夫妻と会う。中村さんはミッション・マカリオスという、フィリピンの孤児院を支援する活動をしていて、クミハララーニングセンターは孤児の幼稚園ではないが、支援対象になっている。Facebookを見てみたらクミハララーニングセンターもサンアントニオの幼稚園として写真入りで出ていた。私に会いたいということでわざわざ時間を作ってくれたようなので、『旅の深層』を差し上げた。私はクミハララーニングセンターを設置した経緯について話したほか、中村さんからアフリカなどのこともきかれた。

昼前に愛さんが携帯をかけるため席を外している時、松山さんがダバオに来る直前まで瞑想修行をしていた施設のパンフレットを出して見せてくれた。インドかどこかの言葉がいっぱい出ていた。中村牧師が「コップ一杯の水も分けなければ云々」という、多分聖書に出てくる話をしたのだが、松山さんはピンと来ないようだった。

昼前にいったんホテルに戻ってから出て、ガイサノモールにあるバンのターミナルから午後1時半頃出発して、4時半にサンイシドロに着いた。ダバオから北東に向かい、タグムの手前でダバオ湾に沿って南下して行く。最初はバナナのプランテーションが続き、やがて海が見えてから水田が多くなる。

サンイシドロにある孤児院のハウス・オブ・ジョイには、以前日系人スクールで教えていた澤村さんがいる。ハウス・オブ・ジョイに来てもう8年になるとか。つまり私がダバオから引きあげた年である。37歳だという。かつてカトリック神父になろうと勉強したこともあるそうだ。ここでは広報関係の仕事が主のようである。

運営者の烏山さんは両足切断され、車いすに座っていた。肌の色と感じが蝋人形みたいにも見えた。脳梗塞もやったそうだが、ちゃんと話せた。烏山さんを見て、映画「最強のふたり」を思い出した。烏山さんの奥さんのアイーダさんもいた。若い日本人女性もいた。

敷地内をざっと見て回った。図書館を見ると、手入れされていないようで、雑然としていた。建物などは年を経て古びてきていた。しかし、子どもたちは相変わらずで、元気だった。烏山さんたちと夕食後、子どもたちが歓迎のためホールに集まって合唱してくれた。

午後6時半に烏山さん夫妻と一緒に車でダバオに向かい、8時半にホテルに戻ってきた。私は食事をし直して、ビールも飲んだ。

17日（金曜日）9時に、迎えに来てくれた愛さんとタクシーでクミハララーニングセンターに行く。行ってみると、ラーニングセンターの前は、以前は空き地になっていて、そこが子どもたちの遊び場だったのだが、そこにバランガイ事務所が新築され、ラーニングセンターは通りからは見えなくなってしまっていた。

教室に行って、子どもたちを見る。44人在籍しているそうだ。われわれが着いてからちょっとして、まだ10時過ぎだったがお食事になった。われわれが来たので特別だったのかもしれない。われわれは途中で抜けて、元老人会長宅に行った。親指をからませて握手し、頬をすりあわせた。86歳で大変お元気である。フィリピンで80歳以上の老人というのはそんなにたくさんはいない。奥さんもお元気で、指圧師をやっている娘さんが来て一緒に出かけていった。

それから、貧困世帯をまわった。相変わらずひどい。2畳ぐらいのスペースしかないところに、双子が生まれたそうで、寝かせられていた。未熟児なのか、栄養が足りないのか、やせ細っていて、人間の子どもに見えなかった。

周辺のドブは水がたまって臭かった。引きあげた頃と何も変わっていないようだ。

ラーニングセンターに戻ると、もう子どもたちはいなくなっていて、レイチェル先生が残っていた。レイチェル先生は元校長先生だったそうで、熟練した先生に見えた。

愛さんからラーニングセンターの運営状況についてきいた。現在はセミプライベートの形になっている。国からは米、給食などの現物給付がある。日本の支援者からのお金で先生の給料、文具代などをまかなう。生徒の親は毎月40ペソ払い、これはコピー代に使われるそうだが、それも支払えない親がいるのだそうだ。

一応経営は成り立っているので、私は志として5万円出した。

新しいバランガイ事務所の中を見たあとで、愛さんも一緒に長距離バスターミナル横のSMショッピングセンターに行く。ここにある喫茶店で、松山さんのお友だちのWさんがジェネラルサントスからバスで来るのを待つ。Wさんは12時半到着の予定が1時間ぐらい遅れて着いた。松山さんの話では独身だというので一人で来るかと思ったら若い現地女性と一緒だった。

一緒にショッピングセンター内にある中華レストランチェーンのチョーキンで麺とチャーハンを食べる。トトさん、トトさんと愛さんの娘のサクラココちゃん、それにレイチェル先生も後からやってきた。

食べてからWさんたちといったん別れ、トトさんの車でゴミ捨て場周辺の集落に向かった。

市の北西方向に進んで行って、Magtuodというところをさらにずっと進んでいったところにあるTugbok DistrictのNew Carmenというところにゴミ捨て場はある。市の中心部からわずか30分ぐらいで行ける場所である。

あらかじめ愛さんからもらったクリームを肌に塗りたくって車から降りる。サクラココちゃんとトトさんはそのまま車に残った。

広大な山裾にゴミがそのまま捨てられている。すごいもんですね。こんなに大きなゴミ捨て場って、私は初めて見た。ビデオ撮影機付属のカメラで撮ったが、いろいろ角度を変えてみても広すぎて全部は入りきらなかった。ゴミ捨て場の中に入って、ゴミを見てみると、全然分別されていない。おじさんが袋の中をあさって、食べ物を探しているようだった。遠方の美しい森林との対比が印象に残った。

道路との間にコンクリート壁があるが、道ばたにたくさんのゴミが持ち出されている。そして、道路沿いにゴミで生活している人たちの集落が続いている。集落で、途中で買ってきたビスケットふうのお菓子を子どもたちに1枚ずつ配った。子どもたちは皆明るかった。見たところ栄養状態もそんなに悪いとは思えない。むしろクミハララーニングセンター周辺の方がひどいぐらいだ。

今ダバオには巨大なショッピングセンターがあちこちにたくさん建っていっている。ちょうど沖縄本島で次々にショッピングセンターができているのと似ている。そこに行けば、日本とかわらないような買い物ができる。そういうところで買い物ができるような人たちも増えているのであろう。そのような人たちが捨てたものがゴミの内容に反映されているはずである。

愛さんの話では、このゴミ捨て場はもう10年ぐらいも前からあったそうだ。これから10年でさらにどれぐらいのゴミがたまるのであろうか、見当がつかなかったが、いろいろな問題が起こるだろうことは確実である。

ゴミ捨て場から町の中に戻ってきたらホッとした。ビクトリアショッピングプラザの1階にある喫茶店バスティスに行って、お茶にした。まあ、きたないところに行ったので、きれいな場所で体を清めましょうということである。この喫茶店は、下宿に住んでいたときにしばしば通ったところであるが、コーヒーが1杯100ペソ前後で高い。ダバオでは、普通は袋に入った粉のコーヒーをとかすのだが、ここだと日本と同じようなコーヒーが飲める。

レイチェル先生がiPadを持っていて、それでクミハララーニングセンターのHPを出してくれた。Facebookに行事などの写真がたくさん載っていて、みんな楽しそうで、普通の幼稚園とかわらない感じである。まったくビックリしてしまった。クミハララーニングセンター初代の先生であるルースさんの、ダバオでの結婚式の写真も見せてくれた。ルースさんは、私が以前住んでいた頃からネットで知り合ったアラスカ在住の白人男性と付き合っていたのだが、今はこの人と結婚し、アラスカに住んでいる。サクラココちゃんは7歳だそうで、これから小学生だが、見たところ、しっかり自分の考えで動くタイプのようである。愛さんのお母さんからもらった手紙には、日本語も、英語も、タガログ語も、ビサヤ語もできると書かれていた。トトさんは、以前と比べて少し太って、まあ、父親の貫禄が出てきたということでしょう。仕事は、パームオイルを作っているそうで、年に二回収穫して1haあたり1万2000ペソから1万5000ペソの収入になるそうだ。松山さんの話ではいい商売だとのことだった。トトさんは、今はパジェロに乗っている。中古だと思うが、30万したというので、安いですね、と言ったら、円ではなくペソだった。75万円ぐらいということになる。

夜はWさんたちと会う予定だったので、5時半頃松山さんと先に引きあげてジープニーでホテルに戻る。われわれの部屋のドアの下に差し入れられた紙でWさんたちもホテルウノに投宿したことがわかった。

雨が急にひどく降り出したので、ホテル内のレストランで食べる。

最初に松山さんはお祝い袋に50ドル入れてWさんに渡したのだが、これは早とちりで、話をきけばWさんはまだ結婚してなくて、フィリピン滞在も旅行ビザを更新しながらだそうである。旅行ビザで何度でも更新は可能とのことで、今三回ぐらい更新したとのことだった。その前はフィリピンの別の島にいて、ＪＩＣＡで服作りの指導をしていたそうだ。出身は島根県で、専門学校で服の作り方を学んだという。Ｗさんは、今後またＪＩＣＡからアフリカとかへ行きたいということなのだが、一緒の彼女はどうなるのでしょうね。彼女はほとんどビサヤ語だけしかできないようだった。

18日（土曜日）、前日までで用事は全部すんでいたので、この日はジェネラルサントスにＷさんたちと行こうかという話になっていた。しかし、ジェネラルサントスから先に行くには時間が足りず、結局トンボ返りするだけである。それよりは、Ｗさんたちもせっかくダバオに出てきたわけだから、観光らしいこともやった方がいいんじゃないかと思って、以前活動地域にしていたカリナンに行ってみたらどうかと思った。カリナンにはフィリピンイーグルセンターがあるので、Ｗさんたちも楽しめるだろう。

松山さんもＷさんも了解してくれたので、朝9時過ぎ、4人でホテル前からタクシーに乗って、カリナンに向かう。最初はメーターで行ってもらっていたのだが、運転手がいい感じだったので、午後3時まで１５００ペソでチャーターすることで話が決まった。

カリナンに着いてまずフィリピン―日本歴史資料館に行った。以前行ったことがあるが、奥の方にフィリピン日系人会インターナショナルスクールができていた。1階のクラスの一つがオキナワ、もう一つがトウキョウという名前になっていた。

それからフィリピンイーグルセンターに行く。以前はいつ行っても工事中で十分見られなかったが、今は落ち着いた感じで、イーグルもたくさんいて、よく見えた。

その後、カリナンの市場そばで、運転手さんも一緒に食べてから、市場を30分ほど歩いて回る。市場は大きく、特に生鮮食品は豊富である。

ちょっと時間が余ったので、そのあと戻ってくる途中で、分岐点からトリルに行ってもらった。CMU（医療NGO）がなくなったと、前日愛さんからきいて知ったので、それを確認したかった。行ってみると工事中で、関係者は誰もいなかったが、はり紙から今はヤギアカデミーという組織が入ったことがわかった。CMUで田中愛子さんから話をきけたことが、そもそも私がダバオに住むようになったきっかけだったし、移動児童館活動もCMUの人たちと一緒にやったので、たくさんの思い出がある（『旅の深層』第3章参照）。

このあとは、Wさんたちをジェネラルサントス行きバス乗り場でおろしてから、ホテルに戻ってきて昼寝した。

夕方散歩する。ホテルから海が見えていたので、海岸に向かって歩いていったのだが、海岸の手前は家が密集していて、なかなか海に出られない。細い通りを突き抜けて海辺に出ても、そこは大小便垂れ流しの生活の場で、異臭が漂う。細い通りはとにかく子どもたちでいっぱいの印象だった。結局チャイナタウン入口まで歩いてきて、その前のリサール公園の隣が港である。ここでもたくさんの子どもたちが元気に水遊びしていた。対岸にはサマール島が見えた。暗くなるまで港にいてからジープニーで戻ってきて、ホテルのそばの食堂で食べていたら、売春婦から誘われた。それで注意してみたら、売春婦と思われる女性が複数出入りしている。何度も食べに来ていたのにずっと気がつかなかった。彼女たちもまたあっけらかんとしていて、そして明るい。

19日（日曜日）、朝3時過ぎ出てタクシーで空港に行き、フィリピン航空便にチェックインする。松山さんはセブパシフィック便で、私より後で、待合室で話してから私が先に乗った。昨日ミンダナオ東部の低気圧が発達して台風になったのだが、大丈夫だった。

マニラに着いてタクシーでターミナル1に移動。やはり運転手からチップを要求され、いやーな感じがした。ダバオとマニラでは空港使用料が必要で、残ったペソがちょうど150ペソだったので、それでハンバーガーを買って食べたらちょうどゼロになった。

今回フィリピンに行ってみて、やはり一番感じたのは、援助慣れを抜くのは至難だということである。クミハララーニングセンターが残っていたのは嬉しかったが、運営の実態を見るとバランガイはお金を出していない。中村さんたちが援助しなければ、そして愛さんがいなければ続けていくことはできないだろう。フィリピン全体としては経済的に発展して行っているのかもしれないが、底辺層は分厚い。外国の援助団体にしたら、貧困であればあるほど援助しがいがあるわけである。

中華航空便で台北に着き、4時間ぐらいも待ち時間があったのだが、空港は改修されて、だだっ広い四角形の通路になっていたのでゆっくり歩いて見て回り、台湾風の薄い味のぜんざいを食べた。お餅ではなく、柔らかい豆腐のようなものが入っていた。その後コンセントがあるところでパソコン作業をしていたら、すぐに時間は過ぎて長くは感じなかった。

夕方7時40分頃着沖縄に着いた。着いてみたら、時のトンネルをくぐり抜けたせいか、非常に長い旅だったように感じた。

定年直前台北の旅　2014年3月

2014年2月23日（日曜日）、たまたま夕方NHK教育テレビで人工内耳についてやっていた。本当にたまたまで、どういう人が人工内耳をつけるのに適しているのかについて話していた。両耳とも90デシベル以上の難聴という条件は私には合う。娘と姉に相談したら、娘がすぐにネットで調べてくれて、「人工内耳に興味をお持ちのあなたへ」という資料を出してくれた。私の場合、可能性があるように思われる。沖縄でも人工内耳の埋め込み手術をやってくれる病院がある。受診してみようと決めた。

そこで、24日（月曜日）、予約なしでも受け付けるクリニックにまず行った。このクリニックは娘が送ってくれた資料に出ていた。問診のあと、聴力検査があり、検査をやってくれた女性は言語聴覚士で、とても話しやすい人だった。福祉関係の手続き、つまり障害者手帳の作成が必要のようである。こういった準備に3ヶ月ぐらいかかりますとのことだった。再度医師の問診のあと、琉球大学医学部附属病院の医師への紹介状を書いてくれた。現在沖縄で人工内耳の手術をしているのはここだけだそうである。

障害者手帳を作ってもらおうと思えばできたし、いろいろ特典もあるのに、結局今日まで申請しなかったのは、「障害者」になりたくなかったわけである。それがいとも簡単に崩れた。ああ、障害者になるんだな、と思った。検査してくれた女性が、「失聴」したのはいつ頃か、と聞いたことからすれば、補聴器がなければ何も聞こえないという状態は難聴ではなく、失聴と言うのかもしれない。「普通」が好きで、障害者なのに障害者と言われたくない、という気持ちで頑張ってきて、「僕の哲学」もそのような頑張りというか、やせ我慢の中から生まれてきたわけだ。それは、難聴というのが目には見えないからできたことだ。わからなくてもボーッとして、それでやってこれたということだ。ある意味すごい。

私は、他人とのコミュニケーション能力については自信を持っていた。その自信があったから今日までいろいろやってこれたのだと思う。聴力不足の分は、補えば足りるものという理解であった。もし聞こえなければこちらから近づいていけばいいのだと思っていて、実際ゼミなどはそんなふうに運営していたが、会議になるとそうはいかない。2005年か2006年頃から、人と向かい合って話していても聞き取れないということが起こるようになり、徐々にノートテイクしてもらうことが増えていった。最初は場合に応じて居合わせた人に助けてもらっていたのだが、だんだんと研究生に頼ることが定常化していき、その研究生は研究生を終えてからも資格試験の勉強を継続していて、お願いした時間に来てもらえたので、専属みたいな形になっていった。研究会などでは、元研究生が記録の仕事も兼ねるようになった。

26日(水曜日)、朝8時過ぎに出て琉大病院に行った。まず初診受付手続きをする。耳が不自由だというと、呼び出し合図用のブザーを貸してくれた。耳鼻咽喉科窓口に行って、渡された紙に書いて、ちょっとしてから、実習生(仙台市出身だそうである)から呼ばれて、これまでの状況についてきかれる。それから、女性の職員から予約変更の仕方などについての説明もあり、今日は初診なので、遅くなるとのことだった。じっとして待っているのがだんだん苦痛になってきて、しかし本を読んだりする気にもならず、途中で立ち上がってぶらついたり、太極拳をやったりしていた。私の前に座っていた女性が人工内耳をつけていた。耳かけ補聴器と同じ型のものを耳たぶにかけ、そこから線が延びて先端についている直径3㎝ぐらいの円形の板を後頭部に張り付けている。この内側に人工内耳が埋め込まれているのでしょう。この女性は音声での呼び出しがあると聞こえたようで、すぐに立ち上がった。検査の人が顔を出して、「聞こえた?」ときいていた。これぐらい聞こえるならすごい。昼前になってからやっと呼ばれて、まず検査があった。最初内耳の状態を調べるとかで、ただ聞き流すだけの検査が二つあり、これらは初体験だった。それから聴力検査。振動だけの場合は押さないようにといわれる。大きな音になると検査機器が振動するので、音はきこえないのに振動していることはわかるという状態が発生する場合がある。検査後ちょっと待って、

G医師の問診があった。大きな活字で、言うことをいちいちパソコンのモニターに書き出してくれた。マスクを取って話してくれれば唇を見ながら十分聞き取れたのだが、G医師の話では、わかっていないのに患者さんのほうで「わかったつもり」になって、それで行き違いが発生することがあるのだそうで、全部書き出すのだそうだ。そんな話をしていたら打ち解けた感じになってきて、話しやすい先生だなと思った。威張っていない。この先生ならお任せできると思った。

質問ではまず、左右で聞こえ方に違いがあるのか等について聞かれた。若い頃は左右で聞こえ方がかなり違っていた。それで、左右で別々の調整が必要だった。ただ、実際には両耳に補聴器をつけるより左耳にだけつけて聞くことが多かった。両方につけるのがうっとうしかったのである。しかし、だんだんと聴力が落ちてくるに従い、聴力検査結果をみても左右でそんなに差はなくなっていった。

私の場合人工内耳をつけて改善する可能性はあるのでしょうか、ときいてみた。G医師によれば、人工内耳の効果は、人によってさまざまだが、現状では両耳に補聴器をつけても十分に聞き取れない状態だから、人工内耳を考えるのは方向として間違っていませんとのことで、人工内耳を取りつける方向にすんなり決まった。

これまで補聴器もデジタル化が進み、特に今使っている補聴器を買った時には画期的な進歩があったようで、販売の人も自信を持っていた。実際に使っていても、音としてより電気信号的にきこえているんじゃないかと思うことが最近ある。音をきいているって感じじゃないのに、対話はできていたりするのである。何というか、だんだん「音」ってものがどんなものだったのかを忘れて行きつつあるようで、補聴器が人工内耳的に機能するようになったのかなと思ったりしている。

人工内耳を埋め込む手術の前に準備のための検査があり、まず補聴器の効果測定検査等を今日このあとやりましょうとのことだったが、これは検査の人との話し合いで3月4日になった。CTは3月12日に、MRIは3月31日と決まった。そして、順調なら4月下旬には手術可能になるそうである。G医師によれば10日間の入院が必要とのことなので、4月からは非常勤で講義があることをいうと、夏休み前半は手術日程は埋まっているそうで、夏休み中というなら9月になりそうである。日程については、後日相談しましょうとのことだった。私としてはできれば早めに手術をすませてしまいたい。4ヶ月も待つなんてもったいない感じがする。

また、福祉関係の手続きについてG医師にきくのを忘れたので、検査の人に日程調整の際きいたら、それもこれからやりましょうね、ということだった。リハビリ等はやはり障害者手帳を持っていることが前提になるようである。これで診察は終わった。

診察が終わってから会計関係の書類ができるのをちょっと待って、午後1時半頃会計窓口に行く。駐車場無料化手続きをしてから番号を出るのを待ったが、30分以上かかった。とにかく待たせる病院だ。大きな病院だから仕方がないのか、どうか。2時15分頃にやっと終わった。3時から大学で会議が入っていたので高速で大学に向かった。

受診の結果、私が希望したように人工内耳をつけるという方向で決まったわけだから喜んでいいはずだ。実際、娘や姉からは、よかったね、といわれた。でも、私自身は疲れ過ぎたのか、すぐには感情がわき起こらなかった。なにしろ、NHK教育テレビで人工内耳の番組を見てからまだ3日しかたっていないのに、この急展開である。人工内耳についての資料を見ると、今よりはよく聞こえるようになるだろうことは予想される。それによって、誰とでも普通に人と話しができるようになれば、今後の私の行動はかなり変わってくるはずだ。今後の弁護士活動や旅行にも影響が出るだろう。「かわいそうだねえ。耳さえきこえれば何でもできるのにねえ」母方の祖母からそういわれたことは今も忘れられない。耳さえきこえれば、という発想に慣れてきたのが、急に、耳はきこえますという状態になったらどうなるんでしょうね。そんな状態を一度体験してみたいとは思っている。本当に「何でもできる」のですかね？

大学での会議は、途中で抜けて帰った。もう大学内のことには全然興味を感じなくなってしまっている自分を感じた。泳ぎに行ったら、少し余裕が戻ってきたようで、ひとり笑いしている自分に気がついた。泳ぎながらも元気が戻ってきているのを感じた。自分のことを笑える、というのはとてもいい状況である。距離がとれてきた証拠だ。耳のことも含め、自分のことばかりあれこれ心配するのは、私は向いていない。なるようになる、で行くのが一番ラクでいい。

3月4日（火曜日）の午前10時から琉大病院で検査があった。その後、検査をしてくれた言語聴覚士の人から人工内耳の説明があった。その際、二つの会社の人工内耳の商品カタログ書類をもらった。一つはオーストラリアの会社、もう一つはオーストリアの会社。従来琉大病院ではオーストラリアの会社のものでやってきたのだが、最近オーストリアのものも使われるようになったそうだ。また、障害者手帳申請関係の書類もすでにできあがっていたのにはビックリした。どんどん進めていく感じである。

琉大病院に入院中の妻の兄を見舞ってから帰り、写真屋で証明写真を作ってから那覇市役所3階の障害福祉課に行って、障害者手帳の申請をした。2ヶ月ぐらいでできるそうだ。

12日（水曜日）は、琉大病院は午前11時半の予約だったのに、実際には午後1時頃になってから呼ばれて、もうこの段階で十分疲れてしまった。私の隣で待っていたおばさんも我慢できなくなったようで、予約変更しようとか言っているうちに呼ばれた。

まず補聴器をつけての聴力検査のやり直し（「あ」とか「い」とかの発音きき取り検査も）があり、その後、G医師の診察があった。G医師から、（9月まで待たなくても）8月でも手術はできるといわれ、授業を休まなくていいので結構だと思い、提示された8月18日（月曜日）を手術日と決めた。それからCT検査をしに放射線科の窓口にいったのだが、待つ間に手帳を見ながら考えたのは、8月では遅いと思い、6月2日（月曜日）に手術ができたらいいなということである。10日間入院すると、ちょうど退院日予定日である6月11日（水曜日）の午後に授業があるが、これに引っかからなければ各授業を一回休講するだけでいけそうである。その後、耳鼻咽喉科に戻り、もう一回G医師に会う前に、検査してくれた言語聴覚士の人に相談した。彼女の言うところでは、退院日が予定の翌日になる可能性もあるが、外出許可がもらえるのではないかとのことで、講義はできそうなので、G医師に会って手術日を6月2日に変更してもらった。

それから会計をすませて家に向かった。雨で道が非常に渋滞していて、着いたのは午後3時だった。帰る途中車の中で、連休直前の4月28日（月曜日）に手術ができればなおいいんじゃないかと考え出し、また落ち着かなくなってしまった。

帰ったら、家の1階でヨウコさんに俊さんが日本語を教えていて、野里さんも来ていた。日本語の勉強はやがて終わった。日程の話をちょっとしてから、三人が帰ったあと、片づけをしていたら、野里さんから国際通りのイタリアントマトに来ないかと誘われた。もう夕方の6時になっていたので、野里さんと話しながらも、今日は上京しないであろうと思っていたのだが、別れて家に帰ったら、体はどんどん動いて、結局午後6時40分頃家を出た。動き出したら、気持ちがスッとした。落ち着かないときは動いた方がいい。

19：50発のＪＡＬで午後10時過ぎに羽田に着いて、11時半頃には空港バスで調布に着いた。娘にみそラーメンを作ってもらった。とてもおいしかった。

東京に着いた夜は緊急避難した感じで、すっきりした気持ちになって、幸せ感があったのだが、翌13日（木曜日）になると、またいろいろ考えてくたびれた。

細かく考えると、6月2日の手術日だと時間的にいろいろ不安な要素がある。G医師の診察日が外来は水曜日だけであるのに、水曜日の午後2時40分から講義があるし、リハビリ日程と講義時間とがダブらないように設定できるかどうかもハッキリしない。だから、夏休みに入ってから手術した方が時間的に安心できるのは当然だが、私の性格がせっかちで、早くすませたいという気持ちが前面に出た結果、こういうことになったわけである。ところが、それなら4月28日の方がもっといいじゃないかとすぐあとで気がついたわけなのである。しかし、さらに後になって考えるに、4月28日だとまだ障害者手帳はできていないのではなかろうか。今回の人工内耳埋め込みの手術日決定の問題は、何ヶ月かサイズの時間設計の問題である。専任で教えている間は手帳などあまりみなかったのに、ちゃんと予定表を作らざるを得なくなった。皮肉なことだ。

結論的には、時間的に可能かどうかの検討を十分にやらないで決めたのがよくなかった。まだ検査が残っていて、4月1日（火曜日）には言語聴覚士の人の検査もあるので、その際にちゃんときいた上で、4月2日（水曜日）の外来受診の際に最終的に決めたいと今は考えている。可能なら6月2日の方がもちろんいい。

このようにまとめるまで、ああでもない、こうでもないと考えて力んでしまって、われながらヘンだった。無意識に両腕をこわばらせて「ウウーッ」と叫んだり、むやみに歩き回ったりしたものだから、娘からも、「これでは体がもたないよ」と言われた。私自身も、こんな調子だとまた胃をこわしかねないと思った。よりよい選択をしたいと思った結果がこうだ。ギリシャ時代に「希望」が悪に分類されていたというのがわかったような気がした。欲が出てしまうんですね。

上京後、胃がんの手術の際にもいろいろご意見をいただいた「断章」の読者に意見を求めたら、手術後は個人差があるが、多くの人がめまい、耳鳴りに悩まされることがあるそうだ。インプラントの場所が顔面神経など複雑な神経路の入り組んでいる箇所なので顔面のけいれんや味覚異常に襲われる人もいるらしい。音に関しては、リハビリをしながら調整していくので、術後すぐに明瞭に聞こえるようになるわけではないようである。そうすると、術後、きちんとリハビリができる時間が確保できる方がいい、というのが彼女の意見であるが、「忙しい方が、不快感が分散されていいという方もいるでしょう。」とも。そして、「物事の認知の仕方や対処法で逆境をプラスにする方ならば、先延ばしする理由はないのかもしれませんが、術後考えられる悪い状態も情報として仕入れておくといいと思います。手術をうけられた患者さんの体験談や患者会の情報を入手されることをお勧めします。」

さっそく娘がネットで体験談をいろいろと出してくれた。感動的にきこえるようになった事例から、全然よくなかったというものまでさまざまなケースがある。手術によって起こりうることの幅をあらかじめ知っておくのに人工内耳を作っている会社のパンフレットだけでは全然不十分だと思った。

娘がネットで出してくれた人工内耳の体験記の中に「失聴からの復活」(古河市人工内耳相談会より)というのがある。この中で、CT、MRI検査のあと、さらに人工内耳に特化した検査、プロモントリー検査というのがあると書かれている。耳の穴から鼓膜を通して内耳に針を刺して、その針に微弱な電気を流すことによって内耳機能が働いているかどうかを診るものだそうである。「微弱な電気を流すと、ブンブンと音を感じました、吃驚しました。3年間、無音の中で暮らしていたので、感激しました。こんな音だけでもいい、無音の世界よりはこんな音でもいい。そう感じました。」

私はこの検査はまだやっていないが、この検査で音が感じられるならば、人工内耳も有効ではないかと思われる。これまで、医師や言語聴覚士の人にきいてみても、人工内耳をつければきこえるようになるのかどうかについては個人差があるので何とも言えないとしか答えてくれないのだが、こういう検査を経るのであれば、一か八かの賭博とはちょっと違うように感じる。だから、人工内耳がつけられるという医師の判断が出れば希望を持ってよいと私は思う。この体験談を書いた人は、人工内耳をつける3年前に失聴したそうだから、私のように徐々にきこえにくくなっていったのとは違う。会社をクビになり、ショックも大きかったのだろう、精神科に二回入院したという。

徐々に聴力が落ちたケースだと、高橋はるみさんという人の「聴こえる喜び、新たな歩み」という体験談がある。これは「みみより」という雑誌に載ったもので、この雑誌は東京銀座の補聴器屋でみたことがある。この人の場合、手術後頭痛があって眠れなかったそうだ。そのせいなのかどうかわからないが、3週間ほど入院している。退院2週間後にパソコンを使って「音入れ」するときのことも書かれているが、これは、今使っていると補聴器を買ったときも体験していて、同様のものだろう。この体験談で、人工内耳を通してきこえる音がどんなものかだいたい見当がついた。そしてこの人は、ききとれて仕事ができる喜びが一番大きいと書いている。大変前向きで積極的である。

比較すると、私はきこえない状態に適応するのに、人の助けを求めた。ゼミや研究会、いくつかの会議でノートテイクしてもらってやって来た。おかげで仕事はこなせてきて、クビにもならなかった。しかしその分、きこえないということがどれぐらい行動を制約するかについて鈍感になって、対応が遅れてしまった感じがする。まあ、対応といっても、どうしようもないというあきらめが先にあったのだが、人工内耳のことはだいぶん前から知っていたわけだから、もっと早くから真剣に考えていたらかなり違った状況になったように思う。

私個人としては、手術日を8月18日から6月2日にかえてもらったときには、「やった」という感じだった。自分の体のことなので、自分の希望をできるだけ通してみたいと思い、そのように行動できて満足だった。ところが、その後たちまちあれこれ考え始めて、いったん決めたら迷わずそれで行く、という私のパターンが崩れてしまった。

そういう自分をみてちょっと愕然としてしまった。いつ死んでもいいんだから、なんて簡単に言っていたのがこのザマだ。自分のことを「軽く考える」ことができなくなっている。自らトレードマークのように考えていた「万事試し、試し」の精神を生かせる力もなくなっている。そういうふうに考えたので、ちょっと振り返ってみたら、最近はちょっとしたつまずきにも深刻な気分になったりすることがあって、これはひょっとして病気かなと思ったりした。気が小さくなる病気、か。しかし、こうやって整理してきてみると、手術日については情報が十分ないために不安を感じたというだけのことだと思われる。不安を感じてもっともな状況があるのにそれを感じないようなら、むしろアブナイというべきだろう。

緊急避難で上京したものだから、毎日の原稿のテーマをどうしようかと思っていた。15日（土曜日）は、そんなことを考えながら新宿に向かった。最初は新宿の紀伊國屋に行った。心が落ち着かない状態だったので、どの書棚をみてもピンと来るテーマはなかったのだが、引きあげ間際に、和田秀樹『「あれこれ考えて動けない」をやめる9つの習慣』（だいわ文庫、2014年）という文庫本が積んであったのが目にとまって、ちょっと迷ってから買った。元気ならこんな本買うかなと思う。

この本の最初の方に、「不安」は考えるほど大きくなる、とあり、それは確かにそうだと思う。それを今回の緊急避難的状況の前後に体験したわけだ。「もし」という悪い連想が続くと抜けられなくなる。しかし、絶対確実に起こることというと死ぬことぐらいだから、ほとんどのことにリスクはある。リスクを心配して動かなければ何も変わらない。だから、普通はある程度のリスクには目をつぶる。交通事故が心配で外出できなくなれば、これは病気だ。で、「とにかく動く」ということになり、「一勝九敗」でいい、ということになる。『一勝九敗』という題の本は、ユニクロの柳井正氏が書かれた本の題名である。しかし、健康の問題をこのように考えることはできないだろう。原発と同じで、一敗で終わりということもある。

そのあと、池袋のジュンク堂に行くつもりだったがやめて、八重洲ブックセンターにした。池袋のジュンク堂は、買いたい分野が決まっているときはいいが、そうでない場合は見通しがよくないので選びにくい。何か没頭できそうな本がほしかった。そういう本を読んでまとめていけば、気分転換ができるし、学んだ内容を蓄積できる。難しいマジメな本の方がむしろいい。八重洲ブックセンターで4階の人文関係書のところを回っているとき、中国の古典関係のところで、老子の言葉を集めた本に目が留まった。選書用の机で、何冊かをかなり時間をかけてゆっくり読んでみた。さすがに名言と思われる言葉が並んでいるのだが、買おうという気になるには今ひとつ何か欠けていた。だいたいこういうところで足が止まるのは疲れているときでしょう。しかし、体力的には別に問題はないようなのだった。それが不思議に思われた。続いて5階の文庫・新書売り場に行ったら前野隆司『幸せのメカニズム――実践・幸福学』(講談社現代新書、2013年)があったので、迷わず買った。前野氏は、前に読んだ『脳はなぜ「心」を作ったのか』(ちくま文庫、2010年)、『「死ぬのが怖い」とはどういうことか』(講談社、2013年)の著者である。後者の中に、幸福の因子が四つあげられている。四つの因子というのは、「やってみよう!」因子(自己実現と成長の因子)、「ありがとう!」因子(つながりと感謝の因子)、「なんとかなる!」因子(前向きと楽観の因子)、「あなたらしく!」因子(独立とマイペースの因子)である。この本の77頁に日本人が幸福感を考える際に重視する要素についてのアンケート結果が載っているが、一番多いのが健康状態である(ちなみに家族関係が2番目、家計の状況が3番目である)。しかし、四つの因子は心的要因だけで、自分ではどうしようもない面の強い外的要因や健康などは含まれない。以前は四つの因子の中の「あなたらしく!」因子に惹かれたのだが、今は3番目の「なんとかなる!」因子がピンチだということはすぐに感じた。そして、これが因子の一つになっているということは、楽観的になろうと思えばなれるという前提があるからだろう。もともと先天的に楽観的な人より、むしろ内向的な人の方がより楽観的になれる可能性があるというようなことが書かれている。自分が何かしながら、その自分を外から客観的に見ることを「メタ認知」というそうである。「再帰」というのと似てますね。メタな認知をしていれば自分の状態が客観的にわかるので、自分を変えていくこともできるというわけである。逆に、外から見ることができなくなるとどんどん自分の中に沈んでいってしまう。緊急避難的に上京したのは、自分の中に沈んでしまいそうだという危機感があったからでしょうね。上京してから確かにきつかった。しかし、まあ何とか落ちついてきて、だんだん平静に自分のことを眺められるようになってきている。そういう「余裕」が絶対に必要である。生きていく枠組みみたいなもの、空気みたいなもので、それが必須のものだということを痛切に感じた1週間だった。

毎日原稿を読んでもらっている方々にもいろいろご心配をおかけしたようで、いろいろアドバイスをいただいた。しかし、オタオタしている私（の文章）が面白いといってくださる方もいて、なんだかよくわからない状態である。

もともと幸せというのは「し合わせ」だったのだそうで、「めぐり合わせ」のことなのだそうだ。よい運命も、悪い運命も「し合わせ」。悪循環になるような「し合わせ」はやらない方がいいに決まっているが、どうすれば悪循環に陥らないのか。それを考えているより、自分のことをあれこれ考えなくていい状況を作った方が早い。

上京した翌日、娘と台湾旅行をセットしてしまった。娘と一緒に3月20日（木曜日）に成田から出発して台北に行き、24日（月曜日）に戻ってくる。落ち着かない状態の時にセットすることに迷いはあったが、むしろそうだからこそ決めてしまった方がいいという読みもあった。旅行技術的にも、今は春休みでこんでいるようで、ネットでみてみると安い切符がどんどん売れてなくなっていくのがすぐにわかった。一番安いのに決めて、クレジットカードで払ってしまった。

私の場合、今の段階で「余裕」が持てるためにはある程度の未来像が不可欠であると思った。過去にこういうことをやってきましたというのだけでは、「今」を支えるには不十分のように思われる。未来像の内容を考えるには、ドラッカーのように、何になりたいか？　何で記憶されたいか？　と問うのが一番簡明である。書くことを仕事にしたい、それによって記憶されたい、というのが私の考えであり、毎日の原稿もそういうことで書き始めたのだった。そうなのだけれど、過去の旅のことを書いた『旅の深層』を出版したのはよかったと思っている。いくつか誤植があり、第2刷を出したいのだが、それを除けば、得難い経験でよかった。本を出すってこういうことなのか、と思った。思いきりのいい本を出せたと思った。そして、本のあとがきに書いたように2冊目が当面の課題である。ただ書くだけでなく、今後何を書くのか、ということが問題だ。これまでのことは、4年間原稿を書いて相当パソコンに打ち込んでこれたし、打ち込んでない部分はノートが残っている。だから、過去のことはいいとして、今後どんなことを書いていくのか。これまでのように旅について書くならどんな旅をするのか。今の段階では白紙に近い。

1年前の段階では、胃がんの手術後で体力に自信が持てなかった。定年後の1年間ぐらいはゆっくり今後のことを考えられればいいなと思っていた。幸い順調に回復してきたところに人工内耳のことが入った。今後の生活や旅への影響は大きいが、結果が出ないことにはあれこれ考えても始まらない。ただ、聴力がどうであれ、最低1年間は講義をしなければならないわけだから、これまでと同じようなスタンスでやっていくのが一番いいと今は考えている。社会的な責任がある。それがいい意味で常識、というか枠組み的な余裕を保たせてくれそうだ。原稿書きもそちらの方に興味と関心を集中させていこうと思う。

大阪に住んでいる卒業生の江洲さんからは、手術するのは8月より6月がいいとハッキリ言われた。「先生、気が弱くなったの?」とも言われた。それで昔のことをパーッと走馬燈のように思い出した。江洲さんのことはこれまでもあちこちで書いている。彼は、妻が琉大病院に入院していたときにやっぱり肺塞栓で入院していた。一緒にロサンゼルスにも行った。1994年に南大東島に行ったし、2005年にはダバオにも行った。娘が携帯をかけながら江洲さんの言っていることを伝えてくれるのをきいて、私はパッと元気が戻ったように感じた。実は、娘が電話したのは、東京琉球館で会った人の家が那覇にある江洲さんの実家の2、3軒先だということが先日たまたまわかったからである。那覇は狭いから、そういうこともあろうかとは思われるが、それにしてもすごい偶然である。

私は友人、知人に助けられることが多かった。そういう意味で、幸福の四つの因子のうち、2番目の「ありがとう!」因子は大丈夫な方ではないかなと思う。「ありがとう!」因子が、「なんとかなる!」因子を支えてくれるかな、と思う。こうやって自分のことをもとに考えてみると、幸福な人って、四つの因子のどれもが高い結果になっているというのは自然で、納得できる。


3月20日(木曜日)、予定通り台湾旅行に出発した。まだ、調子は戻っていない。時々、ぶるぶるっと手を振ったりして娘から不審がられている。旅のモードになるのには、2日か3日はかかるだろう。旅のモードになると、「心配」ってのがなくなる。

前日、調布の真光書店に行って、台湾に持っていけそうな本を探した。真光、というのは「しんこう」と読むが、真光(まひかり)教なのかもしれない。宗教関係の本が多いような気もするのである。ちょっと前には五木寛之の本が並んでいて買ったのだが、今は天台宗の偉い人が昨年亡くなったそうで、その人の本が並んでいた。立ち読みしたらまともな内容だった。欲があるからおかしくなるんですよ、と。そうだなと思う。それは今回の人工内耳のことで痛感した。でも、欲はそれだけじゃないな。やっぱり65歳になって、いろんなものを持ってしまったんだな。それは世間的にはいいことと評価されるんだな。この本には好きなことをしなさいと書いてある。そして、毎日決まった時間に決まったことをやりなさいと。これも、そうだなと思う。上京してから時間が乱れた。起きたときがきつかった。長い一日が始まるように感じられて、そして、その時間を過ごし切る自信が持てなかった。寝直しても、まだ朝の9時とか10時なのだった。じっとしておれればいいのだが、体が動いてしまう。自転車でサイクリング、というほどでもなく走った。一回目は新宿方面に向かったのだが、野川という川が出たところでこの川に沿っていき、そして引き返した。二回目は多摩川の突堤を走った。やっぱりあんまり遠くまで行かないうちに引き返した。疲れ切ったときの自分に自信が持てなかった。調布市立図書館にも何度か行った。「たづくり」という文化センターみたいなところにある。最初に行ったとき、向山昌子『旅で覚えたアジア的シンプル生活術』(朝日新聞社、2002年)が面白そうに思われた。ちょうど娘も上の方の階の自習室みたいなところに来ていたので、携帯で呼んで、借りてもらった。娘のアパートに持って帰って読んでみたら、別に面白くは感じられなかった。アジアのゆっくりした時間をもつことが書かれているのだが、ピンと来なかった。アジアってもっとスピードがありましたよ。少なくとも台湾はスピードがある。動いていないのはむしろ東京の方なのだ。東京はみんな速いみたいだけど、方向感覚ってのがないんですね。ただ速いだけ。ただ動いているだけ。政治をみていても、一体どこに向かっているのかって感じがする。天台宗のお坊さんはがんで亡くなったそうだ。立派な大往生をなされたようである。欲をもたないというよりは、欲を冷静に見つめて生きて来られたようである。ありがたい本だなと思ったので、買おうかとちょっと迷ったのだが、買わなかった。こういう本を読んで救われたくはないな、という気がした。

娘と一緒にアパートを出発した。雨が降っていて、寒かった。新宿から山手線で日暮里まで行って、そこから京成線の普通の特急で成田に行った。

何も問題は起こらず台北経由の香港行きキャセイパシフィック便に乗った。国際線の座席って大きめにつくられていますね。座ってラクである。今回初めて経験したのは、コンセントの差し込み口がついている。これは大きい。時間を気にせずにパソコンが使える。キャセイは香港の飛行機会社である。妻の親友がこの会社に勤めていた。お客の顔を見ても国籍はわからない。日本なのか、台湾なのか、それとも香港なのか。

出発前夜、旅行に持っていく本を探していたら、娘の書棚に宮本常一『南の島を開拓した人々』(河出書房新社、2006年)が置いてあった。ちょっと手にしたら台湾も出てくる。

中川虎之助は徳島県板野郡の人である。鳴門市の隣にある。中川の家は百姓仕事のほか、酒をつくったり、藍を製造したり、砂糖もつくったりしていた。徳島でサトウキビができたんですね。四国では高知でもつくっていた。1881(明治14)年、23歳の時に、第二回内国産業博覧会に砂糖を出品して有功一等賞をもらったのだが、東京での博覧会で沖縄から出品されて並べてあったサトウキビの太くて長いのに目を奪われた。それで中川は翌年(明治15年)、沖縄本島、八重山島(石垣島)に視察に行った。当時沖縄は1879年に廃藩置県があったばかりで、沖縄県になって2年目だった。

明治10年代に入ってから香港で英国資本によって、質のよい白砂糖(五温糖)が生産されるようになった。中川が沖縄にひかれたのも、国内だけの競争ではダメで、今後は外国と競争しなければならないと考えたからである。よい砂糖をつくるには八重山しかないと中川は考えた。当時台湾はまだ日本の領土ではなかった。

中川はまず弟とともに「大阪洋行」という貿易商社をつくり、大阪に本店を置き、中国の廈門に支店を置いて砂糖のほか日用雑貨品をいろいろ売った。実際に活動を始めたのは1886（明治19）年である。しかし、弟が病死し、この店は急に店を閉じた。

1892（明治25）年、中川は沖縄県から農場を開いてもよいという許可を受けることに成功した。願い出たのは、2500町歩（1町歩は約1ha）の原野を年々150町歩、山林30町歩樹木伐採……といったもので、相当広かったが、実際に許可が下りたのは内地人一人につき5haに過ぎなかった。しかし、1894（明治27）年には1500haの開墾を願い出て許可を得ている。

1895（明治28）年8月に八重山製糖株式会社が設立され、中川は専務となった。創立者には、渋沢栄一、小室信夫など日本の有力な資本家あるいは糖商9人が名を連ねている。翌年中川は合計53人を引き連れて郷里から出発し、那覇で奈良原繁知事に会ってから、石垣島に着いた。

こうして石垣島における製糖事業は軌道に乗り始めたのだが、大きな台風に襲われたことと、日清戦争後日本領土となった台湾との交通がひんぱんに行われるようになったことから人や物の動きが活発化し、労賃の上昇を招いたことから、思うような成績が上げられず、1899（明治32）年にはいったん仕事をやめて中川にまかせられることとなった。中川は、石垣島にいる間にマラリアに冒され、高熱に苦しめられたうえに菌が肺をむしばみ始め、次第に健康を損ねていった。

1900（明治33）年12月、台湾製糖株式会社が設立された。石垣の製糖機械は台湾総督府の仲介で台湾製糖に引き取られた。

1902（明治35）年4月、台南に中川製糖所が完成し、中川は台湾総督府から4万円という多額の補助金を得た。最初は台湾で製造されていた原料の粗糖を買って和白糖をつくる予定であったが思うように買い入れができなかったため自ら原料糖を一部つくることにしたのである。ところが、「粗糖輸入税」が台湾から来る原料糖の価格を一定の高さで保証したため内地にどんどん移出され、中川は1904（明治37）年、事業中止を申し出た。製糖業者には「戻税」の優遇措置がとられた。

中川はその後郷里に戻り、代議士をやったりしてから1926（大正15）年まで生きた。中川の生きた時代はちょうど近代日本の形成期にあたっている。

そのちょっと前の時期に生きたのが村岡伊平治である。村岡について書かれた部分を台北までの機内で読んだ。

1858（安政5）年に鎖国が終わり、日本人が外国に行けるようになって、どこの地方の人が多かったかというと九州の人たちで、それも女の人が多かった。九州のうち長崎、佐賀、福岡、熊本地方は早くから人が多く、みんな貧しい生活をしていた。だから、女の子たちであれば米のたくさんあるところや、お金持ちの多い長崎や博多の町などに奉公に行く者が多かった。なかでも長崎のシナ人（ママ）の屋敷に奉公するのが給料が一番多く理想とされていた。開国後、シナ人の妻となって、あるいは誘われてついていく、というようなことが起こり、1919（大正8）年頃の統計では、東南アジアにいた日本人の数は1万3000人、うち女性が8000人だそうである。ハワイや米国に行った者とは違い、宿屋や料理屋につとめる客商売が多かった。南方に行った女性がいわゆる「からゆきさん」で、大半が密航だった。

村岡は自叙伝でこれらの女性のことについて詳しく書いている。村岡は長崎から香港に出て、天津、上海、廈門、シンガポール、ジャワのスラバヤと移動し、セレベス島では「トラジア王の王女ギンナン」と結婚してタカテドン国王として領地に赴いた。「トラジア」というのはトラジャではないだろうか。私は2005年9月にトラジャに行ったことがある（『50代　旅の複層』第7章参照）。ギンナンとの間に男の子が生まれたが、村岡はやがてタカテドンを引きあげて、1900（明治33）年にマニラに行った。当時マニラには400人ほどの日本人がいたが、うち350人は女性であった。1903（明治36）年から始まったいわゆるベンゲット道路建設のため日本人移民が送られてきた。これらの人たちが太田恭三郎につれられてダバオに行ったとき、村岡は食料や資金の世話をして助けた。村岡はマニラからレガスピーに移ったが、1928（昭和3）年にマヨン火山が爆発して、同年神戸に帰ってきた。しかし、村岡はまたレガスピーに戻り、おそらく1943（昭和18）年頃、76歳ぐらいで亡くなった。

台湾高等商業学校の河合謙教授は1936（昭和11）年夏、レガスピーでたまたま村岡に会い、その不思議な経歴をきいて心を打たれ、同年12月に村岡に台北に来てもらい2ヶ月にわたって彼の身の上話をきき、手記をまとめたのだという。なんというか、時間のたち方がすごい。年単位でどんどん進んでいくのに圧倒された。熱中して読んでいるうちに、あっという間に台北に着いてしまった。

今回の旅行は、出発前から蔡里均さんという卒業生と連絡を取っていた。私は彼が学生の時に会った記憶はないが、この前妻の命日で墓参りしたときに私のゼミの卒業生が来てくれて、その彼が台湾に行ったときに蔡さんにお世話になったというので紹介してもらったのである。私は今後のために台湾に住んでいる台湾人の知り合いをつくりたかった。それが今回の旅の一番の目的といってもよかった。蔡さんの家は幼稚園を経営しているというのでそれも見せてもらいたかった。出発前に蔡さんとちゃんと連絡が取れて、どこがみたいかときいてきた。私と娘は、どこというより、台湾で親の介護のために外国人労働者を雇うことが多いといわれるので、それがどんな様子なのか見聞してみたいと思っていた。

ちょうど出発した20日の朝日新聞朝刊に、台湾と中国が昨年結んだ「サービス貿易協定」の承認を阻止するため、18日夜から台湾の学生たちが立法院（国会）の議場を占拠して、馬英九政権に協定撤回要求しているという記事が大きく載っていたのには驚いた。最近台湾のニュースを新聞で読んだ記憶があまりなかった。やっぱり、これから行くとなると、そこのニュースに敏感になるんでしょうね。記事内容は、資本力のある中国企業が入ってくると台湾の人たちの仕事が奪われることを心配しているというような内容だった。しかしそれだけでなく、背景にはもちろん中国からの台湾独立問題がある。

娘がネットで予約したホテルは志林夜市のそばで、地下鉄志林駅の一つ前で降りて歩いていく。駅の案内所で場所を確認していったのだが、それらしいものが出てこない。道が違うんじゃないかということで、大きなビルの入り口受付にいたおじさんに娘がきいてみると、ホテルに電話してくれて、迎えに来てくれることになった。そしてそのおじさんとホテル方向に歩いて行くと向こうから男性二人が来て、ホテルの人ともう一人が蔡さんだった。蔡さんは卒業生といっても1996年卒業だから、もうおじさんである。

ホテルに行く道はまちがっていなかった。しかし、看板がごく小さくて、あらかじめ知らないとまずわからないであろう。ビルの7階がお客の部屋になっている。普通のホテルのような受付とかはないのである。ネットのお客さん専用なのかもしれない。

荷物を置いて、蔡さんとさっそく出て、まず志林夜市をみてまわった。蔡さんはすでに食べ終わったそうなので、私と娘だけ麺を食べた。蔡さんがおかずもいくつか注文してくれた。ヘチマチャンプルーもあった。

台湾は沖縄より南で温かいかと思っていたら、風が吹いて寒かった。気温は12℃。夜市からの帰り、85℃というチェーンの喫茶店に入って話した。蔡さんは13歳から15歳まで福山にいて、台湾の中2から日本の小6に編入し、中2まで日本で学んでから台湾に戻ったそうで、日本人としか思えないような日本語を話す。大変聞き取りやすい。

台湾に行く前にあらかじめ質問していた、介護や家事のために外国人を雇うということについては、普通に行われているそうで、特に介護はほとんどが外国人だそうである。インドネシア、タイ、ベトナム、フィリピンなどから来ている。昔は専門の斡旋紹介所を通していたが、今は直接個人で雇えるようになっているそうだ。そして、蔡さん宅にも一人、インドネシアから来た人がいる。最初は彼の祖母の介護をしていたが亡くなって、二回目は祖母の妹の介護、そして今三回目の更新をして12年間いるそうだ。蔡さんが言うには、朝公園で車いすを押している人を見ればみんな外国人だということがわかるよ、と。実際、その通りであることがその後わかった。正式な施設では台湾人の介護資格を持った人が働いている。しかし、私立の施設ではやはり外国人が働いているそうである。密室での仕事だし、言葉は通じないしで、介護者が被介護者を虐待したりする問題が発生しているという。

蔡さん宅は頂渓という地下鉄駅のそばである。娘が調べたところでは、この周辺は韓国人が多いらしい。蔡さんにきいてみると、家のそばに韓国ストリートがあり、洋服の問屋などが並んでいるそうで、後日実際に案内してくれた。

また、国会占拠の学生の話になって、蔡さんは中国とも距離を置きたい立場だということがだいたいわかった。

台湾では、小さくても独立して自分の会社を持つことを目指す人が非常に多い。そして、個人タクシーが多い、という話になって、蔡さん自身も職業運転手という免許を持っていると、免許証を見せてくれた。小型職業運転手。これは、バスで幼稚園の園児の送迎をやるためだそうである。

蔡さんは台湾人だが、日本の永住権も持っているそうである。だから、その更新の手続きなどのために日本にも来ている。彼は沖縄に学生として来て、それから10年間連続して住んでいた。10年間住んでいれば申請は可能だが、永住権をとるのはそう簡単ではないそうで、その関係で、沖縄でマンションを買ったそうだ。850万円だったとか。現在はこのマンションは人に貸している。国籍を取ると義務も多いので帰化はしないそうだ。

蔡さんは、兵役が終わった時期が1月末で、沖縄大学はまだ間に合うということを新聞で知って受けて受かったのだそうだ。2年間遅れていたので急いだという。蔡さんの弟さんはオーストラリアの国籍を持っている。そして台湾人と結婚してブリスベンに住んでいる。台湾は重国籍を容認するので、いくつでも国籍を持てる。華僑を大切にしているからとのことだ。現在の中国は重国籍は持てない。こういうふうに皆さん逃げ場所を考えながら生きているんですね。中国の圧力というのはすごくて、不安は大きいのだろう。

妹さんがいるというのできいてみると、実は彼女が幼稚園の園長だそうで、台湾国籍だけだそうである。埼玉県の新座にある十文字学園というところを卒業したそうだから日本語ができるんでしょう。

蔡さんのお父さんはかつて福山で働いていて、その関係で蔡さんも福山に住んだのである。在日ではなく働きに行ったのだという。そして、お父さんも日本の永住権をとろうとしたが、滞在期間が短すぎてダメだったそうだ。現在77歳か78歳だが、心臓のバイパス手術と大腸がんの手術をして、がんの方は手術後7年だそうである。このお父さんをインドネシアから来たメイドさんが現在みているのだという。

蔡さん自身は糖尿病にならないかと心配だという。おいしいから食べてしまう。そして太る。こんな話をしていたら、夜11時近くになった。今後の予定について話してから、ホテルまで送ってもらって別れた。

ホテルでＷｉＦｉがつながったので、メールをチェックしたら、大学からメールが届いていて、私学共済継続加入の手続きがすんで、新しい加入者証等が自宅に送られてきているらしいことがわかった。書留だったら、期限内に受け取らないと返送されてしまう可能性がある。今琉大病院に通っているのできちんと確認しておきたくて、メールで野里さんに私の自宅の郵便受けのチェックをお願いした。

翌21日（金曜日）、近くの店でサンドイッチ等を買ってきて朝食後、荷物をホテルに預け、チェックアウトして、地下鉄で二回乗り換えをして頂渓に行く。駅を出たところで迎えに来てくれた蔡さんと会った。なんか、ばったり会うようにできている。幼稚園は駅からすぐのところだった。この幼稚園は蔡さんのお母さんが40年あまり前から始めたものである。現在、地上10階、地下3階のビル全部を使ってやっている。幼稚園といっても、もっとこじんまりしたものを予想していたので、規模の大きさにビックリ仰天してしまった。蔡さんは、屋上の庭園から案内してくれた。幼稚園が街中にあって遊び場所があまりないためここを使うのだそうだ。順に階をおりてくる。祭壇の置かれている階もあった。中国式の親族（宗族）はものすごく人数が多い。先祖の写真も飾られていた。5代前から台湾だそうで、もともと福建から来たのだそうである。7階が蔡さんと妹さんが住んでいるところで、6階ではインドネシアからのメイドさんが食事を作っていた。幼稚園では10時におやつというのが普通なのだが、ここでは7時半から朝ご飯を食べさせることに変えたのだという。それから地下に行って、地下3階は駐車場になっているので、地下2階から順に上の階をみていく。「多元・豊富・優質　開放式的学習環境」「玩出健康　玩出快楽」という理念が掲示されていた。あとの方の理念は、遊んで健康と喜びを生み出す、ということなのだそうだ。開放式というのは、仕切りのないオープンな教室になっているということらしい。劇場みたいな階もあって大変立派である。総じて設備などに余裕があり、40年間以上の時間の積み重ねを感じさせた。

預かっている子どもは定員98名のところ現在82名だそうである。また、学童保育みたいにして預かっている子どももいるそうだ。働いている職員は12〜13名ぐらいとか。子どもたちのいるところをちょっとみてから、7階の蔡さんが一人で住んでいるところに行く。ビルの半分を陣取っているので非常に大きい。自炊しているようだ。テレビは、B-CASカードを使って日本のテレビ番組が全部映るようになっていた。

11時頃に地下鉄で東門に出て、鼎泰豊（ディンタイフォン）という料理店に行く。多くの人が並んでいる。番号を書いた紙を受け取ってからちょっと周辺を歩いたが、結局1時間半ぐらいも待った。私は全然知らなかったのだが、ミシュランガイドに載っている有名な店なのだそうだ。待っている間寒かった。台北がこんなに寒いとは。ワイシャツ2枚重ね着した。やっと順番が来て中に入る。小籠包は皮が薄く、中の汁を出して食べる。確かに独特の味わいである。しかし、順番を待って食べたという記憶が私はほとんどなく、よくこんなに待てるもんだと思った。値段も普通のところの倍ぐらいもするそうだ。

それから台大病院。車いすを押している外国人を見に行ったのである。非常にたくさんいた。ボランティアの服装をした人も結構たくさんいた。そのあと、学生たちが立てこもり中の立法院に行く。ここでしばらく様子を眺めていたら、高雄から来た学生に、どう思うかときかれた。私は、若い学生たちがこんなに元気なのにはビックリしたと答えた。日本では考えられない。かつて全共闘時代があったことなど信じられないような現在である。中正記念堂駅まで歩き、頂渓に戻る。夕方5時半頃から三人で、幼稚園周辺をちょっと歩いた。近くに所有しているマンションが2部屋空いていて、月3万4000円ぐらいで住めるそうだ。また、幼稚園のパソコンでメールが読めて、野里さんが共済から郵便物が届いていることを確認してくれたそうで、安心した。夕方7時過ぎに子どもたちがみんな帰ってから、近くのタイ料理屋で食べる。辛い味。野菜が多くておいしかった。

それから、昨日のホテルに行って荷物を受け取り、歩いて志林駅近くのホテル入り口に行く。バイクでやって来たお兄さんが中へ入れてくれる。荷物を置いて駅のそばのイカリヤという喫茶店で11時まで話す。蔡さんのいとこがアメリカで映画監督をしていることとか、サンパウロに親戚が住んでいることとかわかった。

移ったホテルではW i F iがつながるということだったのにつながらなかった。インターネット接続の回線を持ってきた方が確実だと思った。作業をやっていて気がついたのは、ホテル周辺でフリーのW i F iを提供しているところが多数あるようで、たくさんのW i F i名が私のパソコンに表示された。中には非常に強く反応しているものもあったが、パスワードが必要で、どれもつなげることはできなかった。

22日（土曜日）、朝になってもやっぱりW i F iはつながらないので、8時半頃ホテルを出て、朝食も兼ねてイカリヤに行く。W i F iが使えるという表示が出ているのに、ここでもつながらなかった。台湾なら大丈夫と思っていたので意外だった。でもまあ、つながらないものは仕方がない。10時頃までイカリヤにいてから、地下鉄で蔡さん宅に行く。

4台ある車のうち、ナビがついているベンツで北に向かって出発する。ナビに行き先を打ち込むときに、漢字は分解して打ち込んでいくんですね。ひらがなみたい。

最初に行ったのはHOUTONG（ホウトン）というネコの村である。そういう村があることはきいたことがあった。『地球の歩き方』にも出ている。ここは昔石炭の集積場だったそうで、その博物館もある。おみやげ屋のペンダントに「十分幸福」と書かれたものがあった。あとで調べたら、近くに十分という駅があることがわかった。鉄道駅のそばで麺を食べた。蔡さんは「油麵」（日本のラーメン風）、「ラーメン」（沖縄そばに似ている形）、「米扮」（ビーフン）と、別の形の麺を注文した。

このあと、有名な九份に行った。私は初めてだった。崖に張り付いたような集落で、大きな地震が来たらどうなるのかと思う。映画「悲情城市」の撮影地として有名で、観光客でごった返していた。名物の芋圓はおいしかった。いろんな芋が混ぜあわさったぜんざいで、ボリュームたっぷりだった。

それから九份から10キロほどのところにある基隆へ行く。最初、和平島浜海公園に行った。ここに琉球漁民慰霊碑があった。１９０５年以降琉球漁民が住むようになって５００人ぐらいもの集落を形成していたのだという。戦後その遺骨を収集して慰霊碑を建てたのだそうだ。日本語の由来が碑に彫られているが、金箔がかなりはげてしまって読みにくい。中正公園にも行った。ここは以前来たことがある。お寺と大きな仏像、観音像がある。そのあと、町の中心部の駐車場に車を入れて、夜市に行った。そんなに大きくはないが、ちょうど週末の土曜日でものすごい人出だった。有名なサンドイッチ屋で番号の紙をもらってから待つ間にてびちの店で食べた。てびちの店でも座席に座るまでかなり待った。こういう夜市を毎晩やっているんだからすごい。

蔡さんはさすがに職業運転手で、運転は落ち着いて、安定していた。疲れた様子もなかった。

学生による国会占拠事件のテレビ番組をナビ画面に折々出していた。

帰ってきてから、蔡さんは近くのホテルを調べてくれていたが、やがて直接行って決めようと言い、車で青獅大飯店（YOUNG LION HOTEL）に行った。空いていたので2泊分払った。日本でネットで予約したホテルの約半分の値段（1泊5000円ぐらい）である。とにかく、やっと受付のあるホテルに泊まれた。部屋はラブホテルとしても利用されているのか、ベッドの上の天井に丸い大きな鏡が取りつけられていた。ＷｉＦｉは問題なくつながった。使ってみたらビックリするほど高速のインターネットだった。連絡に不安がなくなって、気分がゆったり落ち着いた。


23日（日曜日）、「断章3」の原稿「第3の時期の哲学（38）」を送信。この題のままでいいのかと考えた。この旅に出かける前、精神不安定の状態で、まともな旅ができるのか自信がなかった。だから旅のことを書いても、重点は私の気持ちとか、精神状態についてあれこれ書くことになるんではないかと予測していたのである。ところが、台北に3泊したらすっかり落ち着いて、普通の旅になってきた。ならば、題名も「台湾の旅」と変更すべきではないかと、こう考えたのである。まあ、あわてなくてもあとで直せばいい。

落ち着いてみたら、手をブルブルッと揺すったりすることができなくなっている。ブルブルッと揺すっていたときは半ば冗談でやっていたつもりだったが、普通に戻るとブルブルッと揺すろうにも揺すれないのである。つまり、ポーズのつもり、ということ自体が病気なのである。これは、無理にでも笑っていれば実際その顔にふさわしい気持ちになるというのと同じことである。

朝ホテル近くの店でサンドイッチを作ってもらって食べた。台北市内ならどこにでも食事できる小さな店があり、また、コンビニの分布もきわめて濃密だから、こんな便利なところはない。食べたあと、頂渓駅周辺まで歩いてくる。

昼の12時頃出て、地下鉄で台北駅に行く。この日の訪問先は桃園県の陳吉さん宅である。台北駅からバスにするか、電車にするか、タクシーにするか迷ったが、地下鉄の改札を出たところに台鉄の改札があり、電車に決めて桃園までの切符を買う。一人42元だから130円ぐらい。弁当を買った。一つ200円ほど。電車内で食べるつもりだったが、こんでいたので着いてから桃園駅で食べた。タクシーで陳吉さん宅に行って2時間近く話した。陳さんを訪問するのは三回目である。二回目に行った時、陳さんの旦那さんが直腸がんの手術後非常にやせていて、食べれるものも限られている状態だったので、ずっと気にかかっていた。会ってみたら、今は旦那さんは非常に元気そうだった。じっと座っているとよくないそうで、時々立ち上がって直立不動の姿勢になったり、動き回ったりしていた。

陳さんは「モモト」(17号)という、沖縄で出版された雑誌を見せてくれた。見開き頁の右側半分に陳さんの大きな写真が載っていた。左側の文章を読んだら、次のようなことが書かれている。1960年代、まだ台湾は戒厳令が敷かれていたが、民間レベルではさまざまな交流が行われていて、陳さんの旦那さん(陳明時さん)は、台湾の家が中国茶の会社を経営していた関係で営業のため沖縄に来て、その時タクシーにパスポートを忘れた。陳さん(旧姓久高)はたまたま一部始終を見ていたのでパスポートは無事に見つかった。その話をきいた旦那さんの長兄が嫁にもらってこいと言い、結婚することとなったというのである。最初は沖縄で暮らしていたが、三人の子どもが大きくなる頃、学校で「台湾人」といわれるので行きたくないというので、仕方なく台北に引っ越した。しかし、母親が日本人だとわかると、外省人の教師や生徒たちから、日本人のせいでこういうことになったと攻撃を受けた。

四方山話をしていたら、あっという間に2時間過ぎた。帰りは、バスで廻龍まで行き、そこから地下鉄に乗った。ずっと乗っていれば乗り換えしないでも頂渓駅に着くのだが、車いすを押している外国人を見てみたくて、地図で公園を探した。あとで蔡さんが、台北市内で公園といえばなんといっても大安森林公園だと教えてくれたのだが、知らなかったので、民権西路駅で乗り換えて双連駅で降り、歩いて台北駅まで行った。地下鉄路線の上部が散歩にぴったりの歩道になっているからである。しかし、若い人ばかりで、老人は見かけなかった。

台北駅北側の市場は日曜日で閑散としていた。地下に降りてみたら、車いすを押している外国人がいた。それとは別に、われわれの日本語を聞いて近寄ってきた女性もいた。日本語はちょっとだけわかりますということだったので、沖縄を知ってますかときいたら、知っているそうだ。以前もこんな体験をした。フィリピンだと日本語をしゃべる現地人は要注意だが、台湾の場合は、親切な人であることが多い。

地下鉄で頂渓に戻り、85℃でコーヒーをテイクアウトで買った。娘はハンテンの店で半袖シャツも買った。店の外から見ていたら全然不自由なく店のお姉さんとコミュニケーションができているように見えたのだが、言葉は全然通じなかったそうである。

ホテルに戻ったらすぐに蔡さんから連絡があり、ホテルまで来てくれた。一緒に歩いて食事しに行く。ウニ、刺身、酢豚風の魚、イカを注文してくれた。ウニは、日本で食べるのとは違って小さい。味付けも酢味ではなく甘味があり、ちょっと変わった味だった。

この日蔡さんは、立法院に学生占拠の様子をまた見にいっていたそうである。昨夏、馬政権は中台サービス貿易協定を秘密交渉で推進し、馬総統がサインしたあとに国民に公開した。内容は、非常に幅広いサービス分野について台湾が中国に市場を開放するというものであり、この協定の中には、中国のビジネスマンが一定のお金を支払うことで、簡単に台湾移住が可能で、ビザ更新も無制限に行えるという内容が盛り込まれているというから、台湾独立問題と結びつくのもうなずける。この協定が発効すると、台湾にはどんどん中国から人が入って来るであろう。こういうことだから、学生が怒るのも当然である。国民は学生たちの今後を心配しているといい、世論は半分以上学生を応援しているという。

ネットで見つけた三橋貴明氏のブログによれば、台湾は日本以上の少子化で、合計特殊出生率は1・07（2013年）であるが、その理由は、中国とのビジネスが盛んになり、中国人労働者との賃金競争が激化し、台湾人の所得が伸びなくなってしまったためだというのである。以前は1

世帯で三〜四人の子どもを育てることができたのが、今は一〜二人が限界だ、と。そこで、少子化を理由にさらなる移民拡大を推進しようというのが馬政権であるというのである。

食べている途中、大阪市長選で橋下氏が当確になったと蔡さんは教えてくれた。投票率は20％台だったとか。台湾では選挙は土曜日に行われるそうだ。そういえば、この前宜蘭に行っていた間に行われた選挙も土曜日だった。

台湾では今年の年末に、知事、市町村長、議員等7つの選挙がまとめて行われる。この中で、台北市長選挙は今から注目を集めている。政党に所属台湾大学病院の外科医師である柯文哲（コーウェンチョー）氏が野党陣営の最有力候補として先頭を走っているためで、「柯文哲現象」と言われている（朝日新聞２０１４年1月17日朝刊「台湾政界　素人の乱」（鵜飼啓））。背景には野党の民進党が有権者の期待に応え切れていない現状があるといわれる。そして、この選挙は２０１６年の総統選挙に大きな影響があると見られている。

このように、極端な少子化と外国人による老親の介護が併存しているのが台湾の現状である。なぜ外国人に介護を頼むかといえば、台湾人だと住み込みができない、というか、しないからである。そして、公的な施設に入れるよりは家で外国人を雇って介護してもらった方が費用は安いということだ。日本でもそうだが、医師とか看護師が減って社会問題になっている。命に関わらないところに移っていくから、医師が足りなくなって医療ミスが起こる。蔡さんのお父さんの手術をした外科医は、診察は午前中となっていても２００人もみるから午後までかかる状態だったそうだ。

そうすると、過労死とかも起きる。

蔡さんは、幼稚園の研修で、結構海外も旅行しているそうだ。また、以前日本語学校で働いていたそうで、学生募集のために中国、香港、バリ島と飛び回っていたことがあるという。一番きつかったのは11日間で13回飛行機に乗ったことがあり、ハードだった、と。そういうことで、蔡さんはLCCのこともよく知っていた。日本では無職でも国民健康保険税を払わないといけなくて、観光しないで日帰りで沖縄に来ることもあるのだという。そういえばヨウコさんが健康保険税を払っていた。蔡さんはそれを属地主義というふうに表現していた。属人主義に対するものだ。

食後、頂渓駅の方に戻ってきて、85℃の前にある喫茶店で話す。この店は、以前はスタバだったのだそうだ。木の机で、スペースもぜいたくにとっていて、居心地のいい喫茶店だった。外の通りを見ると、人通りは多い。頂渓駅の近くでも夜市をやっているし、沖縄以上に夜型社会である。しかし、小学生などは見かけなかった。子どもたちは沖縄のようには遊んでいないはずである。

警察の装甲車が走っていったのは、立法院での事態と多分関連しているのではないか。それで蔡さんが教えてくれたのは、今台湾にも原発反対運動があるそうだ。台湾には三つ原発があり、それぞれ2基ずつ稼働している。北部に二つ、南部の恒春に一つ。四つめを北部の新北市に建設中だが、反対運動や度重なる事故のため、計画から30年、建設から10年を超えてもなお完成していない。Wikipedia によれば直接の受注元はゼネラル・エレクトリックであるが、1号機原子炉が日立製作所、2号機原子炉が東芝、各発電機が三菱重工業による日本からの輸出原発である。

台湾の将来については中国の影響が大きいが、食べ物は中国から輸入していない、と蔡さんは言う。コメはだいたい自給できているそうだし、ダイズなどは米国、牛肉はオーストラリアから輸入している。野菜はどこでも作っているし、中南部ではバナナ、パイン、などの果物も栽培されている。これと比較すると、沖縄は開発し過ぎだ、というのが蔡さんの意見である。スーパーが多すぎだ、とも言う。台湾の場合は、コンビニが異常なぐらい多いのが特徴である。競争が激しいため、景品競争もある。蔡さんがキティちゃんマークのついたものを色々持っているのはセブンイレブンの景品だとわかって納得した。妹さんの娘さんがキティちゃんを好きなのだそうだ。

蔡さんが福山にいた時のことを改めてきいたら、福山の中学校の先生がお寺の人で、その先生が膵臓がんで亡くなったそうだ。先生ががんになってからも見舞いに行ったという。現在は先生の子どもが住職になっているそうである。

24日(月曜日)、朝8時過ぎにホテルを出て、幼稚園に行く。蔡さんはすでにミニバスでの子どもたちのお迎えを終えて幼稚園に戻ってきていた。荷物を幼稚園に置いて、蔡さんと近くの伝統的な市場を見に行く。沖縄の市場にそっくりである。表通りからは見えない裏側みたいなところにこういう市場が残っている。市場には、沖縄にはないという果物もあった。それから、豆乳の店に朝食しに行く。台湾ではどこの食堂でも注文票にお客が書き込み、それにしたがって品が出てくるようになっている。豆乳はカップ入りだったが、飲みきれないほど大きかった。おかずもいろいろ注文してくれて、残ったものは持ち帰りにしてくれた。毎日の朝食ができるこういう店があるといいいな、と思った。沖縄でも豆腐はよく食べるし、豆腐を使った料理も多いから、同じような店はできなくはないだろうが、朝早くから外食するという習慣がないと難しいかなと思う。それで連想したのは、高松市の朝のうどんである。朝早くからものすごい活気がある。

幼稚園に戻って荷物を持ち、蔡さんとお別れした。今回の台湾旅行は本当に蔡さんに尽きる旅だった。最初会った時は、蔡さんはわれわれとは意識的に距離を置いているような感じだった。志林夜市で一番最初に食べた屋台で、蔡さんを紹介してくれた卒業生に送るからと、蔡さんと娘の写真をとった時は、「はい、証拠写真ね」とニヒルな感じで言っていた。それが、日を追って変わっていって、気持ちがしっくり合うようになった。食べ物の勘定なども、最初の頃は、蔡さんはただ案内しているだけで当然私が払うのだという感じだったが、最後の頃はもう蔡さんが先に払ってしまったみたいな形になっていった。

私の一番の関心は今後台湾に住めるのか、どういう形でそれが考えられるのか、ということだったわけだが、蔡さんのおかげでそれが現実的に考えられるようになった。蔡さんのアパートに住んで、朝は豆乳を飲みに行き、夜は夜市を歩き回っている自分がイメージできるようになった。昼間は中国語の勉強でもするのかもしれない。そういう生活が遠からず可能だろう。是非やってみたい。

地下鉄で台北駅に出て、空港バスで桃園空港に行く。キャセイパシフィックのCX450便にチェックインしてから中に入り、お土産のお菓子を買う。それから待合室に行って待っていたら、機体点検のためという理由でゲートが変更になり、食事券も配られた。新たなゲート近くにある食事のできる店は人で一杯だったので、空港内のかなり離れたところにある店まで歩いて行って、野菜ラーメンを食べた。ここは、この前ダバオからの帰りに来たところだ。ラーメンは薄味でおいしく、食べやすかった。結局機体は変更になり、12：50出発の予定が2時半頃になり、予定より2時間ほど遅れて出発する。

行きの時は機内映画を見る気にならなかったが、帰りは余裕ができて、みてみようかなという気になった。しかし面白いのがなくて、食事をはさんで原稿打ちをしているうちに成田に着いてしまった。着いたのは午後7時頃だから3時間半ほど飛んだことになる。

成田に着いてからＴＨＥアクセス成田という路線バスがあり、それで東京駅まで行った。１０００円という安さにはビックリした。あと、ＪＲ、京王とつないで調布に戻る。

娘が、この日の朝豆乳の店で残したものを使ってラーメンをつくってくれたのを食べて、しばらくしてから寝た。

25日（火曜日）、共済関係の書類を早く確認したかったし、旅の疲れも出ていて、東京にゆっくりする気にならない。ネットでＪＡＬ、ＡＮＡの予約状況を見たら非常にこんでいて、26日は満杯に近い状態で当日シニア割引は厳しそうなので、この日のうちに帰ることに決めて11時半頃出た。

午後1時過ぎに羽田空港について、JALの16：15発を買う。ハイシーズンのため普段より高く、年末年始と同じ1万6000円余り。カレーを食べてから中に入り、1時間ほど待合い場所で横になって寝た。

沖縄から来た時も緊急避難的だったが、沖縄に戻る時もまたあわただしい動き方だった。やっぱり定年の日を前に緊張があった。夕方7時前に那覇に着いた。モノレールで家に着く。共済関係の書類とメールをチェックして、問題ないことがわかり安心した。夜は野里さんとも会って話した。

26日（水曜日）、朝9時に開南郵便局から共済掛け金を送金。1年分が33万6376円。あとで大学の担当者からきいた話だと、国保なら50万円ぐらいになるとのことで、安上がりにすんだらしい。同時に、娘に新しい共済のカードを速達で送った。

昼に元研究生が来たので、話した。夕方自転車で泳ぎに行ってくる。落ち着いてきていい気持ちになり、夕食はステーキを焼いて食べた。

旅行後疲れて、我慢がきかない状態が続いていたのだが、『梅棹忠夫　語る』（聞き手・小山修三、日経プレミアシリーズ、2010年）を読んで元気回復したみたいである。読んだのは三回目か四回目だろうか。第九章「生きることは挫折の連続である」を読むと、キーポイントの一つは「人間としての自信がある」こと、もう一つは「自分を相対化している」ことである。肺病になって社会生活から脱落している間、世の中がなにごともなく進行しているのに気がついて梅棹は愕然とした。

わたしはいらんもんやな、と彼は思い、隠者の性癖が理論化された。この体験は青年期のことだが、1986年になって視力を失った。過酷な状態である。2004年に肺がん、胃がんをやって、次の年脳梗塞をやった。にもかかわらず、エピローグで「つねに未知なるものにあこがれてきた」という。梅棹の言葉に、「宮本武蔵になるな」がある。いわく、「技を磨くのに反対はしない。しかし、剣の道は人殺しの技、そんなことに熱中して、他を顧みないというのは、人間としていささか淋しいのやないか。わたしが、山に登り、世界の民族をたずねたのは、デジデリアム・インコグニチ、未知なるものへのあこがれだけやった。」これで90年通したのだからすごい。私も、こういう調子で今後もやっていきたい。

27日（木曜日）、午後2時半から全学教員会議があり、最後の方になって名誉教授申請の審議があり、やはり名誉教授申請中の学長とちょっと話した。学長は、目が見えなくなっていく病気で辞任を決断された。話している途中ですぐに審議は終わり、名誉教授の申請は承認された。会議の場に戻ってからちょっとして、退職の挨拶をした。

会議後、総務課に行って、娘のこれまでの共済カードを返し、高額医療費免除の手続きについて教えてもらう。送られてきたものの中に高額医療費免除の証明書も含まれていたことがわかった。改めて考えてみると、耳があまりに悪くなって対人関係でまともな対応ができないので、みじめではない形で退職できたことを喜べる気持ちになった。現状では最善の選択だと確信できた。

左耳に人工内耳をつける手術　２０１４年６月

２０１４年６月１日（日曜日）、琉大病院に入院した。胃がんで入院した経験もあって、そんなに緊張しなかったし、入院までに、実際に人工内耳をつけている人から直接に話がきけたのは非常に大きかった。

4月18日（金曜日）、人工内耳友の会のメーリングリスト（ＭＬ）を通して渡久地《とぐち》準《ひとし》さんという方からメールが届き、直接会って話しましょうと誘われた。それで、21日（月曜日）の夕方会うことに決まった。夕方6時半にパレットのモスの前で渡久地さんと会い、タイムスビル1階の喫茶店で1時間あまり話した。30代で若い。彼が人工内耳友の会の、沖縄の会長らしい。彼は那覇市久茂地にある保険会社で働き、バイクで通勤している。彼は両耳人工内耳だが、髪がちょっと長くて、注意してみないとつけていることもわからないぐらいだった。補聴器と違い長時間使っていても疲れないようである。音は補聴器よりは小さく聞こえるであろうということだった。もらった資料はコクレアというオーストラリアの会社のものだった。琉大病院からはメドエルというオーストリアの会社のものも紹介されていて、どちらか選ぶようにということだった。新聞記事の切り抜きもいろいろもらったが、渡久地さんのほか、宮古島の普天間健さんのものがあった。普天間さんからも渡久地さんより前にメールをもらっていたが、彼は音楽家なのだそうである。渡久地さんはまったく普通にきこえているようだった。質問するとちゃんと返事が返ってくる。そして、途中で電話もかかってきたが、まったく問題なくきこえているようだった。人工内耳をつけるまでは私よりもきこえなかったというのだからとにかくビックリした。誰でもこうなるのかどうかわからないが、とにかくすごいものだなとビックリしてしまった。

入院前は一応、病院に持っていくものをそろえたが、持っていくものはそんなにはないし、この前の入院に際して準備したもので十分で、何も買わなかった。

1日（日曜日）は、午前11時半に娘の運転で出て、のりえさん宅に寄って乗せてから一緒に琉大病院。のりえさんは卒業生だが、以前娘の家庭教師をやってもらっていた関係から入院の際に保証人になってもらった。救急受け付けで入院手続き後、8階西の耳鼻科の二人部屋に入る。休憩室で食べる。それから3階でT字帯を買い、喫茶店で雑談。夕方医師から手術の説明後、夕食。

6月2日（月曜日）、予定通り手術は終わった。私は2番目で、午前中は順番待ちしていた。朝9時過ぎてから点滴が始まった。前日の医師の説明の時に手術は午後1時ぐらいからになるでしょうと言われていたが、12時15分頃最初の手術の人が終わって戻ってきて、それから、T字帯パンツとソックスをつけて12時45分に手術室に入った。麻酔が始まって意識がなくなり、目がさめたら午後5時に病室に戻ってきた。手術は4時に終わり、それから目がさめるまで1時間ほど置かれてから戻ってきたのだそうで、手術時間は3時間だったそうである。

やがて、手術の説明をしてくれた若い医師が来て、予定通りできましたとのことだった。3時間ほどそのまま寝ていて、それから熱を測ったりしたが、平熱だった。食事を持ってきてくれた。おかゆだった。それを全部食べてから、尿管をはずしてもらったが、これは痛いですね。がんの手術の時はこんなのはなかったと思うのだが。トイレに行ったが痛くて、ほとんど出せなかった。ふらつきはなく、普通に歩けた。手術したところはちょっとずきずきしたが、痛いというほどでもなかった。眠くなかったので夜の12時前頃まで本を読んでいた。西江雅之『風に運ばれた道』（以文社、1999年）の最初に収録されている「国境の町—与那国島／日本」を全部読んだところで眠くなったので寝た。

6月3日（火曜日）の朝までとぎれずに眠れた。6時半頃起きたら頭のずきずきはずっと引いてラクになっていた。歩いたら、ぽわーんとした感じがしたが、ふらつくというのでもなかった。まあ、こんなもんでしょう。8時に朝食で、やはりおかゆだった。それから、若い女性の医師が包帯をほどいて消毒してくれた。看護師の説明をきいてから、10分間ほど吸入をした。中にたまっていたのか、血が結構たくさん出てきた。10時半頃、二人部屋から四人部屋に移った。こういう状況なので、問題はない。入院は7日間の予定だそうである。

娘が、手術前の医師の説明を記録してくれた。それを抜粋する。皮膚の内側、頭がい骨の外側に、数ミリ骨を削って機械を合わせて埋め込む。顔面神経につながっているのでめまいが起こることもある。人工内耳は練習しないといけない。手術の際、聞こえの神経活動が拾えているか確認はする。人工内耳は人工物なので、どうしてもばい菌がつきやすく、抗生剤の点滴をしばらく続けて感染症を防ぐ。電極に電気を流すが顔面神経があるので、人工内耳を使うとき顔の痙攣がでることがあるが、最初のうちだけだろう。リハビリをし、器械での調整も行う。組原の場合は、ことばが使える状態なので、初めから全く聞こえない人に比べてスムーズだろう。耳の神経とベロ（舌）の神経が繋がっているので、切除する場合もあるが、味覚に大きな影響はない。

入院していると、ちゃんと時間になれば食事を持ってきてくれる。らくちん。美食とは言えないだろうが、栄養的にはいいだろう。薬は5種類。このうち、今日から加わるのはクラビット錠という錠剤で、今朝まで定時的に抗生物質の点滴があったが、それと同じようなものだそうである。感染の原因となる病原菌を殺すのが目的である。体に問題はないため、勉強しに病院に来たような感じになるかもしれない。イスラーム問題関係の本を読んでいた。

6月9日（月曜日）退院した。

13日（金曜日）に人工内耳の「音入れ」というのをやった。人工内耳ってどんなふうに聞こえるのかがイメージできなくて、早く体験したいとずっと思っていた。予約の朝9時に琉大病院の外来に行くと、すでに言語聴覚士のYさんはいた。メーカーの人が来る前にもう始めましょうと言われて、外来の奥の方の部屋で最初にやったのは、パソコンとつないだ人工内耳をつけた状態でいろんな高さの音が小さく聞こえるか大きく聞こえるかの検査だった。その検査をやっているときに、メーカーの人が到着した。東京から着いて、琉大病院までタクシーで直行したのだそうである。一応検査が終わったところで、一緒に来てくれた娘とのりえさんも招じ入れられた。そして、どうですか、聞こえますかと言われて、最初に自分の声が非常にハッキリと聞こえたのにビックリした。人間の声の感じだった。人工内耳を埋め込んである場所に外側から小さな円盤のようなものを磁力でくっつける。それを装着している人を見て、器械頼みのサイボーグ人間になるんだなあ、と思っていたので、自分の声が器械音のようではなく、柔らかく聞こえたのはとても意外だった。そして、大きく聞こえるので、自然に私の声も小さくなったようで、まずそのことを娘から指摘された。それはすぐに自分でも実感できた。しゃべっていて疲れないのである。講義のあと芯から疲れることがあったのは、自分の声が実感として聞こえないと、どれぐらいの声量を出せばいいのかわからないからだと思い当たった。もう限界だったわけですね。

それから、メドエルというオーストリアの人工内耳メーカーの人が人工内耳の外付け部分を説明してくれた。娘がそれを記録してくれた。器械の使用方法そのもの以外で注意すべきなのは、まず飛行機に搭乗する際に検査機が必ず鳴るので、インプラント証明のカードを提示すること。稀に防犯のアラームが鳴る場合もあり、カードは常に持ち歩くこと。犯罪者と間違われる可能性がある。それから、ＭＲＩの検査が必要な場合、磁気があるので、必ず人工内耳埋め込みを伝えなければならない。那覇市立病院での胃がんの事後経過検査の際には注意しなければならない。2時間ほどで、説明は終わった。琉大病院の9階に入院している妻の兄のところに見舞いにいったら、エレベーターって各階に停まるごとに「何階でございます」とか案内をやっていたんですね。

騒々しい世界だなとビックリした。

音入れの日の前夜、人工内耳友の会の渡久地さんから次のようなメールをいただいた。

「明日は、音入れの日とのことですが、はじめは大変びっくりするというかとても不思議な感じがすると思います。脳が音に慣れるにつれて、徐々にその違和感等も消えていき、人工内耳の聞こえが、組原さんご自身のものとなっていくと思います。その過程を楽しんでみるといいと思いますよ。人工内耳装用者皆が体験してきた道のりですね。（以下略）」

人工内耳をつけてみて、人との会話は補聴器の時以上に聞こえていると思う。テレビについては、補聴器をつけても全然ダメとあきらめて、ほぼ完全に字幕頼りだったので、比較ができないのだが、多分補聴器よりは聞こえる。しかし今のところ全然不十分である。人工内耳をつけてすぐに聞こえるようにはならない、と埋め込み手術前に医師からも言われていた。入院前後、そして退院してからも、毎日の原稿を読んで頂いている方々から多大な声援をいただいた。おかげで、入院中も退院後もにぎやかで、楽しめた。なかでも一番ビックリしたのは、退院後、岡山から同窓生が訪ねてきてくれたことである。6月11日（水曜日）、講義をしに大学に行って、その前にメールをチェックしたら同窓生はすでに沖縄に着いたという。これから琉大病院に向かいますとあったので、娘にも連絡をとって、自宅に来てもらうことにした。実は、同窓生のお父さんは、私が入院中の7日（土曜日）朝亡くなった。あとできいたら誤嚥性肺炎だそうだ。この前会ったとき、そんなに悪い状態に見えなかったのでビックリした。9日に退院して、帰宅後メールしたら、お父さんの火葬中だとのことだった。その彼がやってきたのだから、とにかく意味がわからなかった。それに、私が退院したことを彼は知っていたはずなのに琉大病院に向かうというのも解せなかった。お父さんが亡くなってからかなり混乱しているのかなと推測した。会って話をきいたら、喪主となるべき彼のお兄さん（沖縄だと喪主となるのはお母さんだと思うが）はお父さんの亡くなったときにロンドンに遊びに行っていて、お通夜の時に帰ってきたので、そのお兄さんにあとは任せて、気分転換のために沖縄に「発作的に」来たのだそうだ。きいた感じではお兄さんとの間に面白くないことがいろいろあったようだ。のりえさんも来ていたので、一緒に家の近くの居酒屋で食べた。入居していたヨウコさんが大阪経由でブラジルに帰る前夜で、そちらの集まりにもちょっと顔を出した。

イタリア・オーストリアひとり旅の記録　2014年8〜9月

今回イタリアに行ってみたいと考えた直接の理由は、山森亮『ベーシック・インカム入門——無条件給付の基本所得を考える』（光文社新書、2009年）を読んでである。

ベーシック・インカムとは、就労や資産の有無にかかわらず、すべての個人に対して生活に最低限必要な所得を無条件に給付するという考え方である。社会保険や公的扶助などとは異なり無条件で給付する点と、個人単位の給付である点に特徴がある。

これについて、おそらく多くの人が次のような疑問を持つだろう。一つは、生活に困っている人のための救済措置というならわかるが、金持ちにも給付するのはバカらしくないか？　もう一つは、働く気のない怠け者にも給付するのはよくないのではないか？

現在われわれは福祉国家体制のもとに暮らしている。衣食足りて（＝生存権が保障されて）初めて礼節を知る（市民として社会に貢献できる）のだから、すべての人に最低生活を保障しなければならないという生存権保障の考えは、裏を返せば、「働きたいけど働けない者」は食べてもよい、ということになる。

ベーシック・インカム的な考え方は資本主義社会が成立した頃からすでに見られるし、欧米では特に1960年代から70年代にかけて議論が深まった。

イタリアでは、1969年は「熱い秋」として記憶されている。550万人の労働者がこの年にストライキを行い、1万3000人が逮捕され、3万5000人が解雇された。運動高揚のきっかけは年金問題についてのデモだった。この時期はイタリアだけでなく世界各地で異議申し立てが噴出していた。おそらく最も有名なのがフランスの5月革命であろう。イタリアでは運動の大衆的規模での持続性があり、工場での運動は比較的早期に弾圧されたが、工場外に広がった運動は1970年代の後半まで続いた。

ベーシック・インカムに直接つながる要求としては、1967年2月、学生たちによって「ピサ・テーゼ」が出された。資本主義は先端技術に基づく生産を必要としており、高等教育を受けた学生はそういう生産を担う未来の労働者であるから、「学生賃金」を要求すべきだというのである。

日本だと防衛大学校や気象大学校で学生に給与が支給されているが、そのような論理を拡張する形で、すべての高等教育に賃金が支払われることを要求した。

このような動きの中で、家事も労働だとして賃金を要求する動きが出てきた。そして、その中で「保証賃金」要求も出てきた。彼女たちは当初から、「主婦業への支払い」ではないことを強調していたのだが、この点は誤解されることが多く、女性をかえって家事に縛り付けることになるというフェミニズム内部での論争に、運動も多くの労力を割かれることとなった。

工場の中と外との運動が連動していく中で、「政治賃金」あるいは「社会賃金」と呼ばれる要求が出てきた。例えばアウトノミアと呼ばれる運動は「労働の拒否」を唱えつつ、社会そのものが工場と化しているとして、賃労働に関係なく「社会賃金」を支払うべきだと理論化していった。アウトノミアとはイタリア語で「自律」を意味する。議会内政党や従来型の労働組合の統制に従わず、また、自らの要求を経済問題に限定せず、運動の中から新しい生活の形を作り上げていこうとする運動だった。

イタリアの運動はまた、高齢者や病者の介護が大規模施設で閉鎖的に行われることも拒否し、1978年に施設入所型の精神病院を解体する法律ができた（大熊一夫『精神病院を捨てたイタリア 捨てない日本』岩波書店、2009年、参照）。イタリアは20世紀の終わりまでにすべての精神病院をなくし、かわりに全土に公的地域精神保健サービス網を敷いた。

これに対して、日本の人口1万人あたりの精神病床数は先進国では断然トップである。そういえば日本では、認知症老人関連の記事が増えた。高速道路に歩行者や自転車が入り込むことが増えているそうだが、多くが高齢者らしいし、認知症老人が踏切でひかれる事故も多い。例えば、毎日新聞（東京版）２０１４年4月25日朝刊29頁の記事「同居の妻には賠償責任　控訴審　長男への請求棄却」によれば、愛知県大府市で２００７年、認知症の男性（当時91歳）が徘徊中に列車にはねられて死亡し、ＪＲ東海が男性の遺族に振り替え輸送代など約７２０万円の損害賠償を求めた訴訟の控訴審判決で、名古屋高裁（長門栄吉裁判長）は２０１４年4月24日、男性の妻（91）と長男（63）に全額の支払いを命じた1審・名古屋地裁判決を変更し、妻に対してのみ約３６０万円を賠償するよう命じた。長男に対する請求は棄却した。長門裁判長は、同居の妻を民法上の監督義務者として、「賠償責任を免れない」と指摘した。家の出入り口のセンサーを作動させるという容易な措置を取らなかったことで「一人で外出する可能性のある男性に対する監督が不十分だったと言わざるをえない」と述べた。だが、男性と別居して遠方で暮らす長男に対しては、「介護について最も責任を負う立場にあったと言うことまではできない。監督義務者には当たらない」とした。一方、ＪＲに対しては、駅での利用客などに対する監視が十分で、ホームのフェンス扉が施錠されていれば事故の発生を防げた可能性を指摘し、安全向上に努める社会的責任に言及した。賠償額は請求の半分が相当と判断した。この事故は２００７年12月に発生した。認知症で要介護度４に認定されていた男性が、妻のまどろんだ数分間に一人で外出し、大府市のＪＲ共和駅の線路内に入り、列車にはねられたのである。

1980年代以降、いわゆるグローバル化が進み、働き方の多様化、非正規雇用・失業の増大、家族形態の多様化、経済活動が引き起こす環境問題の顕在化等々、これまでの福祉国家が前提としてきた労働や家族のあり方が変わってきたことを背景に、ベーシック・インカムの考え方はより現実性を持つようになり、例えば、課税所得が最低生活費を下回る場合には差額を給付するという、いわゆる「負の所得税」などの形で制度化もなされてきている。

一方、オーストリアに行ってみたいと考えた直接の理由は、藻谷浩介・NHK広島取材班『里山資本主義―日本経済は「安心の原理」で動く』（角川oneテーマ、2013年）を読んだら、この国が林業を中心にして「里山資本主義」を実現しつつある国として紹介されていたからである。里山資本主義とは何か？　20世紀の100年間は経済の中央集権化が突き進められていった時代だったが、重厚長大産業を基盤として発展していくには莫大な投資や労働力の集約が必要だった。そのため、ある程度国家主導で大資本を優遇しながら進めざるを得なかった。経済成長にはどこもかしこもが画一的である方が効率的で、地域ごとの個性は不要だったのである。ファストフード化された日本の地方都市を見ればそれがわかる。これに対して、里山資本主義は、経済的な意味合いでも、地域が復権しようとする時代の象徴といえる。大都市につながれ、吸い取られる対象としての地域と決別し、地域内で完結できるものは完結させようという運動である。ここで注意すべきなのは、自己完結型の経済だからといって排他的になることではない点で、むしろ「開かれた地域主義」こそが里山資本主義だといわれる。

オーストリアは、面積は北海道ぐらい、人口は1000万人に満たない小国であるが、失業率が低く、一人あたりGDPは日本より上位である。この国は大部分が山なので、木を徹底的に活用して、経済の自立を目指す取り組みを、国をあげて行っている。クロス・ラミネイティッド・ティンバー（CLT：直訳すると「直角に張り合わせた板」）という、板の繊維方向が直角になるように張り合わせた集成材に力を入れているこの材は強度が高く、これを用いて高いビルの建設も可能になる。木材クズを使っての発電等も行われている。そして、山の木を切ることが森林破壊につながらないように森林を管理する制度が設けられ、持続可能な林業を実現させている。そのようなモデルケースとしてギュッシング（Güssing）という東部の郡が取り上げられ、注目されていた。

オーストリアは「脱原発」を憲法に明記し、70年代につくった原発も、国民投票の結果稼働されたことはない。BMWの自動車用エンジンの3分の2はオーストリアで生産されているなど、オーストリアは外国からの投資も盛んである。人工内耳を製造しているメドエルという会社がオーストリアのインスブルックにあるので、どんな町なのかという興味も持っていた。オーストリアには日本からも、ザルツブルクのソニー工場など100社余りが進出している。このように外国からの投資が盛んなのは、環境保護や、交通や通信のインフラの積み重ねが背景にある（広瀬佳一・今井顕編著『ウィーン・オーストリアを知るための57章［第2版］』明石書店、2011年、等参照）。

2014年8月に入って、胃がんの手術後の定期検査のため、那覇市立病院で血液検査とCT検査を受け、13日（水曜日）の朝、医師から結果をきいた。血液検査もCT検査も問題なしとのことだった。これで1週間近く動けることになったので、岡山の同窓生と連絡を取り、この日の午後2時過ぎ発の全日空便で高松に行き、列車で午後7時前に岡山に着いた。

翌14日(木曜日)、ちょうど「里山資本主義」についてまとめ始めたところで中国山地のことが出てきたので、同窓生は、岡山県北部の棚原(やなはら)という、昔彼のお母さんが住んでいたという町に連れていってくれた。ここは昔鉱山があった町で、今は廃坑になって資料館などがある。岡山市から着くまで結構な距離があった。棚原に着くと卒業生は10年前に会ったというおばあさんをさがしていった。その息子さんには会えたが、おばあさんは94歳で、病院に入院しているとのことだった。廃線になった鉄道の吉ガ原駅の隣でランチを食べる。地元産の野菜がふんだんに使われていた。それはいいのだが、すごいスローペースで、鉱山資料館に行く時間がなくなってしまった。こうやって走ってみて、棚田はちゃんと耕されているし、見たところ手入れはされているようには見えたのだが、人がいなくて本当にさびしい感じである。「里山資本主義」的な試みがワッと感じられるような場面には出会わなかった。

同窓生宅に帰ってきて、彼のお母さんのケアがすんでから、いつも彼が行っている喫茶店に行って話した。よく聞こえた。そのあと、近くの駅まで送ってもらってから岡山駅に出て、新幹線で新大阪に着いた。卒業生二人とJR大阪駅で会って、食べながら話した。最初は大阪に泊まってもいいと思っていたのだが、お盆で混雑しているようなので、新幹線で上京した。18日(月曜日)、飛行機はお盆のあとで非常にこんでいるようだったが、午後4時のJALの便がとれて、沖縄に戻れた。

飛行機が飛ぶまでに、八重洲ブックセンター近くのＱＢで整髪してもらった。人工内耳を埋め込んでもらってから散髪に行かず、のびていたのだが、このままのばした方がいいと皆さんが言うし、人工内耳も髪に厚みがあった方が汗で濡れなくていいようでもある。それで整えてもらうだけにした。このように動いて、人と話し合える楽しみを感じていた。

19日（火曜日）午後琉大病院でリハビリを受けたが、これから右耳も手術することになったので、右耳の検査もしてくれた。聞き取り検査の結果は、左耳は非常によくきこえるようになっているとのことだった。最初の手術のあと1年以内にもう片方も手術するのは私がはじめてだそうで、しかし、早くやったほうがいいというのが言語聴覚士のＹさんの意見だった。

こうしていよいよ旅行に出発できそうだという感じになって、那覇のジュンク堂でイタリアとオーストリアの『地球の歩き方』を買った。夜、グルクンの唐揚げをかじっていたら右下奥歯の冠が壊れたようだ。しかし、明日は行きつけの歯科は定休日。21日（木曜日）、行きつけの歯科に行く。治療で1週間とか2週間は動けなくなるのではないかと思っていたら、右下一番奥の歯は深〜い虫歯になっていて、このままにしてもいいことはないそうで、抜かれてしまった。あとは抜いたところを縫い合わせたので、翌日洗浄をかねて抜糸しておしまい。というわけで治療もなくなった。薬局で、抗生剤等を買ってから帰る。気分はあまりよくなかったが、熱は出ないようなので、夕方泳いだ。

22日（金曜日）、ネットで切符を買おうとしたのだが、面倒くさくなって、午後那覇のＨＩＳに行った。担当の女性に、行きたいところとしてイタリアのシチリアとオーストリアとを挙げた。シチリアは以前から行ってみたいと思い続けていた。パレルモという町の名前をステキだなと思っていいた。イタリアで行きたいところは、ほかには決めきれなかった。というより、あとはどこでもいいという感じだった。担当の女性は私の話をきいて、ローマ経由でパレルモに行き、帰りはウィーンからやはりローマ経由で成田に戻るプログラムを組んでくれた。すべてイタリア航空便である。パレルモに着くのが夜遅くなるので、1泊ホテルを取ってもらうことにした。提示されたホテルの中で一番安いのにした。またパレルモからオーストリアまではユーレイルパスがいいだろうと思われた。この前上京した際に、姉の長男からユーレイルパスにも、何か国かに限る安いのがあると聞いていたのでそれにした。4カ国6日間のものを選んだが、キャンペーン中だそうで7日間OKだそうである。国としてはイタリア、オーストリアのほかスロベニアとドイツを希望した。スロベニアは、イタリアのトリエステからオーストリアに行く場合はスロベニア経由になると思われたからである。あともう1国ということでドイツにしたのは、もし泊まることがなくて夜行で夜明かしすることになった場合、小さな国だとすぐに通過してしまうので、大きな国が望ましいということから決めた。

23日（土曜日）、那覇のジュンク堂で村上義和編著『イタリアを知るための62章［第2版］』（明石書店、2013年）を買う。24日（日曜日）朝は、またジュンク堂で、イタリア語の構文を中心にした入門書を買う。書棚を探したら佐藤紘毅・伊藤由理子編『イタリア社会協同組合B型をたずねて』（同時代社、2006年）があった。以前バスクの労働者協同組合と併せて、授業で紹介したことがあった。

24日の午後、沖縄大学の小林甫特任教授の研究室で、真栄里泰山さんも交えて打ち合わせをした。労働者協同組合（ワーカーズコープ）関係の人たちはこれから大学をつくろうとしていて、その実績づくりのために沖縄大学で寄付講座を行いたい、と。そして、10月19日に名護で行われるワーカーズコープの総会「沖縄協同集会」の準備会（9月15日）には私も出てくれということだった。

こういうわけで旅行の形が決まった。最初考えた、台北からイタリアに行くというのは、そんなに安いのがないし、バカに時間がかかるのが多いのである。一番安いのが中国国際航空のものであるが、乗りたいという気にはならなかった。帰ってからもそんなに時間がとれないので、この夏は、まとまった時間台湾に行くことはできないだろうと予想された。

25日（日曜日）、朝の便で上京した。この日は姉の誕生日だったので、横浜の姉宅に行って、姉の長男からイタリアの話をいろいろきけた。シチリアにはエトナ火山があるので、それは見ようと思った。イタリアに泥棒が多いのは経験で知っている。人工内耳をひったくられた場合のことを考えて保険をかけようと思った。

26日（月曜日）、娘が、デジタルのイタリア語辞典を貸してくれた。イタリア語については、スペイン語、ポルトガル語の応用で何とかいけるのではないかと思っていたのだが、構文中心の本ではダメだということがハッキリわかった。確かに構文をおぼえれば、そこに単語を入れていけば応用がきくが、問題は、そこに入れていく単語を知らないことだ。衣食住の日常用語は、スペイン語やポルトガル語とはまるっきり違う場合が多い。でも英語だけというのはよくないと思い、できるだけやってはみようと思った。それからカメラも娘から借りることにした。旅行に持っていく本として、戌井昭人編『深沢七郎コレクション　転』（ちくま文庫、２０１０年）を買った。

27日（火曜日）、成田空港に朝9時半に着いて、ＡＩＵの保険に加入したのだが、ものを盗られた場合30万円しかカバーしない。人工内耳は、買い換えるとなると１００万はかかるようだからあんまり助けにならないなと思った。チェックインを済ませてから、成田空港で働いている卒業生と会って話した。彼はＪＡＬのハイグレードカード取得のために、これから沖縄に連続して行くそうである。

イタリア航空便は定刻（13：15）よりもかなり早く出発した。周囲の座席はツアーの若い女性が多かった。最初はボーッとしていたのだが、ちょっと寝てから、ヨーロッパの鉄道時刻表で動き方を検討し始めた。パレルモのあとカターニアに行って、それからシチリア島を出れば途中エトナ火山が見れる。そのあと、イタリア南部をゆっくり北上していこうかなと考えたのだが、やっぱり南部の方は直行で長い距離動ける列車が少なくて時間もかかる。ナポリまで行ってからあとは、速い列車でボローニャにいけばいいのではないかと、だいたいメドが立った。

原稿打ちをしていたら、私の座席の横でなんと中年の女性が気絶して倒れた。狭い通路に彼女が仰向けに横たわっているのをみて、最初は意味がわからなかった。彼女は、添乗員があれこれやっているうち自然に意識が回復して、そして、自分で立ち上がれた。大事に至らなくてよかった。しかし、倒れたらおしまいだな、と感じた。

原稿作成をしながら、プラグ変換アダプターを1個しか持ってこなかったことを悔いた。ホテルでパソコンと人工内耳の電池の充電が必要で、ほかにカメラや携帯の充電をしなければならないから最低二つは持つべきである。

午後7時到着予定が6時半にローマに着いた（時差は7時間）。入国手続きを終えていったん出てからまた中に入り、中にあった店でプラグ変換アダプターを買うことができた。これは結果的には非常に大きかった。

21：30発のパレルモ便は21：50発に変更になり、ゲートも変更になった。実際に飛び立ったのは22：30頃だった。実は、HISで切符を作ってもらうとき、最初はこの一つ前の便になっていたのだが、入国手続き等で間に合わなくなったら大変と思って、その次の最終便にしたのである。結果的には杞憂だったことになる。入国手続きなど、ほとんど何もみないでポンとスタンプを押すだけ。米国なんかとの違いを痛感する。

23：10にパレルモに着いた。タクシーでカーサ・マルコーニに行く。タクシーで75ユーロ。空港から市内まで結構距離があった。受付のお姉さんは英語でOKだった。部屋ではWiFiが使えないので、受付横のホールで打ったが、ネットは結構速い。午前1時過ぎまで起きていてから寝た。

28日（木曜日）、時差ボケで午前3時過ぎには目がさめた。5時頃起きあがる。荷物整理をしてからパソコン打ち込みをする。7時からホテルで朝食。それから中央駅まで歩く。ホテルは住宅街の中にあり、駅に近づくにつれて店が出てきたが、まだみんなしまっていて、そして、道路上で何度かカネをくれと無心された。中央駅周辺は、夜は結構危ない場所だろうと思われた。開発途上国に来た感じである。中央駅で、8月31日にカターニアからナポリ、そして9月1日にナポリからベネチアに行く予約を入れようとしたら、そもそもカターニアからナポリは満席で、その先も予約を入れられなかった。カターニア発をパレルモ発にかえてもう一回みてもらったが、これも満席。ということは、シチリアから出るには飛行機しかない。中央駅からタクシーで適当な旅行代理店に行ってもらう。中心部にある旅行代理店で飛行機の状況を見てもらったが、これもほぼ満席で、バカ高いのしか残っていない。しかし、フェリーがあった。パレルモからナポリまでベッドはなくなっていたが、1等席はあって、それを買った。30日発にした。なぜか、店員さんが日本語で書かれたシチリアのガイドブック2冊を持ってきてくれて、ただでくれた。写真入りで紙が厚くてとても重い。それから中央駅に戻って、ユーレイルパスを有効にするスタンプを押してもらい、ナポリ・ベネチア間の予約ができた。ベネチアにしたのはトリエステからスロベニア経由でオーストリアに入ることを考えたからである。セットが終わって、大満足だった。このあと市内バスで中心部に向かっていって、適当におりたが、ホテルの場所がわからない。そのうち大便がしたくなってきた。やがて観光馬車の待合所に出て、そこでホテルまで行ってくれるというので40ユーロの約束で乗る。

見所を回るようにしながらホテルそばまで来てくれた。ずいぶん距離があった。ホテル周辺は普通は観光馬車なんか来ないところなので、歩いている人たちがビックリしていた。馬車が走っていい道とか規制はないみたいである。50ユーロ出しておりて、大急ぎでホテルに戻ってトイレに行く。下痢をした。ホテルの近くでトマト、サンドイッチ、飲み物等を買ってきて食べる。時刻表を見ていて、トリエステからの進み方がよくわからない。それで、ナポリからまっすぐボローニャまで行き、そこからインスブルックに向かうことに変更する。計画を書いて、また中央駅に歩いていった。ボローニャまでは買えたが、その先は買えなかった。理由はよくわからなかったが、日付がどうこうと、ユーレイルパスの規則に引っかかるらしい。ベネチアへの切符もキャンセルできず、そのまま持っていることになった。歩いてホテルに帰ってきて、横になったら、ああ失敗、時差ボケで眠ってしまって、夜11時半に目がさめた。夜中にユーレイルパスの使い方を読んだ。私の切符は4カ国のセレクトパスで、セレクトパスというのは、この日パスを有効にしてもらったのだが、それから2ヶ月以内に実際に使う日を使う前に書き込むようになっているのである。私の場合、ナポリに着いて、使い始めるのが8月31日で、あとは毎日動いても6日まで使えて（7日間分使える）、8月7日には帰国の途につくわけだから、選ぶまでもなく7日間連続で日付を書き込んでしまえばよいわけだ。日付を書き込めば、ボローニャ・インスブルック間の予約もできるのではないかと思われた。あとは、エトナ火山を見に行く行き方を列車時刻表をみながら考えた。そんなことをしていたら、全然眠れなかった。時差ボケはきつい。

29日（金曜日）朝4時過ぎに出て、歩いて中央駅裏のバスターミナルに行く。道は真っ暗で、歩いていたらやられるんじゃないかなあと心配だったのだが、車が時折走っているだけで、誰にも会わなかった。5時発のカターニア行きバスに乗る。バスは7時半頃にはカターニアに着いたのだが、その前にカターニア空港に停車した。大部分の乗客がここで降りた。皆さんものすごく大きな荷物で、かつムスリムだった。カターニアは、エトナ火山の南方に位置している。天気も快晴で、エトナ火山がくっきりと見えた。富士山型の山である。鉄道で、火山の裾野を北方に向かい、火山の北東部に位置するタオルミーナに行く。『地球の歩き方』によれば、「前には美しいイオニア海を見晴らせ、背後には雄大なエトナ火山を眺めるというすばらしいパノラマ」だそうなのだが、駅に着いてみると火山の方は全然見えなかった。せっかく来たのに何も見ないでは、と思って、ちょうど来た乗り合いバスに乗って中心部の方に向かったが、典型的なリゾートの町で、私など行くところではないな、とパッとわかったので、ホテルなどが出てきたところでバスを降り、ベンツのタクシーで駅に戻った。10：44の列車でメッシーナに行く。シチリアを九州にたとえると、門司にあたるのがメッシーナ、カターニアは大分、パレルモは博多といった位置になる。メッシーナで、12：30発のパレルモ行きに乗り換える。途中乗ってきたおじさんが無賃乗車で、いろいろ言っても降りないので、駅で警察が呼ばれて降ろされた。途中でおろしてしまって大丈夫なのかと心配になった。列車はそんなにたくさんあるわけではない。4時前にパレルモ中央駅に着いて、日付を書き入れたユーレイルパスを提示して、ボローニャ・インスブルックの予約ができるかきいたら、できない、と。なぜできないのかわからず、ちんぷんかんだったが、ナポリを出発する8月31日11時以降ならOKですといわれたので、順序を踏んでやるようにということなのかなと思われる。今でもよくわからない。ベネチア行きの切符がキャンセルできないことがどう影響しているのかもよくわからない。ホテルに戻ってから、ネットでボローニャのホテルを予約した。偶然だが、ペンション・マルコーニという安宿で、パレルモのホテルと同じ名前である。

翌30日(土曜日)、朝食後、インスブルックのホテルもネットで探して予約した。とにかくヨーロッパはすごくこんでいるようで、ホテルをあらかじめ予約しないと着いてからではリスクが大きすぎるようである。それでもボーディングハウスという9000円台のところが見つかり、場所も駅に近いようである。インスブルック1泊、グラーツ2泊、ウィーン3泊ということでいいのではないかと考えた。

朝10時半過ぎにチェックアウトし、荷物は預け、夕方午後5時にホテルにタクシーを呼んでもらうことにした。1泊39ユーロというのはヨーロッパでは非常に安い。昨日パレルモの地図を買ったので、私が何度も歩いたホテルと中央駅間の位置がわかった。まず中央駅まで行った。途中、中央駅近くに路上市場があり行ってみた。やっぱり魚の種類と量が多い。おいしそう。バスの1日乗車券を買って、この前乗った101番のバスにまた乗った。乗ろうとしたところでワッと人がくっついてきて、ポケットから抜き取りされかかったらしい。東洋人の女性が、気をつけなさい、バッグを後ろに提げていては抜き取られるよ、と注意してくれた。彼女自身は、道で売るのか、大きな荷物を持っていた。後ろの席の黒人男性が英語で、彼女の言うことを通訳してくれた。女性と一緒の停留所でおりたが、またもよくわからない。しばらく歩いていたらインフォメーションがあるのに気がついて、そこで場所をきいて確認した。パレルモで第一に見るべきとされている四つ角（クワトロカンティ）に行く。道の幅が狭いのには驚いた。そのそばにインド料理屋があったので、サモサとチキンカレーを食べた。おいしかった。店員さんはインドから来たのではないそうだ。マなんとかと聞こえた。どこだろうね。マダガスカルかな？　来てから8年だそう。それから中央駅に戻ってホームのいすでちょっと昼寝する。元気回復したので、駅前から伸びているローマ通りを歩いていってみる。四つ角で右折して海に出る。そこで、この前馬車に乗せてくれたおじさんに会った。このあたりは海岸沿いにアラブ風の建物が並んでいる。海岸も見た。さらに右に折れて、中央駅の方向に向かったら植物園が出てきた。この通りに中国人の店があった。中央駅に戻って一休みしてから4時過ぎにホテルに戻り、タクシーが来るまでパソコン作業をした。タクシーが来てから港に行く。乗船するのはＦＬＯＲＩＡＮＯ号。バカでかい船だった。乗せていっている車もバカでかいトラックが多かった。夕方5時20分頃から乗船できた。1等席というので、もうちょっといい席かと思っていたが、リクライニングなしだから疲れるだろう。時差ボケで熟睡できるのではないかと思ったのだが、だんだん腰が痛くなってきて眠れない。幸い隅の方の一番前の席で、前が空いていたので、消灯後、上下カッパを着て、飛行機用の空気枕を首に巻いて、床に寝た。安眠できた。

31日（日曜日）の午前8時半、ナポリ港に着いた。タクシーは使わないで、同じ船に乗っていたおじさんについて道路に出て、バスに乗り、中央駅までタダ乗りした。11時発の列車で14：38ボローニャに着いた。隣の座席に座ったお姉さんが村上春樹の『色彩を持たない多崎つくると、彼の巡礼の年』（文藝春秋、２０１３年）の翻訳本を持っていた。彼女はずっとパソコンで映画を見ていた。ボローニャは二度目だが、駅の地下深くに新しくホームができていて、何階あがれば地上に出るのかわからなくてとまどった。インスブルックへの列車の予約は簡単にできた。それから歩いてペンション・マルコーニに向かう。途中トマトを買う。ペンションではＷｉＦｉが使えた。洗濯してから近くのスーパーで買い物する。帰ってきてからワインを飲む。ザルツブルクに1泊後グラーツに行くことにし、ホテル予約をする。

9月1日（月曜日）、08：10発の普通列車でヴェロナに行く。ヴェロナから、11：02発ＥＣ80で14：32インスブルックに着く。予約したボーディングハウスは、なんと駅の前にあるホテルオイローパの横である。大きなビルの入り口にスタッフがいて、部屋に案内される。ホテルと違って、部屋貸しなんですね。この前台北で泊まった志林駅近くのホテルと同じ方式で、鍵を渡したらスタッフはどこかに行ってしまう。設備は、レンジに料理道具もついていて、窓からは山が見えてとても結構なのだが、Ｗｉ－Ｆｉが使えない。そこで町に出て、まずバゲットサンドイッチの店でＷｉ－Ｆｉ可能とあったので、食べながら試してみた。ダメ。観光地になっている旧市街を見てからいったん戻って、駅に飲み物を買いにいったら、ベッカー（パンも売っている喫茶店）で若い女の子の店員さんがつないでくれてＷｉ－Ｆｉが使えた。とても親切。次のホテルでもＷｉ－Ｆｉがつながらないかもしれないので、ここでウィーンのホテルを予約してしまった。落ちついた。

2日（火曜日）、朝の5時半過ぎにベッカーに行ってメールをしてきた。戻ってから7時半頃出る。早めに行って、駅の売店でウィーンの地図を探したのだがなかった。09：05発ＲＪ８６３でザルツブルクに10：58着予定がちょっと遅れた。速度表示が出るので見ていたら、時速２１０キロ以上出していたところもあった。ＲＪというのはrailjetで、オーストリアの高速鉄道である。席のサイズがイタリアより大きくゆったりしている。ザルツブルクはドイツとの国境近くで、後半ドイツ領内を走っている部分では列車は全く停車しなかった。

ザルツブルクに着いてすぐ、明日の列車の予約をしにいったら、08：15発グラーツ行きは途中でバスが代替輸送するのだそうだ。着けるのかどうか不安になった。大雨が降ったのかと思ったのだが、あとで『地球の歩き方』を見ると、線路の補修工事が行われているところではバスによる代替輸送となると書かれているので、これだと思う。列車の予約は無用だと言われた。歩いてホテルに向かったら意外なほど駅から近かった。ここもＷｉ－Ｆｉが使えない。すぐ隣の喫茶店に行ってみたら、駅にはフリーWiFiがあるそうなので、あとで行くことにして、まず、モーツァルトの生家に向かう。途中肉屋でバイキング式ランチをやっていて、マッシュポテトとトマトサラダにパンを食べた。おいしかった。モーツァルトの生家まで行くと人で一杯だったので、その先にあるおもちゃ博物館に行ったら、平凡でつまらなかった。別の道で駅に戻ってくる。駅にWiFiが可能なインターネットカフェがあった。1時間3ユーロ、半時間1・5ユーロ。メールを見ると、大学から来年度も今年度と同じように講義をしてほしいという依頼が届いていて、一応OKした。まだ時間があるので、変更は可能である。あと、大学の紀要にも書いてくれないかという依頼もあり、これは保留した。紀要は書ければ書きたいが、こんな旅行で何が書けますかねえ。あと、グーグルの地図でウィーンのホテルの場所を確認した。駅構内にあるホットスパー（コンビニ）で買い物してからホテルに帰る途中、店先にグラーツの地図が置いてある本屋を見つけた。この地図はグラーツの市街地図で、一番行ってみたいオーストリア東端のギュッシングは載っていないので、きいてみたら、2階にありますよ、と。地図のほか旅行関係の本がずらりと並んでいた。ギュッシングの載っているオーストリア全体の大きな地図があったので買った。こういう本屋があり、お客もいるというのは実にすごい。文明だなあ。ついでにウィーンのホテルがある通りも載っている地図も買った。

3日（水曜日）、午前2時頃いったん目がさめたが、また眠れて、5時に起きた。何とか眠れるようになってきている。ずっと考えていたのはギュッシングへの行き方である。ギュッシングにはポストバスがあるんじゃないだろうか。これはJRバスみたいなもので、町の中でも結構見かけるが、鉄道のカバーしていないところまで隅々走っているとのことである。ギュッシングは鉄道が全然ないので、直行バスが走っているのではないかなと想像した。インフォメーションできいてみようと思った。もしバスがなければどうするか。国際免許は準備してきたのだが、できればレンタカーは避けたい。事故が起きたときに対応ができそうにない。しかし、今日はとにかくグラーツにちゃんと着くことが最初だ。緊張していた。朝7時前にチェックアウト。7時半から朝食なのに、と言われたが列車が8時15分だから。駅の待合室で待つ。前に座った老夫婦の旦那の方が私の方をみてにっこりするのがおかしかった。連続テレビ小説「花子とアン」に出てくる博多の炭坑王にそっくりの顔である。奥さんの方は淡々処理タイプ。いい夫婦だなと思った。

列車の案内表示はちゃんとグラーツ行きとなっていた。それでちょっと安心する。ビショフスホーフェン (Bischoshofen) でバスに乗り換える。みんなについていったら迷うことはなかった。乗り換えバスのほかに、ポストバスがいくつか停まっていた。これらのバスが一連になって出発する。動き出すとすぐに山のすばらしい風景が次々に現れて、堪能した。バスになってよかったぐらいだ。予定より5分ほど早くシュタイナッハーイルドニング (Stainach-Irdning) 駅に着いた。乗り継ぎの列車はすでにホームに入っていて、あとは問題なくグラーツに着いた。ホッとした。非常に疲れを感じた。グラーツ駅のインフォで、バスでギュッシングに行く方法をきいた。三回も乗り換えないといけないから大変だ、と担当者は言い、その時刻表をプリントアウトしてくれた。また、切符売り場でグラーツからウィーンのＲＪの予約を入れようとしたら予約無用と言われた。ドイツ式にきちんとした国だろうと思っていたのに、そうでもないんですね。ホテルに向かって歩き出してすぐケバブの店があったのでサンドイッチを食べる。同じサンドイッチでもケバブはいろいろ野菜も入っているのがいい。ホテルではＷｉＦｉがつながってホッとした。安ホテルばかりで、ＷｉＦｉのできる場所探しはくたびれた。インフォで打ち出してもらったのをあらためて見てみると、乗り換えが本当に面倒で、歩かないといけないところもある。うまく乗り換えできると思えないので、やめる。といってレンタカーはやっぱりおぼつかない。それで、娘や姉の長男とメールで相談しながら考えたのは、できるだけギュッシングの近くまで列車で行って、タクシーに乗ることである。これで行けなければ仕方がないのであきらめることにした。

このように決めてから、グラーツのシンボルになっている城山の時計台を目指していく。ケーブルカーがあったので乗ると、同じケーブルカーに車いすの女性が、男性の付き添いで乗ってきて、この女性は両耳に人工内耳をつけていた。オーストリアのメドエル社製のものと思われる。やっぱり利用者がいるんですね。話しかけなかったが、仲間がいて嬉しかった。町を展望した後、散歩しながら戻ってきて、スーパーで食べ物を買ってから帰る。ビールを飲みながらパソコン作業をやっていたら眠くなって、そのまま午前2時まで寝た。風呂場で鏡にぶつかりそうになった。ザルツブルクのインターネットカフェでも奥が全面鏡になっていて、終わって出ようとしたときに鏡に向かっていってしまった。

4日(水曜日)は6時前まで眠れた。7時にホテルで朝食後、駅に行き、イェナースドルフ(Jennersdorf)到着時間を切符売り場で教えてもらう。この駅がギュッシングに一番近いようで、かつ、太い通りに面しているのでタクシーもあるのではないかと思われたからである。08:08発セントゴットハールド(Szentgotthard)行きの列車に乗る。セントゴットハールドはハンガリーの町である。つまり国際列車なのであるが、普通のローカル列車と変わらない感じである。走っていたら誰もいない駅が多いことに気がついた。タクシーに乗るには大きな駅で降りる必要があると思った。フェーリング(Fehring)なら、ここ止まりの列車もあるし、タクシーがあるんじゃないかと思って、イェナースドルフの二つ手前だったが降りた。タクシーは見あたらなかったが、売店があり、そこのおじさんにギュッシングに行きたいのだが、とお願いしたら、携帯でタクシーを呼んでくれた。15分後にタクシーが来た。ギュッシングに、と言ったらすぐに走り出した。話しやすい運転手で、この車はマツダで、日本人は優秀だとか言っていた。で、20分ぐらい走って、着いたと言うのだが、ギュッシングらしい感じがしない。町のどこにもギュッシングという名前を見かけないし。地図を出して、ここですか、とあらためてきいたら、すぐにまちがった場所に来たとわかった。で、そこからギュッシングまで50キロだというのである。そして1キロ1ユーロの計算のようで、ここまでが40キロなので合計90ユーロになる、と。行かないわけに行かないので、OKする。というより、予想よりは安くてホッとした。この倍ぐらいかなと思っていた。走っていたらやがてイェナースドルフに出て、あとは地図をたどったらどこを走っているのかわかった。『里山資本主義』に詳しく書かれているギュッシングに入ったときは大感激だった。前方にお城が見えた。町の中心部に着いてからぐるっと回ってくれたが、予想していたのとは違って、町の中は、周辺の集落とそんなに違っているように見えなかった。森の中にある町ではないのかと予想していたからである。見れば路上のカフェで人々は普通に飲み食いしているではないか。これだけで十分と思ったので、そのまま車でイェナースドルフまで行ってもらった。着いてから100ユーロ出したら、運転手は固い握手をしてきた。

12：21発の列車でグラーツに戻ってくる。目的を達して気持ちがゆるんだのか、車内でも眠った。ゆっくり休んだ方がいいし、特に行きたいところもなかったので、ホテル近くでケバブのサンドイッチを作ってもらい、缶ビールも買ってホテルに戻ってきた。メールをみてから6時まで寝た。食べたり飲んだりしていたら、やがてまた眠くなって、寝た。途中寒くてちょっと目がさめたが、毛布を乗せて寝直したら6時前まで眠れた。

5日(金曜日)、朝7時にチェックアウトし、朝食を食べてからホテルを出発。急いだら7時25分発のRJに間に合った(予定では8時25分発に乗るつもりだった)。途中、セメリンクというところでアルプス越えで、持っていた時刻表の絶景ルート特集に写真入りで出ているが、眺めはたいしたことはない感じだった。車内で、ウィーンに着いてからの動き方を調べていた。10時にウィーン・マイドリンク駅について、48時間フリー切符を買ってから、地下鉄U6線からU4線に乗り換えて、ホテル近くのシュヴェーデンプラッツに着く。非常ににぎやかで店も多く、中心部だということが感じられた。迷わずホテルまで行けた。3階の部屋ではW-iF-iがつながらず、1階ロビーでつながった。ウィーンに着いて、これで旅は終わりだということで、毎日動いてきた疲労が出てきているようだった。最後はリラックスして疲れを抜くことを考えようと思った。昼になって出て、まず、野菜炒めとライス、それにとろみのついた酢味のスープを食べる。よけいな味がついていなくてよかった。この日はベートーベンの住んでいた家に行ってみようと決めた。U4線の終点ハイリゲンシュタットからバス38A番で五つめである。ベートーベンの住んでいた家でデスマスクや遺書を見た。遺書の日本語訳があり、以前読んだことがあるものだったが、聞こえないと言えない苦しみが書かれている。とてもよくわかる。ベートーベンが長らくウィーンに住んでいて、そこで多くの曲が作られたことは知らなかった。生まれはドイツのボンだから、今のドイツのどこかに住んでいたのだろうと思っていた。戻ってきて、ホテルでビールを飲みながら休憩。夕方5時に出て、近くのスーパーで買い物をし、にぎり寿司を食べてから戻ってきた。9時半過ぎまで寝る。やっぱりだるい。ワインを飲んでいたらじきにまた寝た。

6日(土曜日)、このホテルのW-iF-iアドレスは階ごとのものが出るようになっていて、そして

3階のアドレスではつながらないのだが、試しに2階のアドレスで接続したらつながった。これで、室内でメールをみることができるようになった。さっそく「オーストリア人　ドイツ人」で検索したらいろいろあった。

「オーストリア人とドイツ人」という題で次のような記事が出ていた。書いた人は書いた当時グラーツに住んでいたそうだ。オーストリアはカトリックなんだそうである。ドイツも南部のバイエルンはカトリック。性格も、オーストリア人はドイツ人ほど勤勉ではなく、おおらかな性格で、規則はもちろん守るけど、ちょっといい加減なところもある、でもその方が人間味があるだろうというふうに言われているそうだ。歴史的なことを考えると、植民地などを持たなかったドイツは、自分たちで働いて富国強兵をすすめてきたのに対し、他の民族を支配していたオーストリアは、農業はハンガリーの穀倉地帯に、工業は資源が豊富なチェコなどにまかせ、自分たちはあくせく働かず、芸術や音楽などに力を注いでいたのではないか、と。第一次世界大戦で敗戦国となったオーストリアは、支配していた他の民族がみんな独立してしまったため、ドイツ人が住んでいた地域だけで新しいオーストリアになった。しかし、豊かな穀倉地帯や資源を失ってしまったため国は困窮。ゆえにドイツといっしょになることを望んだが、連合国の反対にあって実現せず、ナチス・ドイツによるオーストリア併合でようやく実現した。多くのオーストリア人はこの併合を歓迎したが、併合後は同じドイツ人としてではなく、二級国民としての扱いをされ、このような現実の中でドイツ人とはちがう、オーストリア人というアイデンティティが形成されたと考えられているそうだ。

この記事にいくつかコメントがついていて、それの一つによれば、オーストリアはゲルマン民族だけの国ではなく、例えばグラーツ付近はスロベニア系の人も多いし、ブルゲンラント州はマジャール系の人が圧倒的に多いし、単一民族ではない、と。だから、実際はドイツよりオーストリアの方が表面的な民族に対する区別意識は低いように見えるが、深層部ではドイツよりはるかに強い気がする、と。

ウィーンに着いてから感じたのは、柔らかい町だな、ということである。不愉快な刺激がなくて落ちつく。ゆったりしたところがあるんですね。ベートーベンの住んでいた家に行くためにハイリゲンシュタットに行ったとき、駅の真ん前に「KARL MARX・HOF」と書かれた巨大な建物があり、マルクスきちがいの友人に送ってやろうと思って写真に撮った。なぜカール・マルクスなのか。あとで『地球の歩き方』にこの建物がウィーンの建築の代表例として載っているのに気がついた。それによればこの建物は、全長1㎞以上もあり、1382戸が入った労働者用集合住宅で、託児所や病院も完備。「赤いウィーン時代」の産物で、オットー・ヴァーグナーの弟子のカール・エーンという建築家の作品だそうだ。Wikipediaによれば、第一次大戦後オーストリアは敗戦国となり、ハプスブルク家の帝国は解体し、チェコスロバキア、ハンガリー、ユーゴスラビア、ポーランドなどが次々と独立した。新しい共和国の首都となったウィーンでは社会主義系の市政が発足し、それが、保守的な地方の農村部からは「赤いウィーン」と呼ばれて、両派の政治的確執は国政全体の不安定へとつながった。ほぼドイツ人だけの国となった新オーストリアで、東端に位置し、なお濃厚な東欧色を残すウィーンは微妙な立場でもあった。このような時代をウィーンで過ごしたアドルフ・ヒトラーはドイツで独裁者となり、やがてヒトラーは母国オーストリアをドイツに併合したのである。ウィーンはこういう歴史を反映している町なんですね。

旅行者として嬉しかったのは、生水がそのまま飲めることである。オーストリアの水道水はほとんどがアルプスの湧き水を利用していて飲料水として適切だそうだ。生水が飲めるところって、生きやすい場所ではないかな。

シュニッツラー（1862年5月15日～1931年10月21日）のことも思い出した。やはりWikipedia によれば、彼はウィーン生まれの医師、小説家、劇作家で、フロイトと知り合いだった。ユダヤ系だがキリスト教徒である。憂愁・繊細美を特徴とするといわれるウィーン世紀末文化の雰囲気を基調に、鋭い心理分析と、洗練された印象主義的技法によって恋愛と死を描写した。私はずっと以前、若いときに岩波文庫でシュニッツラーの『輪舞』を読んだ。次々に相手がかわり、一巡すれば元のパートナーと出会うというセックスオンパレードの戯曲であった。山国なので、特に冬の間は閉じこめられて、人間関係が濃密になる、といった解説を読んだ記憶がある。

この日は、朝10時前に出て、まず空港バス乗り場がホテルから50メートルぐらいのところにあることを確認してから、昨日行ったハイリゲンシュタットに行って、バス38A番で終点のレオポルツベルク (Leopoldsberg) まで行った。13世紀の城が残っていて、その脇を抜けて展望テラスに出るとドナウ川とウィーンが眺め渡せた。もやがかかったような感じで、遠くの方はボンヤリしていた。

それからカーレンベルク（Kahlenberg）まで30分ぐらい歩く。森の中にヴァルトザイルパーク（Waldseilpark）という森林アスレチック公園があって、子どもたちがたくさん集まっていて、『地球の歩き方』の情報はとても正確だった。シュヴェーデンプラッツに戻ってから路面電車1番で中心部を半分ぐらい回り、あとは町を歩いた。ホテル近くは歩行者天国になっていて、人形芝居などもやって、にぎわっていた。頭がボーッとしてきたところでホテルに引きあげた。

7日（日曜日）、最初は朝食後8時の空港バスで空港に行こうと思っていた。お腹の方はジャムパンやマンゴージュースなど残り物を食べていたら埋まったので、朝食はパスして7時のポストバスで空港に行った。空港まで20キロだそうだが、近くて、7時半頃には着いた。チェックインも簡単で、バッグを一つ預けて身軽になった。荷物検査の前に残っていたレモンティを飲んだら、もう3日ぐらい前のもので、発酵している感じで、ムカーッときた。中に入って、カリカリトースト（トマトとチーズ）とカプチーノを食べたあと気分が悪くなって下痢した。頭もクラクラしてきた。時間は十分にあったので、いすに座ってじっとしていたら何とか落ち着いた。空港内の本屋に『Translator』という英語の小説があったので買おうかとも思ったが買わなかった。記憶喪失になった人がセカンドランゲージである日本語を頼りに自己発見か何かにかするというような筋のようだった。

アリタリアAZ189便は到着便が遅れたため出発が30分ぐらい遅れ、ローマに着いてからも迎えのバスがなかなか来なくて、50分遅れてターミナルビルに着いた。本当に全力で走ってG9ゲートを目指す。EU諸国からそれ以外の国に出国する場合は、だいたいどこでも一番はじっこのゲートになっていて、途中パスポートチェックがある。ローマの場合も、シャトルトレインに乗って、一番はじっこのゲートだった。なんとか間に合った。ゲートに着いてから周囲の店を探したが、残念ながら、娘から頼まれたオリーブオイルを売っている店はなかった。皆さんいろいろ土産袋を抱えているのを見てうらめしかった。成田行きのAZ784便も搭乗後もなかなか飛び立たなくて1時間ぐらいは遅れた。飛んでからは、福山雅治の「そして父になる」が映画リストにあったので、それをみた。英語の結構長い字幕が出て、読み取れないところがあったのでもう一度み直した。あとは寝たり起きたりで、本は全然読まなかった。

8日(月曜日)、午前11時半頃、予定より1時間遅れて成田に着いた。荷物が間に合わなくて、宅送してもらう手続きをしてから出る。手荷物はそんなに重くないので、普通のJR快速で東京に出て、八重洲ブックセンターでシュニッツラーの岩波文庫版を2冊買ったが、『輪舞』は今はないようだった。

今回の旅行では車窓から風景を見るだけで、聞き取り等はほとんどしなかった、というよりできなかった。現地でさまざまな説明がきければそれに越したことはないが、そもそも今回の旅の出発点が、外国ひとり旅がまたできるようになったことを確認したいということで、「断章3」ファイルも「ひとり旅の記録」という題で書いてきたので、まあこんなものだろう。

9日（火曜日）の午後、千葉県佐倉市のユーカリが丘に行って、ユーカリが丘線に乗って回ってみた。名護のまちづくりの参考になるかと思って行ってみた。まちづくりとしては面白いが、典型的なベッドタウンなので、そのままでは名護に応用できないだろう。

ユーカリが丘について知ったのは、藻谷氏の対話集『しなやかな日本列島のつくりかた』（新潮社、2014年）の最後の第7章、山万の社長である嶋田哲夫氏との対話「「ユーカリが丘」の奇跡」を読んでである。

Wikipediaによれば、ユーカリが丘は、1971年に不動産会社の山万が開発を始め、1979年に分譲が開始されたニュータウンである。山万は、宅地開発・分譲のみならず街に関わる事業すべてに携わり、現在もユーカリが丘開発を続けている。新交通システムであるユーカリが丘線は環状になっていて、路線総延長4・1キロ。各駅周辺は、集合住宅の立体開発、それ以外のエリアは一戸建が主体の平面開発エリアとなっている。また、ユーカリが丘線の環状部の中央部分には、かつての里山や集落が残され、「井野の杜」として親しまれている。嶋田氏の考えでは、都市機能がないと街ではない、ということで、ショッピングセンターやスポーツクラブはもちろん、映画館、ホテル、カルチャーセンター、温浴施設、病院等あらゆる都市機能を備えた。コミュニティホテルはニーズはあるのに実例は少ない。何かの用事で親戚や友人がきたときに、お互いに気を遣わずに住むように近くのホテルに泊まるというのは現代人の気風に合っている。このように、ユーカリが丘は都市機能や文化施設が大変充実しているが、震災後はむしろ先進的な福祉計画で注目されている。嶋田氏は高齢化社会が来ることを早くから見抜いて、世間がバブルに狂っていた1990年頃から着々と福祉のまちづくりを進め始めた。しかもただ高齢者施設をつくるのではなく、学童保育施設と一体化させるとか、老健のそばにクラインガルテン（市民農園）をつくるなどしてきた。嶋田氏は言う。やっぱり田舎育ちだから、田舎では年寄りから赤ん坊まで一つの家にいるのが当たり前だから、年寄りも赤ん坊も混在しているのが自然な街だと思う、と。というわけで、ユーカリが丘の福祉ゾーンは敷地内で一番の高台、アメリカであれば一番の高級住宅地にするはずの場所をあてている。ユーカリが丘では、毎年の分譲件数を一定に決めており、コンスタントに若い世代を入居させることで、居住世代が分散化するように配慮されている。このため、日本各地のニュータウンで急速に進んでいるような住民の高齢化による過疎化が起きにくくなっている。

この日はその後、池袋のジュンク堂に行き、「オーストリア」で検索にかけたら、養老孟司『身体巡礼―ドイツ・オーストリア・チェコ編』（新潮社、2014年）が見つかった。この本であらためて、オーストリアは中欧なんだということを認識した。

今回の旅行を契機に、名前をよくきいていた人がウィーンに住んでいたユダヤ人ないしユダヤ系であるということが多くて、びっくりしている。ツヴァイク、シュニッツラー、フロイト等々。世紀末のウィーン文化はユダヤ人によって創られた文化であったとさえ言われる。ただ実際には、このようにウィーンの文化を担ったユダヤ人は、ユダヤ系住民のごく一部である。1670年、皇帝レオポルド一世が市内のユダヤ人を追放し、ゲットーを撤去して以来、ユダヤ人は首都に居住することを法的に禁じられ、商業や金融業を通じて国家の経済的利益に貢献すると認定された者のみ、寛容税を支払って居住特権を得ることができた。これらの家族においては、キリスト教への改宗こそ稀であったが、日常生活ではドイツ語を母語とし、時にはキリスト教徒の同胞とともにクリスマスや復活祭を祝うこともあった。ウィーンの上層ユダヤ人は文化的にはドイツ文化と完全に同化していた。

だが、ウィーンの庶民にとっては、ユダヤ人のイメージを決めたのは上層のユダヤ人ではなく、古着を背負って家々を回っていた露天商、小商店である。彼らは1848年以降ユダヤ人に対する移動制限が撤廃されたのに伴い首都に流入してきた、「東方ユダヤ人」と呼ばれた人たちであった。彼らを最も蔑視し、嫌悪したのが実は上層ユダヤ人であった。1918年にハプスブルク帝国が消滅したとき、ユダヤ人は一切のアイデンティティを喪失し、「永遠の放浪者」となった。彼らは深い喪失感とともに失われた帝国に対する甘美なノスタルジアを書き連ねたが、その郷愁の世界もまた、かつてウィーン郊外の下宿の窓から「東方ユダヤ人」を忌まわしげに眺めていた一人の男の狂気によってあとかたもなく焼き払われたのである。ヒトラーもまたウィーンの住人だったということは、今回やはりはじめて知った。どこに行ってもユダヤ人墓地があり、それ故、ユダヤ人が至るところで隆盛を極めているかのように見えるのは、彼らは墓を壊さないからである。ユダヤ共同体では死んでも断固として共同体の一員である。中欧では墓地はある種の公園のような役割を果たし、いわばメメント・モリが日常化しているといわれる。それから、世紀末のウィーンから学者や芸術家が輩出した理由として、中島義道『ヒトラーのウィーン』(新潮社、2012年)は、当時のウィーンの輝きは、諸学問および芸術が一体となったものであり、それぞれの分野における人間関係は驚くほど緊密なものであったとしている。ウィーンは街のサイズがよくて、飲み屋で知り合いの学者にあったりする、という点で京都に似ている。

11日(木曜日)、沖縄に戻った。東京に戻ってから風邪をひいて、旅行疲れもあるのでちょっと長引きそうな予感があった。12日(金曜日)には、娘はハワイに行くそうなので、私も沖縄に引きあげて、しばらくゆっくり寝ていようと考えた。養老氏の本をまとめているうちに、オーストリアへの関心は高まっていって、オーストリアというとピンと反応するようになった。例えば、テレビでたまたま「セブン・イヤーズ・イン・チベット」をやっていたが、主人公の登山家ハインリヒ・ハラーはオーストリア人とわかって、関心がわいた。

10月19日の沖縄協同集会に向けて、私は泰山さんから集会広報のための原稿執筆を求められた。オーストリアのことをまとめたていたら、日本の林業の現状が気になって、調べた。日本の林業については、天野礼子『〝林業再生〟最後の挑戦―「新生産システム」で未来を拓く』(農文協、2006年)が出たときにすぐに買って読んで、興味を持つようになったが、この本にはオーストリアのことも書かれている。話し手は、フィンランドとオーストリアを視察してきた梶山恵司氏（富士通総研主任研究員）である。

旅行の前半のイタリアについては、今回は、パレルモの後は、ボローニャに1泊しただけでオーストリアに入ったので、以前読んだ、民岡順朗『「絵になる」まちをつくる―イタリアに学ぶ都市再生』（日本放送出版協会（生活人新書）、2005年）のメモが残っていたので読み直してみた。それを読んで、2006年9月にイタリアに行ったときのことを思い出した。私より先にヨーロッパに行って、列車で回っていた姉の長男とミラノで合流し、ボローニャ、ベネチアなどを一緒に回ったのだが、その時、ミラノやボローニャの町の美しさが記憶に残った。色が絶妙である。古い建物がそのまま使われているのにも感心した。1階のお店の部分は、中に入ると改装されていて今風になっている（『50代　旅の複層』242頁以下参照）。

序章は、「二〇〇年後「人口半減」にどう向かうか?」である。

日本の人口は今後100年間でほぼ半減し、2100年には6414万人と予想されている。当然、まちにある建物の半分（スペースの半分）は使われなくなり、市街地は遊休地化する。にもかかわらず、郊外建設は今も続けられている。

現在のイタリアは、約30万㎢の国土に6000万人弱。100年後の日本と似た状況である。南北に細長いこと、山地が多く平地が限られていることなど似ている。日本は東京圏に一極集中であるがイタリアは北部とローマに二極集中している。

イタリアは列強後進国で、敗戦後近代化に向けて急速な国土整備と都市開発を進めた（日本より30年早かった）。その結果市街地がスプロール化し、都心人口が劇的に減少し、1960年代に都心部が空洞化した。その後、少子高齢化で人口・経済が停滞し、都市が衰退していった。1970年代の「社会的保存」理念を伴って、昔からの住民や地域社会を維持するまちづくりを各地で活発化させた。保存・修復が建設業の相当の割合を占める。

ルネッサンスの延長としての近代西欧科学主義が現代の自然破壊を生んでいる。しかしイタリア人は伝統と歴史を積み上げまちづくりした。一方、有史以来、自然も人も生きとし生けるものとして一貫したエコロジー思想を持っていたはずの日本において、まちの風景や環境破壊が深刻さを増している。エコロジー意識がそのまま生きていれば例えば東京はかつて堀や運河をめぐらせ、周辺の水郷地帯との間で食料と廃棄物を循環させていた江戸の姿を引き継いで「美の都」「エコロジー先進都市」になっていたはずである。

イタリアは40年前に「開発から保全への政策転換」を行った。近代都市は住居地域や商業地域をはっきり色分け。そのため通勤・通学に交通手段が必要になる。修復の際に建物の転用を合わせて実施し、一つのまちの中に「職・住・遊・学」を混在させていく。移動エネルギーが少なくて済む。都市周縁部の遊休建物は解体・撤去して緑地や森林に変えていく。コンパクトシティが実現できるし、都市化する以前の自然豊かな「原風景」を再生することもできる。まちのアイデンティティにつながる。その確立によって地域社会はみんなが共有できるコミュニティを育てていける。街中の定住意識も高まる。

都市保全は物的な環境だけでなく、さまざまな「想像力の源泉」を保存する。イタリアデザインの真髄はモダンの中に隠された「クラシック」な感覚である。

保存・修復型まちづくりでは手作業に依存する割合が高く、多彩な分野の職人仕事に頼らなければならない。

第1章は「まちが記憶を失うと?」。日本の都市は「絵にならない」し、「顔」がない。記憶喪失の原因は近代都市計画にある。その原因を列挙すると、①経済・産業効率を偏重したゾーニング。②画一化:シビルミニマムが掲げられているから。③過度のモータリゼーション。④土地の商品化:容積率を高め大型商業を誘致し、経済を活性化させる意図で行われるのがいわゆる「再開発」。容積率が高まっても事業意欲のある人は少ないし、もはや似たような店はどこにでもあるので、消費者は駐車場が広く、マイカー利用の便がいい郊外の店をどうしても選ぶ。⑤環境の破壊。

イタリアのまちで味わうような「時間・空間・物質が混然となったような感覚」や「過去と現在の一体感」が日本で経験できないのはなぜか? 日本のまちでは、歴史・伝統文化を感じる要素はたいてい近代的な都市空間や風景を背景に存在している。新しいものを「舞台」とし、古いものが「役者」として現れる。これは逆になるのが自然ではないか? 日本の伝統保存地区は時代劇のセットのような感じである。それはかつての機能を失い、今はもっぱら観光のためにある。

だから、歴史の厚みや過去と現在とのつながりが感じられない。絵にならないばかりか住み続けられない。

第2章は「「絵になる」イタリアのまち」。イタリアはほんの150年前まで統一国家ではなく(1862年に統一)、都市の独立度が高かった。イタリアには8000を超える自治体(市町村)・・コムーネが存在する。人口33人のロンバルディア州モルテローネから、人口250万人強のローマまでバリエーション豊かだが、法的には同格である。1861年以降、フランスの組織をモデルに、コムーネの上に県(プロヴィンチア)を設置した。戦後、段階的に20の州(レジオーネ)が設けられた。1970年代には国の行政事務が州に移され、1990年には「新地方自治法」が成立。2001年の憲法改正ではコムーネや県の自治権が承認されるとともに、州の立法権を拡大し、州行政に対する国からの統制廃止が定められた。

イタリアの都市は、そのつくられた時代によって成立構造がかなり違う。中世都市が自然発生的につくられ、神に収斂した結果、俗世の営みである都市づくりは人間のビジョンに従うという姿勢が弱まったのに対して、古代、近世(ルネッサンス、バロック期)は人間の身体が都市づくりのビジョンを規定した。

第3章は「「修復」の世界」。20世紀前半までの保存の流れは、国家や宗教権力、貴族階級が主導した「上からの運動」だった。転機は1960~70年代に訪れた。戦後復興の過程で進んだ工業化・都市化の結果、この時期に住宅難・居住環境悪化が発生した。この問題に対応する過程で、モニュメントを単なる「点」ととらえる発想から、市民生活の舞台としての歴史的地区の全体を「面的」に保存しようという運動へと展開した。これが「社会的保存」といわれ、ボローニャ都心部の庶民住宅再生事業は世界的に有名な事例である。歴史をあるがままに残すのではなく、古い建物に新機能を幾重にも書き加えることで都心に付加価値を添えるという発想へ転換したのである。

今日本では、規制緩和によって都心の容積率を上げ、大規模な再開発ビルを建てて、そこに店舗やオフィスを誘致し経済活性化を図ろうとする都市再生方策がとられようとしている。

これに対して、イタリアでは、まず都心部にチェントロ・ストリコ（中心街）エリアを設定し、そこでの建設行為や開発を厳しく規制した。それによって過剰な開発投資を抑え修復・再生技術が生まれ育つきっかけを与える。そして、郊外開発も抑制した。都心部の保存を強化すると、建設資本は規制がゆるく元々地価の安い郊外部に流れてしまうからである。かくして、1970年代を境に都心への再投資が起こり、修復・再生工事が活発化してコンパクトなまちづくりに成功した。

第4章は「記憶を重ねるまち」。「美的価値」から「歴史的価値」へ。記憶を重ねるまち。

第5章は「日本独自の「道」を探る」。

東洋文明において、表現様式として重要であったのは自然現象と人々の関わりや、人と人のつながりを重視した「行為」（祭祀や芸能など）である。このことは、日本の文化財保護法が1950年の制定当時より「無形文化財」をも対象にしていたことからも裏づけられる。イタリアにも都市がみどりや田園、山並みと一体となって構成する美しい風景は存在するが、これらは自然風景ではない。

日本の風土と伝統を考えるとき、「人と自然との関わり」の保全が重要であろう。暮らしや生活様式そのものを風景にしていくことが大事である。まずは、使われなくなったところを緑にしていくことから始めたらどうか。

以上が『「絵になる」まちをつくる』を読んで作成したメモである。


これと前後して、ジュンク堂で井上ひさし『ボローニャ紀行』(文春文庫、2010年)を買ってきてざっと読んだ。井上氏は2003年12月にボローニャに行ったそうだ。行くまでに30年間もボローニャについて机上の勉強をしたというのだからすごい。ミラノの空港に着いてから外に出て、機上と空港内合わせて14時間の禁煙でボーッとしていたので、続けざまにタバコをスパスパ吸っていたら、そこに中年男が近づいてきてなにやら話し、そして突然去っていって、気がついてみたらテストーニのカバンがなくなっていた、とのことである。そのカバンには、帰りの航空券、筋子のお握り2個、1万ドルと100万円の札束二つ、ボローニャについてのメモをきちんと整理して清書したノートが入っていたそうだ。テストーニというのを今Wikipediaを検索したら、1929年にイタリアのボローニャにて創業した紳士靴のブランド名だそうである。カバンなど革製品も作っているのでしょう。私も、現ナマ主義なので、必要な場合はかなり持ち歩いている。現金は保険ではカバーされない。

ボローニャの街路を特徴づけているのが柱廊である。かつて全ヨーロッパからこの町に大学生が押し寄せてきていたときに、学生のために2階から上を増築して部屋をこしらえた。その増築部分は2、3メートル道路へ突き出すようにしてつくられ、最初は木の柱で支えた。下を歩く人間からみると、道路の両端に屋根と柱のついた歩道ができたことになり、雨が降っても濡れないので便利である。見てくれも悪くないということで、市民たちは条例を作って石の柱にかえていった。現在その総延長距離が42キロになるというのだからすごい。私が知っている範囲では、形としては、台北市の中心部がこれに似ている。

井上氏の文章は要約しにくいので、この本の末尾に収録されている「解説―労働する生き物」(小森陽一)の要約を以下に掲げる。

第一に、ボローニャの人たちはとにかく、何か思いつくとすぐ社会的協同組合を作ってしまうということ。ホームレス救済も、お年寄りの買い物の手伝いも、古い映画のフィルム修復も、ボローニャの代表的企業である世界一の充填包装システム機械を生産する会社までも。11世紀に学生中心の大学町ができた頃からだから非常に古い。

第二に、古いものを新しく生かすということ。歴史的建造物は壊さない。外観もかえない。しかし内部は必要に応じて思いっきりかえてしまう。歴史的建造物再生の中に、路線バスの巨大な車庫をホームレスの更生施設に、貴族の館を保健所や保育所や劇場に、女子修道院を女性図書館にといった、階級的対立から市民的和解に至るボローニャの生活感覚が刻まれている。

第三に、古いものの前に立つと歴史が、過去が、消え失せたはずの時間が一瞬のうちに目前に立ち現れることを認識し、それによって、誰もが、自分が現代に孤立して生きているのではないということを直観するということ。

第四に、討論することによって市民となること。意見を異にする人々が集会の討論を通して連合していくというような討論によってこそ市民力が培われていく。

第五に、人間の社会は演劇であるということ。みんなでわいわいやっているうちに心が柔らかくなり、自分と外部との境がなくなる。中央の権威を恐れず、自分たちの住む場所にしっかり立って、力を合わせて生きることの楽しさ、誇らしさを表明しようと、ダリオ・フォーという喜劇役者をボローニャに呼んで、大学に芸術音楽演劇学部を作った。フォーは中世の頃からボローニャ人に愛されていた人形芝居の登場人物に注目し、この人物を主人公にして権力者をわらいのめす芝居を上演した。彼は1997年にノーベル文学賞を受賞した。

第六に、非日常を日常に取り込み、その日常を気負いなくしっかり楽しむということ。「平和」という言葉を「日常」と言い換え、「日常の中に人生を見つける」ことをかなえてくれるまちづくりをする。だから繰り返し、ナチスやファッショ軍団に対して何度もデモを行い、ストライキを打ち、やがて彼らと戦って自力で街を解放したことを強調する。

第七に、人間は労働する生き物であるという考え。1948年制定のイタリア共和国憲法第1

条に曰く、イタリアは、「労働に基礎を置く民主的共和国」である。人間の営みとは、自然に働きかける労働とその労働によって生産された食物をみんなで分け合う社会性。その社会性を支えているのがコトバである。

立派な内容だと思う。

イタリアの「社会的協同組合」については、『イタリアを知るための62章［第2版］』の第16項（吉田省三）と、出版されたばかりのアルベルト・イァーネス『イタリアの協同組合』（緑風出版、2014年）をまとめた。

イタリアの協同組合運動は18世紀前半の労働組合運動の中から生まれた。1893年、社会主義の影響を受けた「赤い」協同組合、イタリア協同組合全国連合（レーガ）が設立された（1996年にレーガコープと改称）。これと並んで、カトリック勢力による「白い」協同組合とその連合会等も設立された。ムッソリーニが権力を掌握してからも協同組合は残ったが、統制主義、同業組合主義によるものだった。1942年の民法典は相互扶助目的によって協同組合を一般企業から区分した。

第二次大戦後、イタリア共和国憲法第45条に「共和国は相互扶助の性格をもち、私的投資を目的としない協同組合の社会的機能を承認する」との規定が設けられた。戦後も統一はできず、五つの協同組合ナショナルセンターが法的に認知されている。全部で7万前後の協同組合があり、国内総生産の7％を占める。協同組合は合併と連合会による組織網強化で大規模化していき、また、伝統的な農業から第三次産業化した分野に広がっていっている。地域的にも、伝統的に協同組合活動が強いエミーリア・ロマーニャ（州都がボローニャ）、トレンティーノ、トスカーナから隣接地域に拡大していっていて、大規模小売業分野では協同組合企業が首位を占めている。

このような動きの中で、1991年に社会協同組合が法制化されたことが特に注目される。これは、福祉国家体制では対応できず、ニーズに追いつけない部分を社会協同組合によってカバーしようとするものである。社会協同組合は、組合員外の利用者に社会福祉サービスや教育を提供するA型タイプと、社会的に不利な立場の人々の仕事づくりを目的とするB型に分けられている。B型は障害者や、先述の精神病院解体に伴う仕事づくりや受け皿づくりを目的としている。A型の場合は補助金・委託費による収入が大きいので経営は安定しているが、B型の場合、税制上の優遇措置はあるが公共的な収入の割合は少なく、市場との競争原理にさらされているし、専門的分野を担当する連合機能が必要であり、連合組織が作られている。A型、B型とも、組合員数の半数を超えない範囲でボランティア組合員が認められている。社会協同組合は、組合員同士の共益を超えた公益性が特に強く、その結果、ベーシック・インカムの考え方につながっていく。

B型の社会協同組合については、佐藤紘毅・伊藤由理子編『イタリア社会協同組合B型をたずねて—はじめからあたり前に共にあること』（同時代社、2006年）という、イタリアの現場訪問記録があり、これも参照した。

10月19日の沖縄協同集会には、私は一緒に働いている税理士の島清さんと一緒に行った。名桜大学の会場で、上平さんと会って一緒に動いた。集会後上平さんから感想を求められたので原稿を作成して送った。それは「所報　協同の発見」2014年12月号（通巻265号）に掲載された。その一部を以下に掲げる。

〈沖縄協同集会が提起したものは何か〉

3　沖縄協同集会に参加して

沖縄協同集会で紹介された各地の実践例に接して連想したのは、沖縄の農村における「結い」である。農業は家族労働を前提に営まれてきたのであるが、農繁期には家族労働だけでは足りなくなる。これを補う仕組みとして、各農家が協同して農繁期を乗り切るための協同労働である。今では廃れてしまったが、沖縄の「結い」に協同労働の原点を見て取ることができるのではないか。実際、紹介があった介護、豆腐屋、学童保育などは、このような理解がピッタリ当てはまる。さしたる産業もないやんばるで思い浮かぶのは零細農家であり、労働者協同組合というよりも、農家という事業者が組織する事業協同組織である。

島税理士からは、労働者協同組合は、必要となる資金は労働者が出資し、組織の意思決定は話し合いで決めるというが、話し合いで決着しない場合にはどうするのであろうか、特に大きく発展していった場合の資金調達、意思決定のあり方についての説明がほしかった、との意見が出た。

筆者の意見としては、事業が大きくなるかどうか以上に、方向性を示せるかどうかが肝要であると考えている。

名護市との関連で具体的に考えてみると、名護市でどのようなまちづくりを目指していくべきなのか、あるいは、やんばるにおいて名護市の機能をどのように位置づけるべきか。現状では、名護市を含むやんばるで「里山資本」となりうるものはまさに自然しかないと思われる。だから、例えばイタリアのまちづくりを参考にするにしても、人と自然との関わりの保全が重要であろう。暮らしや生活様式そのものを風景にしていくことが大事である。そういう基本的な方向性の範囲内で、各地の実践例を参考にまねできるところはまねたらよい、と思うが、前提として、住民をはじめ、関係者間での十分な話し合いが不可欠である。

例えば現在名護市の中心部がシャッター街となっているが、イタリアのボローニャの街路を特徴づけている柱廊（ポルティコ）のようなものはつくれないだろうか、と筆者は考えた。かつて全ヨーロッパからボローニャに大学生が押し寄せてきていたときに、学生のために2階から上を増築して部屋をこしらえた。その増築部分は2、3メートル道路へ突き出すようにしてつくられ、最初は木の柱で支えた。下を歩く人間からみると、道路の両端に屋根と柱のついた歩道ができたことになり、雨が降っても濡れないので便利である。見てくれも悪くないということで、市民たちは条例を作って石の柱にかえていった。現在その総延長距離が42キロになるというのだからすごい。ポルティコは沿革から、公道上につくられたが、実際にはその土地はこれと接して建物を所有している人へ譲渡されたか、もしくは永久利用が認められた形になっており、ポルティコという構造物の所有・管理も、建物所有者の責任になる（鳴海邦碩『都市の自由空間―街路から広がるまちづくり』（学芸出版社、2009年）参照)。

日本では江戸時代、天領の町々や特定の藩の城下では道路上に庇を出すことが許されていた。これは今日のアーケードに相当する。普通3尺の釣庇だったが、広い通りでは1間幅の庇をつくることができた。その場合、残り半間については自分の敷地から出す必要があった。積雪の多い雪国ではこの種のものは不可欠であった。

台湾の都市の主要な沿道にもアーケードがある。このアーケードは「亭仔脚」と呼ばれている。「建物の前につけられた亭」の意味で、これが連なってアーケード空間をつくっている。この空間は、日よけやスコールから逃れる場所であると同時に、店の延長として人々がたまり憩うところともなっている。このための法制が日本の植民地時代に整えられた。亭仔脚の上に部屋が乗る形が一般化していて、これを「騎楼」といっている（郭中端、堀込憲二『中国人の街づくり』（相模選書、1980年）参照)。

島税理士の話では、実は名護市でも以前、通り会の活性化の為に、NTT（株）の売却益を原資とした融資を受け、通り会がアーケードを設置したことがあるが、物理的にアケードができたということで終わり、残ったのは借金だけだったという。アーケードがあれば一体感が出るが、そこに仕舞屋（しもうたや：商売をやめた家）が混じると寂れた感じになる。地域住民や名護市に関心を持つ多くの人たちが参加し、100年後でも新しい自分たちの街を作るんだという、気構えが必要である。

名護市は、その位置からしても、歴史的な事情からしても、やんばるの結節点的な町なので、結節点としてどのような機能が必要かについて、基地問題と同じように明確な方向性を示せれば、自ずから道は見えてくるのではなかろうか。

*

人工内耳を人工内耳と意識しないことが増えたが、旅行中は雑音疲れして、時々人工内耳をはずして動いていたが、その時は音のない世界の静かさを快く感じた。旅行から帰って、人工内耳が自分の耳になったみたいな感じで、全然つけていることを意識しなくなっているのに気がついた。聞こえ方も変わってきている。雑音がほとんど意識されないようになっている。泰山さんたちと一緒に動いていた関係で、打ち合わせ会議や飲み会などにも出ていたが、そこでもちゃんと音が拾えて、聞こえるということのすごさを感じた。こんなに聞こえると、今後私はどこまでどのように変わっていくのであろうか。もうじき66歳だが、どうなるのか予想がつかなくなってきた。

久しぶりのひとり旅で、嬉しいというより緊張が先に立った。出発するまではほとんど何も考えていなかったのに、出発するやいなや次々に考え事が発生していって、終わらないのだった。こんなふうでは、楽しいわけがない。「なんとかなる」モードに切り替えようと意識的に努力したのだが、思うようにいかなかった。つくづく緊張病だなと思った。

言葉は、イタリア語が全然通じないのはすぐにわかり、英語だけに切り替えた。コミュニケーションはそれでだいたい足りた。しかし、町の中で人工内耳を通して入ってくる音は意味が全然わからないわけだから雑音にしか聞こえず、一日中つけているとやかましかった。

オーストリアに入ったら、ドイツ語もすっかり忘れていることがすぐにわかった。イタリア語よりなお悪いぐらいだ。かつてドイツ語を専門に勉強したことがあったなどとは想像できないぐらいピンと来なかった。それでも、オーストリア国内を動いているうちに、最後のウィーンあたりになったら少しずつ思い出し始め、口にも出始めた。

英語は、旅行関係の所ではどこでも問題なく通じたので、それよりは緊張が問題だと思った。小さいことにとにかく引っかかるのである。いつも何かに引っかかり続けていた。これも、動いているうちに少しずつ旅の感覚を思い出してきて、最後の段階では、以前の調子が戻ってきたような気がした。やっぱりちょっと余裕がないと距離がとれない。距離がとれないと見ているものが見えない。このところ、この原稿を読み直していたのだが、いつ出発していつ着いたということは書かれているのだが、途中どうだったのかというのが抜けている。途中が肝心なのにね。

こういうふうだから、持っていった本で読んだのは『地球の歩き方』と、あと、鉄道時刻表だけと言っていい状態になってしまった。井筒俊彦氏の本なんか手にとってみる気にすらならなかった。気持ちに余裕がないと哲学なんてできないな、と思った。

食べ物は、すぐに要領がつかめた。イタリアはトマトが安くておいしかった。ビタミンもとれるので、買って洗ってから、いつもかなりの量を持って歩き、水代わりにしていた。主食はケバブのサンドイッチが一番多かった。栄養的にずっとこれで問題はないと思う。オーストリアに入ってからは毎晩缶ビールを飲んだ。どの銘柄もおいしかった。水がいいのだと思う。生水が飲めておいしいので、ミネラルウォーターを買う必要もなくなった。

一番心配だったのはホテルの予約が取れるか、だったが、Ｗｉ－Ｆｉが使えれば何とかなるとだんだんわかった。ただ、ヨーロッパって、ホテル代はなべて高い。どうしてこんなに高いんだろうなと思い続けた。

今回の旅でひとり旅の勘がだいたい戻ったと思う。次は、今回よりはましな旅ができるだろう。中欧と東欧を動いてみたいと思った。

右耳に人工内耳をつける手術　２０１４年11月

２０１４年11月1日（土曜日）、夜8時頃からＮＨＫ教育テレビをみていた。膵臓がんの話をしていた。その後、ラクに寝返りさせる介護の話が続き、さらにその後「小欲知足」とかについてやった。モーツァルトは、人は欲を持たないといけないが、持ちすぎてはいけないと言ったんだそうだ。

立派な言葉と思われた。ブータンの幸福の方程式（幸福＝財÷欲望）と同じことである。幸せになるには欲を小さくすればいい。ただ、ゼロではダメというところが面白い。欲がゼロになると、無限の幸福になる、のかどうか。ゼロというのは、あきらめるということではないだろうか。人工内耳をつけるまでの、この何年かの私の基本的なあり方があきらめだったのではないか、と今にして思う。というか、あきらめざるを得なくなる過程であった。で、人と普通に話ができるようになってみたら、とにかくいろんな話で満ちていますね、この世の中は。

最近知り合いが本土から沖縄に移住してきて那覇市の中心部でそば屋を開いた。自転車で食べに行った。店のそばの空き地に自転車を停めたら、そのあたりを清掃しているらしいおじさんから、

「長く停めるのか」

「いいや、そばを食べるだけ」

「じゃ、いい」

「おじさん、放置自転車取り締まりの人？」

「いや、ここをみてるだけ」

花壇とかもあって草取りしていたのか。さびた自転車が放置されているので迷惑しているらしい。おじさんをゆっくりみたら、右目の目玉のつけ根側が真っ赤に充血している。

「おじさん、目はどうしたの」

「ああ、あんまりよくない」

「病気じゃないの?」

「……」

よく見ると右目の眼球の外側の方がぎょろりと大きな白目で、死んだ魚の目玉みたいだった。

こんな調子で、返事が聞こえると、相手が黙るまで話がどんどん進んでいってきりがなくなってしまう。人に会っているとのべつぺちゃくちゃと止めどもなくしゃべりまくっている。こんなにおしゃべりだったかなとヘンな感じがすることが多い。こんなにいろいろ情報が入ると、とてもまっすぐにはいかない。あちこち寄り道だらけでしょう。「もし」私の耳がずっと普通だったら、「僕の哲学」に至ることはなかったであろうと思われる。が、そうはならなかったのです。そこがまた面白い。ものごとの順というのは非常に面白い。あらかじめ計算なんかできっこない。情報が多いと、ますます困難であろう。にもかかわらず、多くの皆さんはちゃんと計算だって生活しておられる。不思議である。

11月3日(月曜日、文化の日)、娘及び前日沖縄に来た姉の長男と出て、琉大病院。救急入り口から入って、8階西のナースステーションで受け付け。三人で、食堂に行って食べる。姉の長男は姉を迎えに空港に行く。娘は残る。看護師さんの説明等を受ける。やがて姉が着いた。7時過ぎから医師の説明。

4日(火曜日)朝9時頃から点滴。11時20分ごろ手術室へ。夕方4時過ぎ目がさめた。体温は37・6度。7時半までそのまま。その後、水を飲み、尿管をはずしてトイレまで歩き、夕食。付き添いに来てくれた皆さんを送る。

今回の入院で、前回と違うのは、周囲の話が聞こえてうるさいことである。4人部屋で、カーテンでしきってあり、話し声だけが聞こえる。話が全部聞き取れるほどには聴力はよくなっていないが、単語が拾えるので、ある程度推測はできる。向かいのベッドのおじさんは、食事が十分できない状態のようである。栄養をとらなきゃいけないとか、担当の医療関係者が説得しに来ていた。右耳にも人工内耳がついて、もっと聞こえるようになったらどうなるのだろうか?

入院前日に、病院に持っていく本を選んだ。楽しみで読む本としては、内田百閒の『第三阿房列車』(新潮文庫)と『贋作吾輩は猫である』(ちくま文庫)にした。退院後、比較法文明論の講義をどうつないでいくか決めないといけない。後期が始まってから1ヶ月ほど、イタリア・オーストリアの旅の経験をもとに書いた研究ノートを土台にして話を進めてきた。今後どういう話をするか、これをこれから考えていかないといけない。これから民法の債権法改正が行われようとしており、これに関する話はいずれしたいと考えている。その際に、韓国の民法についても紹介できればと考えている。だが、これだけでは足りない。どうしようかなあと思いながらふと手に取った平松毅『訴訟社会・囚人爆発と調停・修復的司法』(有斐閣、2003年)に、日本において超越的な正義の観念が成立しなかった原因の一つとして仏教が挙げられているのが目にとまった。仏教においては、存在するものには実体がないと考え(無我)、あらゆる存在が消滅変化して移り変わる(無常な)世界において変化しないものを期待すること(無明)から苦悩が生ずる以上、実体のないものをありのまま認識すること（唯識）によって苦悩から脱出できると説く。したがって、欧米の正義に対応する智恵（涅槃）、すなわち正邪を区別する正しい判断力は、一つの主義に囚われたり、これを絶対視することなく（空）その時々の状況に応じて公平に現実を透徹すること（中道）により認識できるものであるから、普遍的な規範を立てることを否定した、とあり、小室直樹『痛快憲法学』（集英社インターナショナル、2001年）265頁からの引用とされている。

この前の部分で述べられているのは、日本では、紛争がなく、相互に相親しむ状態が正義と認識されたということである。紛争を例外状態とし、紛争が生じない秩序を理想とする社会では正義を認識する必要性は乏しい、というのである。これからすると、日本に正義の観念が存在しないというより、紛争があるのが当たり前という社会とはその内容が異なるという主張だと考えられる。

これとは逆に、社会に紛争があるということは市民が自由であるということであり、紛争というのは犯罪の加害者にとっても被害者にとっても、さらに社会一般の人々にとっても、社会の秩序や連帯を維持するために何をなすべきかを学ぶ貴重な機会であるから、それをみんなに「見える化」することが大切だとする考え方もある。

手術後の経過は順調だそうで、手術したところも消毒するだけで、ガーゼとかネットをかぶせなくなった。

やることはこの前と全く同じで、起きてからアラミスト点鼻液を鼻の穴に拭きかけ、1日三回、食後にムコダインという薬を飲み、それからちょっとたってリンデロン液を10分間吸入し、寝る前にザイザル錠という薬を飲む。このほかに抗生剤の点滴が三回規則的にある（6時、14時、22時）。これは1時間ぐらい。

6日（木曜日）、8階西側の耳鼻科の病棟が満員になったようで、私は1階の放射線病棟に移された。移動前に向かいのベッドの人と話したら、この人は喉頭がんだそうで、最初1階の放射線科病棟にいたんだそうである。放射線を当てる病気というとだいたいがんではなかろうか。病院入り口が2階なので、1階というのは地下になり、霊安室もある。6人部屋の真ん中に詰め込まれた。インターネットがきわめてつながりにくく、つながらないときは病室の外に出て使う必要がある。面倒くさい。

入院中、平松氏の本を、章を追ってまとめていた。

平松氏は欧米にも日本以上に、人口割合で裁判事件が少ない国が存在することを知った。それはノルウェーだそうで、ノルウェーでは紛争自体が少ないのではなく、自治体ごとの調停委員会で紛争の多くが解決されているためである。さらに刑事事件についても、多くの自治体に刑事調停委員会が設置され、主に少年事件を対象に、被害者と加害者の合意に基づく調停が成立すれば起訴しないという制度が機能していて、この制度が近年、修復的司法として注目されているとのことである。

ノルウェーで刑事調停制度を創設するきっかけとなったオスロー大学のクリスティ教授は、紛争は社会の規範を住民に教育する重要な資源であり、裁判官や弁護士だけでなく住民自身にその資源を活用する機会が与えられるべきだという「共有資源としての紛争理論」に基づいてこの制度を提言されたのだという。

上記の通り日本も犯罪が少ない国として知られているが、日本も欧米の伝統に基づく近代法を取り入れて動いている。日本に欧米の考え方がどの程度受容できるであろうか、興味深い。例えば、実際問題として、刑事事件の加害者と被害者が話し合うなんてことができるのかどうか。

平松氏の本をまとめる作業をしているうちに、11日（火曜日）退院となった。前回の左耳の時と同じ入院期間で、予定通りといえる。実は、医師の話では、人工内耳が届けば10日（月曜日）でも退院できるということだったが、言語聴覚士のYさんからの連絡で11日になった。音入れは、14日（金曜日）だそうである。

今回は前回に比べて、手術部位のガーゼやネットがはずれ、カバーが何もなくなった時期が非常に早く、手術の翌々日には何もない状態になった。そして、前記のように1階の放射線科病棟に移されてからは手術部位の消毒もなく、入浴もできた。ビックリした。吸入の用具と液は、なくなるたびに8階の耳鼻科の入院病棟までこちらから行って、もらった。基本的には、化膿防止のための点滴がすめば入院は無用ということだと思った。経緯をみるとそのような解釈でよいだろう。

放射線科入院病棟の様子をみることができたのは体験としてはよかった。体力と相談しながら治療をしている様子がありありとわかった。長期間入院しているらしい人もいて、だから、電子レンジなどが揃えてあり、実際使われてもいた。洗濯機も利用されていた。沖縄本島内に住んでいる人なら通院が可能だろうが、離島となるとそうはいかない。名前をみても離島出身者かと思われる名前が結構あった。例えば私の隣のベッドに入っていたおじさんは「東里」という姓だったが、「あいざと」と読むのだそうで、石垣から来ていて、もともとの出身は竹富島だそうである。腰痛の原因がわからないということから、沖縄本島の南部医療センター、日赤と回って、琉大に来た。検査の結果前立腺がんだそうだ。

斜め向かいのおじさんは、喉頭がんで、しょっちゅう上半身はだかになっていた。首の周りが真っ赤になっていた。そこが痛いようで、看護師さんたちが24時間、何度も来ては軟膏を塗りまくっていた。彼のところに病棟仲間がやって来てはにぎやかに話していたが、その一人から聞いたところでは、だんだん話ができなくなっていっているということだった。外科から放射線科に移ってきたらしい。

岡山の同窓生から、耳いかがですか、とお伺いいただいた。多分、順調と思われる。人工内耳をつければ右耳だけでも十分用を足せる程度に聞こえる。テレビなんかもきこえるし、改めて人工内耳ってすごいと思う。

ここらで退院後のことを書いておこうと思う。

11月11日（火曜日）の朝9時半頃、薬の準備ができた。退院手続きの窓口にいくと、知念さんがいた。野里さんからの連絡で、軽トラックで迎えに来てくれたのである。窓口で高額医療限度額適用の証明書を出して手続きをした。11万9104円。かかった費用総額は357万6328円だそうだから、ただみたいなもんだ。左耳のあと右耳も手術をした場合にも保険適用があるのかどうかについて私はしつこく疑っていたので、ちゃんと適用されることが確認できてホッとした。なお、入院前に障害者の自立支援手続き書類もつくってくれたのだが、私は昨年の市民税等の支払額が多くて、適用外だそうだった。適用があればもっと安くなるらしい。ちょっと前9月に上京した際に姉の二男から、高速道路の料金は障害2級なら半額になると教えてもらった。ETCカードを使うとさらに便利だというので、その手続きをした。それで今は高速もスイスイと通過できるようになっている。

この日の夕方、野里さんが食べるものを持ってきてくれて、知念さんも来て、一緒に夕食した。結構遅くまで話したが、全然疲れなかった。なにしろ、病院ではホテルにいるのとあまり変わらない生活でしたからね。体力も落ちていないようだった。

入院中に、ワーカーズコープから、この前の名護集会関係のレポート「沖縄協同集会が提起したものは何か」の執筆を依頼されたので、翌12日（水曜日）からその準備に取りかかった。以前から持っていた石見尚『日本型ワーカーズコープの社会史』（緑風出版、2007年）をまとめていった。

戦後GHQは、生産協同組合はソ連化につながるということから否定的であった。

また、日本の労働組合は企業別で、これが限界になっている。生協は労働組合運動とは距離を置いて展開されている。

労働者協同組合とつながりそうなのは、一つは企業組合である。中小企業等協同組合法（等というのは生産合作社タイプのものも含まれているから）による。組合員たる個人が互いに資本と労働を持ち寄り、共同事業を行う。1980年までは5000ぐらいあったが、その後急速に減った。高齢化廃業とコスト競争についていけなくなったためである。中小企業庁いわく、多数の従業員が必要になったらむしろ会社を設立する方がよい、と。企業組合はまとめるのにもオーケストラの指揮者的な人材が必要で、大変である。1980年以降は脱サラ、定年退職者、生協組合員、技能グループなど、勤労者的性格のものが増加してきている。もう一つは農事組合法人である。2005年に6677あって増えている。集落単位の協同化、安全・安心を求める消費者の要求に地域的に統一して対応するため、共同販売の必要、村おこしのため等の目的による。

最近発展してきているのは市民事業型の協同労働である。工場労働者ではない一般の市民の生活ニーズに対応し、労働形態は工場労働的ではない共同作業的な集団形態をとるものが多く、労働集約的である。

現状では、日本では、労働者協同組合というのは大きな組織向きではない。例えば、スペインのバスクの労働者協同組合（モンドラゴン）などは銀行なども持っている非常に大きな組織である。このようにヨーロッパで労働者協同組合が発展できている地域があるのは、まずヨーロッパが階級社会で労働者という横割り単位を形成できたことによるのだろうと思われる。さらに、ヨーロッパでは個人を基盤にして社会形成がなされてきていて、個人を中心にして先の述べたように「補完性原理」があり、これが「連帯」の根拠になっている。このような原理が日本では働いているとは言い難い。その結果、日本では、ハンデを持った者同士をつなぐ基盤が非常に弱く、彼らは孤立しがちであり、いじめられたり排除されたりしやすいということでしょう。

レポートでは、まずやんばるの状況を述べ、イタリア・オーストリア旅行に触れてから、前掲のように、島さんの意見を中心にして沖縄協同集会についての印象を述べた。

14日(金曜日)の午後、右耳に人工内耳の音入れをした。言語聴覚士のYさんが設定してくれた。

「どうですか」

Yさんの声がちゃんと聞こえてホッとした。うまくいったようだ。ただ、右耳の聞こえ方は、音が非常に低く、Yさんの声も女性なのに男性みたいに聞こえた。このため、右と左で別々に聞こえる感じがして、バランスがとれるには時間がかかりそうだな、と思った。ボリュームは75%の設定にしてあるということだった。

帰ってから、耳を慣らすために、テレビでずっと大相撲をみた。3時間ぐらいか、続けてみていたら、耳がだんだんなじんできたようで、右と左がバラバラでなく、一つの音として聞こえるようになってきた。夕方太極拳の練習に行ったときも両耳に人工内耳をつけてやったら、バックの音楽や、一緒に練習している人たちの声がよく聞こえた。これまで拾えていなかった音が右耳で拾えるようになっている。

19日（水曜日）の午前中琉大病院に行って診察を受け、そのあとリハビリを受けた。Yさんが設定し直してくれた。その時、低い音を大きくしすぎると顔面がピリピリッと来るので、小さめにしてもらった。その結果、右耳でも左耳と同じような感じにきこえるようになった。なんというか、自然な音に近づいた感じである。これでベースができたので、あとはボリュームを上げながら慣らしていくことになるだろう。Yさんからは、意識的に右耳だけ人工内耳をつけて慣らしていくようにと指示された。

21日（金曜日）から23日（日曜日）にかけて、地域研究所の班メンバーが鹿児島と大阪からやって来ていた。一緒に動いて、非常によく聞こえるようになっていることを実感した。研究会も問題なくききとれた。研究会は大学の元同僚の研究室でやったのだが、その時学部長から連絡があり、私は来年度のゼミを持つことが決まったそうである。

23日（勤労感謝の日）は、午後1時から、男女協同参画センター・てぃるるホールで開かれたカタツムリコンサートいうのに顔を出した。主催は洗足学園音楽大学と神田E・N・T医院である。神田E・N・T医院長の神田幸彦氏は長崎大学医学部耳鼻咽喉科の臨床教授で、カタツムリコンサートの第一回目は長崎で開かれ、沖縄が二回目ということだった。洗足音楽大学附属音楽感受研究所は、聴覚のバリアフリーを目指した研究をしているそうである。

コンサートの前に、人工内耳のMLで知った渡久地準さんに、東京から来た真野守之さんを紹介してもらって挨拶した。真野さんは、私が右耳にも人工内耳をつけてもらうことに決めたちょっと前に両耳に装用した。真野さんのMLへの投稿を読んで、私も両耳装用を決断したのである。真野さんの場合最初に装用したのが10年以上前で、その後最近もう片方の耳にも装用したら、時間が開いているので左右で機器の性能にかなり差があって、その調整が必要とのことだった。最初に装用した直後、洗足音楽大学の人たちの演奏をすすめられてききにいって、それ以来毎年3月の演奏会をききにいっているということだった。コンサートのしょっぱなに、琉大病院のG医師の挨拶があった。

洗足音楽大学の人たちの演奏は、いろんな楽器のいろんな音がきけて、とても楽しかった。沖縄に住んでいる難聴のオカリナ奏者仲里尚英氏と、宮古島市出身の人工内耳装用パーカッショニスト普天間健氏の演奏もあった。よかった。

人工内耳をつけたら非常によく聞こえるようになった。予想を超えていた。それに応じて生活パターンも変わってきていて、一人でできることが格段に増えた。

6月に左耳に人工内耳を埋め込んでもらってからすぐに変化は出て、ただ動くだけでなく、人と会って話すことが増えている。日常の記を読み直してみて、改めてそのことを実感した。最初は上京して、娘や姉と話しながら調子を確かめ、8月になって、志布志に田代さんの奥さんに会いにいった。その後、岡山の同窓生、藤沢市の西川さん宅を訪ね、8月末からはイタリアとオーストリアを旅行した。この旅と関連して、ワーカーズコープの人たちと会って、ワーカーズの名護での集会にも参加することとなった。11月に右耳に人工内耳を埋め込んでもらったあと、弁護士としていくつかの事件を新たに引き受けた。

聞こえるようになってみれば騒々しい世の中だなと私は思った。

沖縄全体との関連では、沖縄県知事選挙と衆議院議員選挙の結果は今後の進路に非常に大きな影響を及ぼしている。2014年11月16日の知事選挙は予想通り翁長雄志氏が勝ったが、びっくりしたのは、当日夜8時に開票速報をテレビで見たら、すでに当確が出ていたことだ。私自身も、投票後、出口調査できかれたが、そういう調査だけでハッキリ勝敗がわかるというのだから相当な差がついたのだと思った。那覇市長選挙も翁長氏の後継の城間幹子氏が当選した。

12月14日の衆議院議員選挙結果には驚いた。沖縄県は4小選挙区であるが、いずれの小選挙区でも自民党候補は負けた。那覇市の属する1区で共産党の赤嶺政賢氏が当選したのには特にビックリした。翁長氏らが共産党の赤嶺氏を支援した結果である。名護市の属する4区でも無所属の仲里利信氏が当選した。無所属といっても、これまで自民党で沖縄県議会の議長も務め、辺野古移設の問題で仲井真前知事が公約違反した際に、それに反対した人である。2区の社民党の照屋寛徳氏、3区の生活の党の玉城デニー氏は投票前から当選するであろうと予想されていた。「オール沖縄」の強さを見せつけられた。もっと驚いたのは、翌朝の新聞で、小選挙区で負けた自民の4候補がそろって比例区で当選したと知ってである。1区で3位になった維新の党公認の下地幹郎氏も比例で当選したので、沖縄選挙区で立候補した9名は全員当選したのである。唖然としてしまった。小選挙区と比例区の両方に重複立候補を認める制度があるのは、照屋寛之沖縄国際大学教授によると日本ぐらいとのことである（沖縄タイムス2014年12月16日）。地方区とは別の基準で比例区候補を選定すべきだというなら、重複立候補を認めるのはおかしいと言えそうである。比例区で当選した自民の4氏は、今後どういう風に行動するのであろうか。

先日、泰山さんと会って選挙結果についていろいろ話し合ったが、一番心配されるのは「オール沖縄」といっても反辺野古移転だけでまとまっていることである。例えば福祉切り捨ての動きはもう出始めている。これにどう対応していくのかを沖縄全体で合意が得られる形でまとめていくのは相当な困難が予想される。

「断章3」検証と反省（2015年2月）

「断章」ファイルを書き始めたのが2010年2月25日で、それからもうじき5年になる。5年間だと、365×5=1825日、原稿用紙で7300枚ということになる。胃がんの手術当日と翌日の2日休んだほかは毎日書いてきた。

2014年2月7~9日、「断章3」ファイルに、「書き始めて4年目」という題で三回書いた。ドラッカーの『プロフェショナルの条件―いかに成果をあげ、成長するか』（ダイヤモンド社、2000年）にならって検証と反省を行ったのである。それをプリントアウトして読み直してみた。

「断章」で、沖縄に来るまでのことを簡単に書いてから、沖縄で起こったことをだいたい順に書いた。妻が死んだところまで書いて480回になった。やっぱり妻の死は大きな区切りだったと今も意識している。「跋」を書き終えたのが2011年6月19日である。

「断章2」では「〇〇を読む」という題が非常に増えた。本をまとめ、それをもとに研究ノートを書くというスタイルができた。鴨志田恵一『残酷平和論』(三五館、2011年)がそのはじめである。2012年3月に中米旅行をしたあと、「哲学・第一部」をまとめ始めたのが2012年4月26日である。これに続いて見田宗介(真木悠介)氏の『時間の比較社会学』(岩波現代文庫、2003年)を読んでしばらくしてから胃がんとわかり2012年9月に手術した。2013年に入ってから本づくりに取りかかり、『旅の深層』を出版できた。

「断章3」は2013年6月16日に書き始めた。まず、「ブック02〜04」をまとめた。これは、『旅の深層』の、ダバオのところの続きである。『旅の深層』の次はラテンアメリカの旅の本を作ろうと思い、2013年9月にブラジルとボリビアを旅行したあと、2014年にかけて、2008年のハワイ旅行以降の旅をまとめていた。ハワイの旅がきっかけになってブラジル、アルゼンチンの沖縄移民100周年記念祭に行くことになったのだった。これらの旅の多くは娘と一緒だった。娘は2012年後半から半年間クリチーバに留学のため滞在して、私が胃がんの手術をしたときもクリチーバにいた。娘は沖縄系移民のネットワークをテーマにして博士論文を作成していたので、それができあがってから私の旅行記も出そうと思っていた。ところが、娘の論文提出は1年延期になり、現在提出して審査を受けている。そのため、そのままストップさせていた。「第3の時期の哲学」という題で書きながら、2014年3月で定年を迎えることとなったが、定年関係の本や自死関係の本を読んでいたら、気持ちが揺れて、落ち着かなくなった。そういう状態のところに、人工内耳をつけるという話が入って、こちらはトントン進んでいった。いつ手術をするかで随分迷ったが、振り返ると、8月まで待たないで6月にやってしまったのは非常にいい選択だった。しかし、当時はそう決めてからもなかなか気持ちが落ち着かず、われながら、私らしくないなと思った。いつ死んでもいいんだから、なんて言っていたのはどうなったのか。まったく。じっとしておれず、上京した。病気だな、と思った。この時買った本が前野氏の『幸せのメカニズム』である。「なんとかなる！」因子がピンチだとすぐに思った。ときどきブルブルッと手を振ったりして娘から不審がられていた。卒業生から、「先生、気が弱くなったの？」と言われたら、すっと落ち着いた。動いた方がいいように思い、娘と一緒に3月下旬台湾に行った。蔡里均さんのおかげでいい旅ができた。

2014年4月以降は、定年になる前とあまりかわらない生活が始まった。講義内容との関係で日本の現状認識の枠組みについて考え、その後、連休の際に東京に出たときにベーシック・インカムについて興味を持ち、『ベーシック・インカム入門』を読みながらまとめた。ベーシック・インカムが「労働」とは必ずしも直結しない所得であるという点に興味を感じた。これとの関連で、イタリアという国に興味を感じた。こういうことをやっているうちに、じきに左耳に人工内耳を埋め込んでもらう手術日が来て、順調に終わった。気持ちも安定していて、「時間がもつ」ようになっていた。7月に入って体調は回復した。退院後しばらくは、起きたときにちょっとふらつくことがあったが、それがなくなった。そして驚くほど聞こえるようになって、人との会話がまた十分にできるようになり、気持ちは前向きになった。7月6日に旧知の真栄里泰山さん宅に話しに行ったことがきっかけで、労働者協同組合(ワーカーズコープ)と関わることになった。日本では、労働者というと雇われの形しかなくて、出資者・経営者を兼ねるような労働者というイメージを作るのは困難だった。8月に入って、2日から4日まで鹿児島を旅行してきた。志布志では田代さんの奥さんの話が完璧に聞こえて、変化の大きさを実感できた。その直後の8月6日に、右耳にも人工内耳を入れてもらうことが決まった。手術の日程も11月はじめの大学祭の時期に、その場で決まった。まったくびっくりしてしまった。鹿児島から帰って、『里山資本主義』をまとめ始めた。泰山さんとの話でもこの本のことが出てきたし、共同研究でやっているテーマとの関係でも読んでおきたいと思って、ていねいにまとめていった。この本で、オーストリアが里山資本主義を実践している国としてピックアップされている。それで、8月末からイタリアとオーストリアに行ってこようと決めたのである。久しぶりの海外旅行で、緊張があった。娘なんかと一緒だとやっぱり格段にラクである。でもまあ、だんだん勘は戻ってきた。10月に入って、本をまとめる気力がちょっと欠けていたので、気楽に、余り考えずに書いていける旅行記をということで、まだ原稿にまとめていなかった初めてのラテンアメリカ旅行の後半をまとめていった。グアテマラに入ってから以降の分である。九回書いたところで、右耳に人工内耳を入れてもらうときが来た。手術はすでに左耳で経験済みだったので、今回は全然緊張しなかった。音入れしたら、最初は違和感があったが、やがてなじんできた。大成功と言えよう。

入院中に、ワーカーズの月刊誌「協同の発見」に、10月19日に開かれた名護でのワーカーズ集会について書くことを依頼されたので、退院後はその作業をした。その後また、初めてのラテンアメリカ旅行をまとめていって、12月25日にまとめ終えた。

これから反省と、今後どうするかについて考えてみたい。

こうして検証と反省をする気になった直接の理由は、これまでの旅行についてだいたい書いてしまったので、今後何をどう書くかということがずっと頭に引っかかっていたからである。そうか、5年あれば旅のまとめはできるんだなと思った。25歳の終わり頃初めて海外に出て、40年になる。毎日の原稿を読んでもらっている何名かから、旅行のことを書いたものが一番面白いといわれた。それに応えてどんどん旅行するつもりでいたのだが、定年後外国に出かけるペースは落ちている。胃がんの手術をしたし、人工内耳の手術を二回したしで、最近までは外国に行けるだけでもありがたい、という状態だった。

体力が戻ってきたら、どこかにじっと住むタイプの旅より、ラテンアメリカの旅みたいに、長期間動き続けてみたいなという欲求がまたわき起こってきている。だいたい1カ所にじっとしているなんてできないでしょうね、これまでの旅経験からすると。

それに符合するように、これまで読んできて一番楽しかった旅行書というと、断然内田百閒の

『阿房列車』である。私は、最初は筑摩文庫で読んだが、２００９年に一條裕子の漫画が出て、その後２０１０年に2号、３号と続けて出た。これが、原作に非常に忠実な内容なので、以後はほとんどこれを繰り返し読んできている。もう10回ぐらいは読んだんじゃないだろうか。いつも寝る前に寝ころんで読んでいる。最近、屋上の書庫を整理していたら、島内景二『日本人の旅―古典文学に見る原型』(ＮＨＫブックス、１９８９年)があった。その最後が『阿房列車』なのである。びっくりした。ちなみにその前が『銀河鉄道の夜』。

『阿房列車』の旅の一番の特徴は、目的がないことである。「なんにも用事がないけれど、汽車に乗って大阪に行ってこようと思う。」すごいなあ。このノリだなあ。ああ、体がうずいてきた。行って、帰ってくるだけの旅なのだが、何度も旅をするといろいろある。「四国阿房列車」では、百閒は旅の後半で病気になっている。「ふだんは時間をつぶすなどと云う事を、考えたことがない。」「じっとして、ぼんやりしていて、いくらでも時間をもたせる事が出来る。」「今日はそれが出来ないと云うのは、矢張り加減が悪いからで、これに由って観るに、なまけるには体力が必要である。」全くそうだと思う。どこに行ってもいいというのに、熊本県の八代には四度も行っている。なぜだろうかと考えたが、よくわからない。最初行ったときに人を食ったような女中頭がいて、百閒が移動中に食べ残したお握りを大事に持ってきたらそれを犬にやるというのである。それで口論になっている。そういう旅館にまた行くわけですね。

『阿房列車』の魅力の一つが、同行者ヒマラヤ山系と百閒とのわけのわからない会話でしょう。

ヒマラヤ山系は、本名は平山三郎というのだそうで、ヒマラヤとヒラヤマのだじゃれだとこの本で初めて知った。ヒマラヤ山系は、百閒の法政大学での教え子だそうである。二人の会話はほとんど会話になっておらず、百閒が自問自答しているようなものだ。

百閒には奥さんがいたが、『阿房列車』には全然登場しない。住んでいた家は3畳間3部屋ということが、旅館の広さとの関係で何度も語られている。

ジュンク堂に行ってみた。しばらく動かないと、やっぱり勘が鈍る。とにかくどこかに行ってみよう、と。そんなに時間がかからずに、歩りえこ『恋する台湾移住』(朝日新聞出版、2014年)を買った。副題に「94カ国旅した32歳女子が人生をリセットしてみた」とある。「台湾移住」は私の望みだし、「歩」という一字の姓を見て、奄美の血筋かなと思ったのである。このところ、台湾への興味が失せていた。この本を読んだら、それが少し取り戻せた。もちろん、この本は32歳の女性が台湾に移住した話なので、私とは全然事情が違うが、一番参考になったのは言葉の問題だ。ある程度は中国語でコミュニケーションができるようにしておかないと、望ましい移住はできない。まったく当たり前のことである。

台湾の場合、中国語といっても、北京語と並んで台湾語と呼ばれる福建省南部から台湾に移住してきた人々の言葉も広く使われ、台湾の総人口2300万のうち、1700万強の人たちの母語である。どっちを勉強すればいいのかという迷いもあった。北京語も、中国本土とは違って簡略文字ではない。そういう迷いがあったこともやる気を削いだが、台湾の小学校では北京語を教えているわけだから、北京語ができれば問題ないだろう。ただ、どんなに頑張っても、発音は難しいでしょうね。筆談がすらすらできる程度にしたい。歩さんも筆談が達者な人のようだ。とにかく慣れないことには始まらないので頑張ってみたい。

中国語と並んで、英語の勉強をしようと思っている。教材は、ＣＮＮとかもあるし、本を音読することもできるし、自分でできると思っている。以前やっていたように英語に翻訳された本を毎日声に出して読むのがよいのではないかと思う。英語を使い慣らしておこうと思ったのは、昨年夏イタリア・オーストリアを旅行したときに、イタリア語もドイツ語も全然記憶に残るような形では耳に入らなかったことからだ。ある程度時間をかけて使えるようにしないと、雑音としてしか入らないんだなということを痛感した。聴力が普通の人でもそうではないかと思う。日本語なら、例えば列車内の放送などほぼみんな聞き取れるのは、たんに音がきこえるというのとは違うと思う。英語の本なら読みたいものが読めるので、口がすらすら動くようにするのが目標である。それにはいつも口を動かすようにしていないといけない。ポルトガル語やスペイン語も同じ方法である程度慣らせば使えるはずである。娘の博論がどうなるかにもよるが、いずれブラジルには行くことになるので、慣らそうかなとは思っている。

聴力の問題があったので、従来あんまり完璧なことは期待しなかった。ダバオなんかにいるときは、まず何語で話すかというところで迷って、一般に使われているビサヤ語も、学校で教えられているフィリピン語（タガログ語）もいずれもものにならず、英語さえ、コーディネーターの愛さんにおんぶしすぎてあんまり使わなかった。言葉ってのはとにかく、使う場面を作らないとものにはならないものですね。

2月13日（金曜日）、寝ころんで朝日新聞を読んでいたら、「人生の贈り物」という連載記事に作家・作詞家なかにし礼（76）の7回目「がんから生還　やること明確に」があった（2015年2月10日夕刊）。3年前食道がんが見つかったが、手術だと10時間もかかり、心臓の病気もあったなかにしさんは、手術は無理と思い陽子線治療を選んだ。切らないのを選んだもう一つの理由は、世界のがん治療の趨勢である。ヨーロッパでは7割が切らない。日本は7割が切る。ここに、文化の成熟度とか、福祉とか、いろいろな意味での政治的な遅れと日本人の感覚のずれが出ているとなかにしさんは思ったそうだ。がんが治った2012年9月に安倍氏が自民党総裁になり、12月に第2次安倍政権ができて、現在のような方向へどんどん進む。やばいな、と。

続いて、その前日の第6回目「書けた　心に清々しい風が吹いた」を読んだ。作詞家は小説は書けない、となかにしさんは言う。作詞はその時代の雰囲気や風俗を観察して書くのだが、短距離走である。瞬発力、ひらめき、といった速さがとても大事。小説はマラソンだから、一歩一歩踏みしめ、とにかく完走する。その走り方を身につけて集中力と持久力を得るには脳を鍛え直さないといけない。いろんな習作もしたけど全部ダメ。作詞家なら一筆でパッと書く描写を丁寧に書かないといけない。歌を書くことをやめて小説をとにかく読んだ。作詞家の脳を消すために。自分を合わせ鏡のように無限に分析していく持久力というか探求力を学んだ。自分に命じたことは「うたわない」ということ。書けるようになるまでに8年間かかった。最初の小説は兄との確執を書いた『兄弟』。1996年に兄が死んで、これなら書けるかもしれないと編集者に電話した。オール読物に毎回100枚ずつ6回連載。これで書けた。一日3枚程度書いていく小説の作業は、なかにしさんは非常に好きだったという。モームの『人間の絆』を読むことで「兄弟」が書けたと思うと言い、小説の手法としてモームの抑制された文章が非常に参考になった、と。

この記事についている旧満州の中西一家の写真は牡丹江の自宅で撮影されている。私の両親が住んでいたところだ。そうか、なかにしさんも満州帰りなのか。すでに切り抜いていたものをさがしたら2月3日の第二回「引き揚げ列車の中、歌の力知った」があった。なかにしさんは1938年牡丹江の造り酒屋に生まれた。両親は北海道から満州に渡ったのである。満州で聴く日本の歌謡曲はたんなるイリュージョン(幻想)である。乳母は朝鮮人、お付き中国人で、朝飯はギョーザだったり麺だったり。家庭の味は基本的にチャイニーズ。1945年8月9日に、枕をけられて「起きろー」と言われた。牡丹江からハルビンに脱出する軍用列車には、落ちのびていく軍人やその家族らがのりこんでいた。ソ連の戦闘機がうなりを上げて急降下してくる。機関銃掃射とかで、目の前で人が死んでいく。強く抱きしめすぎて我が子を乳房で窒息死させてぼうぜんとしている母親もいた。そして、すし詰めの引き揚げ列車の中で「人生の並木路」を日本人がみんなで歌い、むせび泣き、嗚咽するのをきいた。歌ってこんなに力があるのか、と。古賀政男作曲、ディック・ミネ歌。「泣くな妹よ　妹よ泣くな／泣けば幼い　二人して／故郷を捨てた　かいがない……」。

ネットで歌の動画を見つけてきいてみた。最初の「泣くな妹よ　妹よ泣くな」の「妹」が「イモト」と歌われているところにぐっと来た。

6日（金曜日）に上京後、友だちのM弁護士からメールが届いた。

「実は、先ごろ本を出したので、ご案内します。10年以上前にできていたのですが、やっと単行本化されました。マイナビから電子書籍で「法学対話『民法典の謎』」というタイトルでの発売です。物上代位についての新説を、会話形式で読み解くようにしてあり、読み物仕立てですので、是非、見てください。また、法律を学んでいる若い人が周りにおられたら、お薦めください。定価350円で、アマゾンか楽天から購入できます。では、よろしく、おねがいします。」

350円という値段に驚いた。沖縄に帰ってから、元研究生にきいてみたら、電子書籍は、著者が自分で勝手に値段を付けられるという。0円だってOKだそうだ。元研究生は、KidleのHPアドレスを送ってくれた。元研究生によれば、出版費用というのは実質的にゼロに近いらしい。あらかじめ何部印刷するとか決めなくてよくて、要するにちゃんとした原稿がそろえばOKらしいのである。

これでパッと目の前が開けた感じがした。これまで毎日の原稿で書いてきたものを全部本にするかどうかは別として、膨大な量の原稿をどうすればよいのか、ということをずっと考えていた。電子出版なら、理屈の上では何千頁でもいいのだろうから、私が一番良いと思う構成で書籍化が可能になるだろう。

時たまこれまで書いてきた原稿を読み返すことがある。いくらでも延々と読める。なかにしさんの分類でいうと、私が書いてきた文章は小説のテンポだと思う。書き方からしてそうである。読むものがないときは、自分の原稿を読めばいいんじゃないかと思っている。

「断章」フォルダの目次一覧を作ってあるが、ざっとみてみると、旅も結局自伝の一部ですね。その部分を活字化していけばいいのではないか。この部分だけで『旅の深層』の10倍ぐらいの分量になりそうである。「○○を読む」のところは、内容的に本のまとめだから、見直しが必要であろう。共同研究でこれからまとめようとしている冊子も、電子書籍の方がむしろ好ましいぐらいである。いつでも改訂ができるので、間違いの修正はもちろん、新しいデータへの入れ替えも可能ではないだろうか。

この1週間ぐらい、今後何を書いていくか、いろいろ考えていた。今日でちょうど書き始めて5年目なので、今の段階で考えていることを以下に記したい。

この原稿を読んでいただいている人たちから旅の記録を読みたいという要望があるので、できるだけ応えたいが、先に述べたように手持ちの材料が現在そんなに残っていない。

過去の旅行については、2005年以降、この原稿を書き始めるまでにした外国旅行でまだまとめていないものがある。例えば、2005年夏にマダガスカルと、あと、ダバオからなんとマニラ、シンガポール経由でインドネシアのスラウエシ島に行っている。いずれも記憶に残る旅だった。

それから、これは旅の記録ではないが、松江市で百姓見習いした後東京に戻ってから、ラテンアメリカに出発するまで期間に書いた、「メモ・1〜7」という7冊のノートが残っている。書き始めは1977年6月29日、書き終わりは1978年11月2日で、初めてのラテンアメリカ旅行のために飛行機の切符を買ったところで終わっている。これを読めば、ラテンアメリカの旅に出発するまでの私がどんなふうだったのかがわかるだろう。だから、旅の準備ノートとして読めるのではないかと思うが、まだ読み直していないので、どれぐらい使えるのかわからない。ただ、最初のユーラシア大陸横断旅行は、弟と一緒だったし、準備とかあまりしないで出発した旅だったのと比較すると、ラテンアメリカに行ったのは、私なりに準備し、覚悟しての旅であった。このラテンアメリカの旅の後沖縄に来て、30年あまり住んでいるのだから、人生中期の準備期間だったことは間違いなく、私にとって非常に重要な時期だったと思う。「人生30年説」が私の場合成り立つかに見えるのも、この中期がまとまっているからである。

そういうことで、これらをまとめながら、また、当面の生活状況を記しながら、新たな旅について書ける時が来るように頑張ってみたい。

この1週間ぐらい、一人でいるときつかった。限界に達すれば気が狂うかな、とも思った。なぜか、限界かなと思うたびに人が訪ねてきて、気分転換できたが、「一人でいること」がなぜ苦痛になったのだろうか、と不思議な気もした。きつかったのは一人でいるからというより、今後の生活パターンがしっかり把握できていないためであろうと、今は考えている。

思うに、聞こえるようになったことが「欲」みたいなものを生んでいるのではないだろうか。「普通の人」になったんですねえ、「普通の国」みたいに。これに対応する哲学はまだ生成途上だと思う。弥縫策かもしれないが、今後の原稿作成をどうするかについて一応方向が決まり、何とか書き続けられそうな感触が持てるようになってきたので、第三の時期の生活についてもこれから考えてきたい。

あとがき

本書をまとめたことで、60代前半までの旅の記録がつながった。

本書の原稿は、まえがきにも書いたように、私が毎日書き送っている「断章」の原稿をもとに作成したので、旅そのもの以上に旅の前後の事情を記述した内容が増えていて、長ったらしいと感じられる読者もいるかもしれない。しかし、私自身は、そういう、よけいな部分が加わった原稿作成方法になったことを現在はプラス評価している。

量的な理由から60代後半以降の旅については本書に収録できなかったので、可能なら新型コロナ禍の影響で海外に行けなくなった時期までの旅をさらにまとめていきたい。

本書の編集もこれまでと同じく落合絵理さんにお願いした。記して謝意を表する。

2024年7月19日　那覇にて

組原　洋

著者紹介

組原　洋（くみはら　ひろし）

弁護士・沖縄大学名誉教授
1948年鳥取市生まれ、1972年東京大学法学部卒業、1974年司法修習修了

著書
『オランダ・ベルギーの図書館』『学力世界一を支えるフィンランドの図書館』（いずれも共編著・教育史料出版会）
『旅の深層』『旅の反復』『旅の表層』『而立への旅』『30代の旅と模索』『40代の旅と日常』『50代　旅の複層』（いずれも学文社）
『「むら」と「まち」―共存の形を探る―』『現代沖縄農業の方向性　序論』『同　本論1』（いずれも共編著・沖縄大学地域研究所、沖縄大学リポジトリにて閲覧可能）

60代からの旅の連歌的設計
――「断章」フォルダから

2024年9月20日　第1版第1刷発行

組原　洋 著

発行者　田中　千津子
発行所　株式会社 学文社

〒153-0064　東京都目黒区下目黒3-6-1
電話　03（3715）1501（代）
FAX　03（3715）2012
https://www.gakubunsha.com

印刷所　新灯印刷

ISBN978-4-7620-3374-2

旅の深層

行き着くところが、行きたいところ
アフリカ、ブラジル、ダバオ回遊

組原 洋 著

定価1100円　ISBN978-4-7620-2390-3　四六判　216頁

なぜ私は旅を続けるのだろうか。さまざまな旅を続けてきた筆者のアフリカ中央部（1981）、ブラジル（1985）、アフリカ南部（1994）、ダバオ（1999）、４つの旅に焦点を当てた旅行記。

旅の反復

世界のウチナーンチュを訪ねて
—父と娘の旅道中

組原 洋 著

定価1320円　ISBN978-4-7620-2759-8　四六判　264頁

世界中に分布する、海外に移住した沖縄の人々（ウチナーンチュ）。ハワイ、ラテンアメリカ諸国、そしてタイのチェンマイ…、本土から沖縄に移住した著者が、ウチナーンチュとの間に生まれた娘とともに彼らを探し訪ねる。

旅の表層

ユーラシア大陸横断、ラテンアメリカ縦断、
そして沖縄　港にたどり着くまで

組原 洋 著

定価1320円　ISBN978-4-7620-2818-2　四六判　272頁

難聴だった著者は25歳の時、ユーラシア大陸横断の旅に出る。さらにラテンアメリカ縦断ひとり旅を続けるうちにたどり着いたのが港・沖縄。「行き着くところが、行きたいところ」スタイルの旅を生きてきた著者の「修行時代」。

而立への旅

「見えない障害」――中途難聴とともに歩んだ青春

組原　洋

1960·70年代――小学校の終わり頃から徐々に悪化していった難聴とともにすごした少年期·青年期を振り返る。
沖縄で弁護士·大学教授となった著者の自伝。

松江での少年期から、鳥取、岡山での暮らしを経て、進学のため上京。
時はまさに全共闘運動全盛期。
運動に身を投じていく友人、初めての恋人‥。
旅への憧憬と挫折。そして他者と暮らしながらの農業体験。
沖縄にわたるまでの青春期――

難聴という「見えない障害」に苦しみながら前に向かって歩み続けたみずみずしい日々が描かれる。

定価1650円　ISBN978-4-7620-3100-7　四六判　328頁

40代の旅と日常
―妻と歩んだ90年代の沖縄と世界

組原　洋

中途難聴とともに歩んできた著者が辿り着いた沖縄での日々を綴る。40代に入って突然始まった妻の闘病生活をきっかけに、30代に単独旅行者として沖縄に来た著者の旅のスタイルも変わっていく。妻と暮らし、妻の社会教育関係の仕事と関わる中で新たに見えてきたものとは。

妻・娘とともに行った旅―松本、ベラウ（パラオ）、スペイン、ベトナム、ブラジルなど―だけでなく、妻に助けられながら行った世界各地への旅―ミクロネシア、アイルランドとオランダ、韓国、キューバ、ニュージーランド、フィジー、サモアなど―妻の病気が産み出した「帰ってこなければいけない旅」の連鎖は、日常生活の記録と旅の記録とが渾然一体となって、1990年代の沖縄と世界を物語っている。

定価1760円　ISBN978-4-7620-3172-4　四六判　496頁

50代 旅の複層

——図書館×辺境 回遊

組原　洋

中途難聴とともに歩んできた大学教員の著者が綴る旅の記録。

前著までの難聴になってから40代までの歩みに続き、その後の50代の旅についてをまとめた。

フィリピン・ダバオを往復しつつ、図書館関係ないし社会教育関係の交流をする日常生活に加え、50代後半で訪ねた各地、そのさまざまな旅の情景を綴る。


オランダ・ベルギー・フィンランド図書館の旅。

台湾・中国・タイ、スリランカ・南インド旅行、マダガスカル、ダバオ・スラウェシ、アメリカ・ニューヨーク、韓国、イタリア、イギリス、ブータンなど。

旅の体験記録や、沖縄の図書館事情について執筆した論考等も掲載。

定価1650円　ISBN978-4-7620-3258-5　四六判　336頁